分化加剧的世界经济

新亮点、新困境与新趋势

2022—2023年
世界经济分析报告

赵蓓文 等 著

上海社会科学院出版社
SHANGHAI ACADEMY OF SOCIAL SCIENCES PRESS

"世界经济分析报告"系列
编委会名录

学术顾问
　　权　衡　王德忠　张幼文　徐明棋
编委会主任
　　赵蓓文
编委会成员
　　胡晓鹏　王　莹　孙立行　苏　宁
　　沈玉良　高洪民　黄烨菁　智　艳
　　姜云飞　刘　芳　陈陶然　唐杰英
　　张天桂　徐乾宇

目 录

第一篇 2022—2023 世界经济回顾与展望

第一章 世界经济发展的动能及面临的主要问题 ··· 003
第一节 2022—2023 年世界经济的新亮点 ··· 003
一、数字化进程为增长注入新动能 ··· 003
二、高技术产业支撑全球经济复苏 ··· 005
三、绿色发展持续带来增长新动力 ··· 006
第二节 2022—2023 年世界经济面临的主要问题 ································· 008
一、经济增速回归历史水平,但群体分布不均衡 ································· 009
二、政府债务仍处于高位 ··· 011
三、通胀压力依然存在 ·· 012
四、美联储掀起全球央行"紧缩潮",加剧新兴市场和发展中经济体金融
动荡 ·· 012
五、俄乌冲突加剧能源市场波动 ··· 015

第二章 2023 年世界经济新趋势 ··· 020
第一节 世界经济新趋势 ·· 020
一、世界经济:复苏动能有待积蓄 ··· 020
二、发达经济体:分化趋势明显 ··· 025
三、新兴经济体:继续支撑全球增长 ··· 028
第二节 国际金融新趋势 ·· 028
一、2023 年国际金融新趋势 ··· 029
二、2024 年国际金融形势预判 ··· 032
第三节 世界贸易新趋势 ·· 033
一、世界贸易:货物贸易下滑但服务贸易增长 ··································· 034
二、贸易保护主义和贸易限制叠加 ·· 036
第四节 全球投资新趋势 ·· 039
一、全球投资:流入发展中经济体的外商直接投资减少 ······················ 039

二、高利率显著抑制投资增长 ·· 040

第三章　影响 2024 年世界经济的主要因素 ··· 042
　第一节　高通胀是全球经济增长的制约因素 ·· 042
　　一、高通胀有所缓和但表现出较强黏性 ·· 043
　　二、"遏通胀"和"稳增长"的两难问题更加突出 ································· 044
　　三、经济复苏前景疲弱，通胀压力短期内尚难充分化解 ······················ 045
　第二节　地缘政治冲突加剧全球经济面临的不确定性 ······························ 046
　　一、地缘政治冲突冲击全球经济的机制 ·· 046
　　二、全球经济面临的地缘政治风险 ·· 047
　　三、多场重要选举将对全球经济产生深远影响 ···································· 048
　第三节　全球产业链碎片化或制约全球经济增长 ······································ 049
　　一、全球产业链发展的新趋势 ·· 050
　　二、全球产业链重构给经济复苏带来不确定性 ···································· 052
　　三、中国为全球供应链稳定提供新机遇 ·· 053
　第四节　绿色化、数字化和智能化为世界经济多元化发展提供契机 ········· 053
　　一、绿色化、数字化和智能化推动全球经济可持续发展 ······················ 054
　　二、绿色化、数字化和智能化推动产业技术变革 ······························· 055
　　三、绿色化、数字化和智能化为全球合作提供新方向 ························· 057

第二篇　2022—2023 世界主要地区与国家经济

第四章　2023 年中国经济发展趋势 ·· 061
　第一节　需求侧："三驾马车"驱动偏弱，边际改善趋势已经出现 ············ 062
　　一、房地产开发投资连续两年负增长，拉低固定资产投资整体增速 ······ 062
　　二、最终消费对中国经济增长拉动作用明显，服务消费维持较快增长 ··· 064
　　三、进出口额增速相比 2022 年明显回落，与新兴市场贸易往来更趋密切 ··· 066

第二节　供给侧：服务业表现好于工业，拉动就业总量回升 ………………………068
一、工业增加值增速超过上年，但仍面临诸多压力 …………………………………068
二、服务业对中国经济增长贡献份额回升 ………………………………………………070
三、失业率相比上年下降，结构性问题仍需缓解 ………………………………………072

第三节　中国经济的新风险 ………………………………………………………………074
一、房地产市场面临下行压力 …………………………………………………………074
二、物价水平持续低位运行，有效需求不足 ……………………………………………075
三、高技术工业增加值增长动能减弱 …………………………………………………076

第四节　中国经济的新动力 ………………………………………………………………078
一、政策发力持续稳定经济增长 ………………………………………………………078
二、产业新旧动能加快转换 ……………………………………………………………079
三、民营经济活力进一步被激发 ………………………………………………………080
四、居民收入增长快于GDP增速 ………………………………………………………081
五、"三大工程"成为重点投资方向 ……………………………………………………082
六、中国与"一带一路"共建国家经贸合作不断加强 …………………………………083

第五章　2023年美国经济分析：逆风翻盘，展现韧性 ……………………………085
第一节　2023年美国宏观经济表现回顾 …………………………………………………085
一、经济增长超预期 ……………………………………………………………………085
二、就业市场表现良好 …………………………………………………………………087
三、全年通胀水平放缓 …………………………………………………………………087
四、实际工资水平增长 …………………………………………………………………088
五、消费者信心有所改善 ………………………………………………………………088
六、金融风险难以忽视 …………………………………………………………………089

第二节　2023年美国相关政策工具运行情况 ……………………………………………089
一、财政政策 ……………………………………………………………………………089

二、金融市场 090
　　三、货币政策 093
　第三节　2023年中美贸易情况概述 094
　　一、总体情况 095
　　二、货物贸易 095
　　三、服务贸易 095
　　四、海外投资 095

第六章　欧盟经济：多重因素影响下陷入衰退边缘 097
　第一节　2023年欧盟经济主要特征 097
　　一、主要经济指标表现 097
　　二、主要成员国宏观经济运行的基本特征 100
　第二节　影响欧盟经济走势的主要因素 104
　　一、能源危机缓解，能源供给仍存不确定性 104
　　二、债务风险有所下降，财政负担仍然沉重 105
　　三、货币政策有望转向，但调整空间有限 107
　　四、欧洲议会选举在即，欧盟经济政策或有调整 109
　第三节　2023年中欧经贸关系的新动向 109
　　一、双边贸易额回调，但贸易摩擦增加 109
　　二、欧盟对华投资额增加 110
　　三、欧方领导人密集来访，沟通渠道进一步通畅 112

第七章　日韩经济：地缘冲突中累积下行压力 114
　第一节　日本经济：增速趋缓动力趋弱 114
　　一、日本经济形势 114
　　二、经济提振政策 120
　　三、日本的碳中和之路 123

第二节　韩国经济：内外压力下出现负增长 ········· 125
一、韩国经济形势 ········· 125
二、经济提振政策 ········· 128
三、韩国的碳中和之路 ········· 131

第三节　中国与日韩经贸关系 ········· 133
一、中国与日本的经贸关系 ········· 134
二、中国与韩国的经贸关系 ········· 135
三、中国国际进博会为日韩开拓中国市场提供新平台 ········· 137

第八章　东盟经济：打造"增长的中心" ········· 139

第一节　2022—2023年东盟经济的主要表现 ········· 139
一、经济增速在超预期提升后回调 ········· 139
二、货物贸易在增速放缓后大幅萎缩 ········· 142
三、外商直接投资重要目的地地位强化 ········· 143
四、RCEP全面实施，经济转型和一体化持续推进 ········· 145

第二节　影响2022—2023年东盟经济的主要因素 ········· 146
一、全球金融环境持续收紧与东盟通胀整体压力变化 ········· 147
二、全球制造业的持续低迷与东盟采购经理指数的分化表现 ········· 148
三、地缘经济分裂风险加剧与东盟区域经济合作的中心地位 ········· 148

第三节　中国—东盟经贸关系 ········· 149
一、东盟跃升为中国最大货物贸易出口目的地 ········· 149
二、东盟在中国对外直接投资中的地位上升 ········· 150
三、中国—东盟农业发展和粮食安全合作进展积极 ········· 152
四、高质量共建"一带一路"再获标志性成果 ········· 152
五、FTA 3.0版谈判进展积极，升级持续展开 ········· 154

第九章　印度经济：强劲复苏 ······ 155

第一节　2023年印度经济形势及影响因素分析 ······ 155
一、经济保持较快增长 ······ 155
二、制造业、服务业增长迅速 ······ 156
三、政策有力 ······ 158

第二节　2024年印度经济预测及影响因素分析 ······ 159
一、通胀压力有所缓解 ······ 159
二、失业率有所下降 ······ 160
三、政府债务高企 ······ 161
四、贸易逆差依旧巨大 ······ 162

第三节　印度的国际经贸关系聚焦点 ······ 163
一、经贸网络关系的构建 ······ 163
二、推动多边合作 ······ 164
三、中印经贸关系展望 ······ 164

第十章　俄罗斯经济：负重前行中的增长与挑战 ······ 167

第一节　2023年俄罗斯经济的主要特征 ······ 167
一、经济超预期复苏，内需助推经济增长 ······ 167
二、通货膨胀居高不下，外债规模有所缩减 ······ 168
三、制造业PMI保持景气，银行业净利润上升 ······ 169
四、劳动力紧缺或将长期拖累经济 ······ 170
五、国防支出急剧增加，财政赤字继续抬升 ······ 171
六、持续推进进口替代战略，自给自足特征更加明显 ······ 172

第二节　2023年影响俄罗斯经济的主要因素 ······ 173
一、欧美制裁加强，俄罗斯经济显出韧性 ······ 173
二、多举维持卢布汇率稳定，国际结算中提升本币份额 ······ 175
三、促进农业发展，提高粮食竞争力 ······ 176

  四、推进欧亚经济一体化,致力形成反制裁联盟 ……………………… 178
  五、发布《2030年前技术发展构想》,推动技术独立进程 …………… 180
 第三节 2023年中俄经贸合作新进展 ……………………………………… 182
  一、中俄发布关于在2030年前经济合作重点方向发展规划的联合声明 … 182
  二、中俄双边贸易总额创历史新高 ……………………………………… 183
  三、中俄两国能源合作更为紧密 ………………………………………… 184
  四、人民币在俄地位持续提升 …………………………………………… 184

主要参考文献 ……………………………………………………………………… 186

后记 ………………………………………………………………………………… 191

第一篇

2022—2023
世界经济回顾与展望

第一章
世界经济发展的动能及面临的主要问题

2022—2023年仍然是世界经济艰难复苏的年份。世界经济总体上呈现复苏迹象,但是地区渐趋分化,各国政府债台高筑、通货膨胀、地区冲突等风险依然存在,阻碍了世界经济复苏的步伐。与此同时,世界经济也表现出具有韧性的一面:在复杂局势下,各国的数字化转型与绿色发展,为世界经济复苏带来了新的机遇;同时,高技术产业在世界经济发展中占有重要地位,以人工智能为代表的高技术产业取得了重大突破。

第一节 2022—2023年世界经济的新亮点

在2022—2023年,世界经济表现出内在的韧性和新的特征,信息与通信技术(ICT)产业快速发展,数字化进程步伐加快,高技术产业地位突出,人工智能快速发展。此外,各国绿色政策层出不穷,绿色研发不断增长,为生产提供新动力,也为生产带来新变革。

一、数字化进程为增长注入新动能

数字化加速发展,数字技术和互联网连接正在创造机会,推动经济发展,改变世界各地的生活。图1-1显示了全球部分地区互联网用户占总人口比重,从中可见,2017—2023年,互联网用户占比经历了高速发展,欧元区从79.52%上升到90.61%,而中国从54.3%上升到77.48%,上升了23.18个百分点,中欧差距逐步缩小。数字化进展的加快提供了新的产业需求,促进了全球经济的复苏。

在过去的十年间,ICT是最具创新力的技术领域,也是其他部门创新的关键所在,赋能其他行业创新能力和加速动力。2022年,有多项生成式人工智能产品发布,[1]其

---

[1] World Bank. Digital Progress and Trends Report 2023[EB/OL]. (2024-03-19)[2024-03-20]. http://documents.worldbank.org/curated/en/099031924192524293/P180107173682d0431bf651fded74199f10.

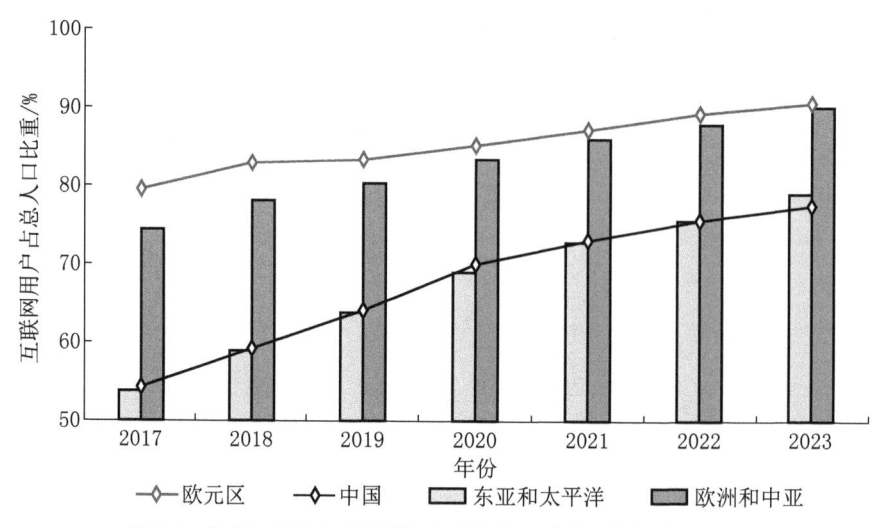

图 1-1　2017—2023 年部分地区和经济体互联网用户占总人口比重

• 资料来源：世界银行。

创造和使用均依赖于 ICT 产业。世界银行发布的《2023 年数字化进展和趋势报告》指出，过去的两年中，信息技术（IT）服务行业增速是其他经济部门的两倍。2022 年全球 ICT 部门增加值超过 6.1 万亿美元，相当于全球经济总量的 6%，增值越来越多地体现在 IT 服务中，而不是硬件制造或电信中。

图 1-2 显示了全球各地区 ICT 产业增加值，从中可见，ICT 制造业和 ICT 服务业对经济增长均有贡献，但贡献程度存在差异，ICT 服务业贡献度要大于 ICT 制造业。

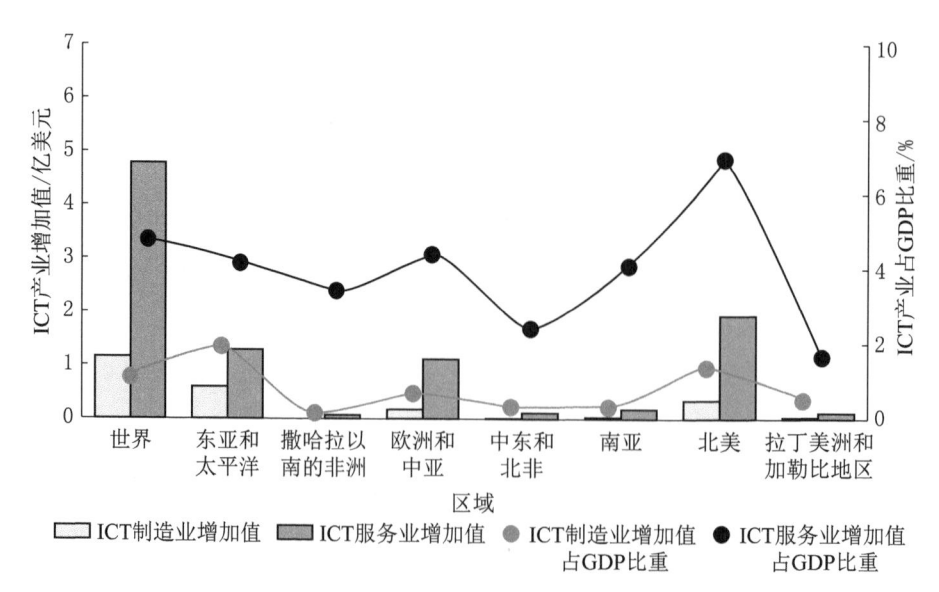

图 1-2　各地区 ICT 产业增加值及其占 GDP 比重

• 资料来源：世界银行发布的《2023 年数字化进展和趋势报告》。

从全球范围来看,ICT 服务业增加值大约是 ICT 制造业增加值的 4 倍。分不同地区来看,欧洲和中亚以及北美地区,两者的差异更为巨大。与此同时,不同地区 ICT 产业具有明显的分化特征,在撒哈拉以南的非洲、中东和北非、南亚以及拉丁美洲和加勒比地区,ICT 产业发展相对不充分。但是,无论是全球还是分地区统计,ICT 产业增加值都占据一定的国内生产总值(GDP)份额,成为促进经济增长的重要力量。

二、高技术产业支撑全球经济复苏

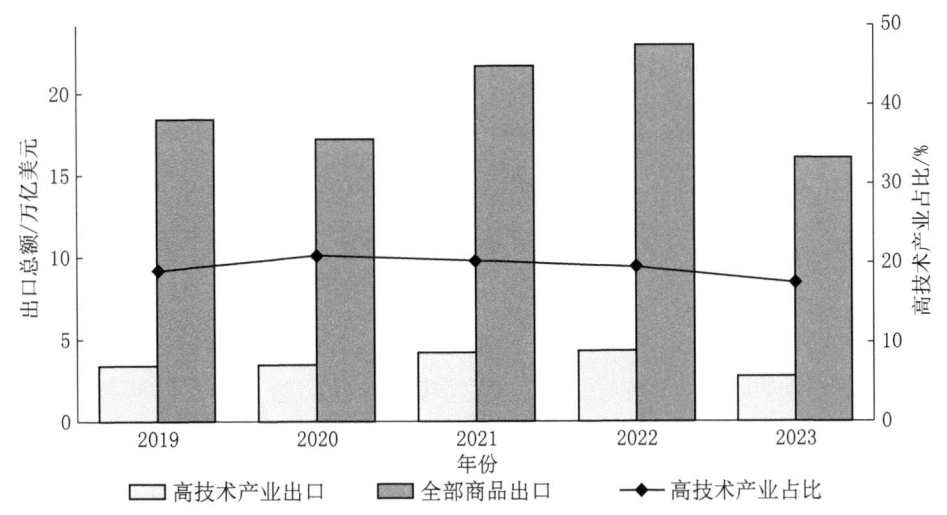

图 1-3 显示了 2019—2023 年高技术产业出口情况,高技术产业出口情况与全部商品出口情况均经历了波动起伏,但也同样在全球经济中始终占有重要地位。高技术产业出口规模在 2022 年达到 4.5 万亿美元,占出口总额的 19.57%,刺激了全球需求,为经济复苏带来动能。在 2023 年,高技术产业出口与全部商品出口同步出现下降,但其规模仍有 2.86 万亿美元,占全球 GDP 的 2.7%。高技术产业链相对较长,因此,高技术产业出口规模不仅刺激了自身需求,也推动了相关产业链的增长,成为支撑全球经济复苏的动力来源。

图 1-3 2019—2023 年高技术产业出口情况

- 资料来源:联合国贸发会议,高技术产业为国际贸易标准分类(SITC)中的 716、718、751、752、759、761、764、771、774、776、778、524、541、712、792、871、874、881。①

人工智能技术的发展,既提供了以自动化技术为主要特征的新动能,又提供了对人类脑力劳动进行分解、模拟和延伸的全新技术手段,②推动了科技跨越式发展,被

---

① 刘钻石,张娟.中国商品贸易结构升级了吗——基于贸易品类别、技术附加值和质量水平的分析[J].南方经济,2016,(08):24-41. DOI:10.19592/j.cnki.scje.2016.08.003.
② 孙早,陈玉洁.机器人角色、生产分割与生产方式转换[J].中国工业经济,2023,(04):5-23. DOI:10.19581/j.cnki.ciejournal.2023.04.004.

多国列为提升本国经济和产业核心竞争力的重大战略。[①]2022—2023年，人工智能产品不断涌现，改变了生产生活方式，对全产业都产生了重要影响。2022年11月30日，美国人工智能企业美国开放人工智能研究中心发布第一款人工智能产品，根据用户输入的文本提供各类解决方案，提高了生产生活问题的解决效率。2023年12月6日，谷歌母公司设立的人工智能实验室发布人工智能模型，它可以用于识别语音、图像、音频和视频，进一步提高了人工智能的应用场景和使用效率。与此同时，中国企业针对文本、绘画、动画等不同应用场景，也推出了不同专业性质的大语言模型。

以新兴技术为基础的新产业、新业态和新模式不断涌现，企业将人工智能领域的新突破应用于生产，人工智能技术日益广泛的应用为世界经济与社会带来深刻复杂的影响。[②]例如，微软已将旗下产品接入人工智能产品，旨在提高使用效率；奥多比系统公司（Adobe）也将旗下产品接入人工智能工具，以提高图片处理能力。此外，人工智能除了运用于计算机场景，也用于现实场景。例如，美国企业特斯拉通过摄像头的图像识别功能和不断优化的自动驾驶算法，实现汽车的无人驾驶；中国企业百度旗下的萝卜快跑在武汉、重庆、北京开启了自动驾驶出租车运营。与此同时，人工智能也进入了医疗领域，谷歌公司基于人工智能产品预测了基因错义突变致病性，并将研究成果发表在了《科学》杂志上。此外，医疗和制药公司也在利用人工智能产品辅助推进技术进步。由此可见，人工智能技术不仅改变了信息产业的生产，而且推动了实体经济的变革。人工智能正在改变运输行业，也正在改变医疗和制药行业。人工智能的兴起不仅带动了下游行业变迁，也刺激了对于上游产业的需求。

三、绿色发展持续带来增长新动力

环境污染治理是进入工业文明以来的全球性议题，是人类共同面临的巨大挑战。[③]2022—2023年全球部分主要国家出台的绿色产业政策如表1-1所示。表1-1汇总的政策涉及大量产业补贴，用以开发新能源。以氢能源为例，美国95亿美元的补贴计划涉及氢能源，英国开启了耗资2 600万英镑的工业氢加速器计划，澳大利亚计划投资1.5亿澳元开展澳大利亚清洁氢贸易计划，中国也发布了氢能产业发展规划。这些投资和政策将会促进氢能源行业的发展，带动就业，创造新的经济增长点和发展机遇。

---

① 姚加权,张锟澎,郭李鹏,等.人工智能如何提升企业生产效率？——基于劳动力技能结构调整的视角[J].管理世界,2024,40(02):101-116+133+117-122.
② 张宇燕,徐秀军.2023—2024年世界经济形势分析与展望[J].当代世界,2024,(01):16-23.
③ 汪彬,阳镇,陈洋毅,等.绿色经济效率影响机制[J].上海经济研究,2022,(06):62-77. DOI:10.19626/j.cnki.cn31-1163/f.2022.06.009.

表 1-1 2022—2023 年全球部分国家绿色政策汇总表

国家	政策名称	绿色条款
美国	美国确保供应链安全以实现稳健的清洁能源转型的战略	增加清洁能源的采用和部署；改进与报废能源相关的废物管理；为清洁能源转型行业吸引和支持熟练劳动力
	拜登-哈里斯许可行动计划	通过改革过时的许可、法律、法规，政府寻求加强供应链、降低成本、振兴社区，同时支持实现气候和清洁能源目标
	美国能源部（DOE）为加强国内关键材料供应链提供资金计划	提供 1.5 亿美元资金机会，以推进具有成本效益的和对环境负责的工艺，在国内生产和提炼关键矿物和材料
	美国能源部为减少石油和天然气产区甲烷排放提供资金计划	美国能源部宣布为旨在通过新技术检测、测量和减轻该国石油和天然气产区的甲烷排放的申请人提供 3 200 万美元的研发资金
	通胀削减法案	延长和调整某些可再生资源生产的电力信贷；延长对生物柴油、可再生柴油和替代燃料的激励措施；可持续航空燃料抵免；拨款 30 亿美元用于退税和赠款，以扩大港口零排放技术的使用，并为港口制订气候行动计划；为温室气体排放率为零（或更低）的国内清洁电力生产创造了税收抵免；等等
	基础设施和就业法案	95 亿美元的拨款将用于资助区域清洁氢中心、清洁氢电解计划以及清洁氢制造和回收计划；部署超过 200 亿美元的联邦融资工具以促进全国范围内新建和升级的高容量输电线路的发展
	2 000 万美元用于降低地热钻探成本计划	美国能源部宣布提供高达 2 000 万美元的资金，通过展示更快的钻井技术来降低开发地热能的成本
	4.2 亿美元用于推进能源前沿研究中心（EFRC）的清洁能源突破计划	美国能源部宣布为能源前沿研究中心提供 4.2 亿美元的资助机会。这笔资金将通过对清洁能源技术、先进低碳制造以及量子信息科学的早期研究来推进气候解决方案，为实现到 2050 年成为零排放经济体的国家目标做出贡献
中国	鼓励外商投资产业目录（2022 年）	目录中的投资区域享有自用设备进口免征关税、优先提供土地以及西部地区和海南省额外减税三大好处，包括提高矿山尾矿利用率和应用矿山生态修复技术的新技术等
	氢能产业发展中长期规划（2021—2035 年）	该计划的目标是到 2025 年使用可再生原料生产绿色氢气，每年达到 10 万—20 万吨。除运输外，该计划还设想在其他领域使用清洁氢气：储能、发电和工业
	2023 年新能源汽车（NEV）补贴	各省市公布了由中央政府提供、各省市分配的 2023 年新能源汽车补贴，生产符合一定标准的新能源汽车的公司可以申请补贴
德国	支持电动汽车采购和充电基础设施建设	德国联邦数字事务和交通部（BMDV）将投资 2 000 万欧元用于车辆采购和充电基础设施的开发
	暂时降低通过天然气网络输送天然气的销售税率	德国政府颁布了将天然气供应增值税税率从 19% 降至 7%（从 2022 年 10 月 1 日至 2024 年 3 月 31 日）的临时措施，并对雇主为雇员提供的高达 3 000 欧元的特殊付款免税
	实现可持续和有弹性的原材料供应的方法	推动循环经济、资源效率和回收利用、原材料供应链多样化、确保公平和可持续的市场框架
英国	汽车转型基金	汽车转型基金包括 5 亿英镑，用于支持汽车及其供应链的电气化，以及其他具有重要战略意义的技术，包括关键矿物加工
	2022 年增值税（安装节能材料，ESM）令	英国政府将从 2022 年 4 月起延长可用于安装节能材料的增值税减免，支持长期净零目标
	工业氢气加速器计划	耗资 2 600 万英镑的工业氢加速器计划为创新项目提供资金，这些项目可以展示端到端工业燃料向氢的转换
	净零战略	政府将提供 1.8 亿英镑的资金支持该行业，用于开发可持续航空燃料（SAF）工厂。政府将增加 5 亿英镑的净零创新组合资金，以支持英国商业、能源和工业战略部（BEIS）主导的电力、建筑和工业计划；由英国运输部（DfT）牵头的交通项目；以及英国环境、食品和农村事务部（DEFRA）领导的自然资源、废物和含氟气体计划

（续表）

国家	政策名称	绿色条款
印度	绿色能源走廊—州内输电系统二期方案	该计划旨在古吉拉特邦、喜马偕尔邦、卡纳塔克邦、喀拉拉邦、拉贾斯坦邦、泰米尔纳德邦和北方邦七个邦的20吉瓦可再生能源项目的电网整合和输电
印度	国家生物能源计划	包括垃圾焚烧发电计划支持大型沼气、生物压缩天然气和发电厂的安装,在发电中使用颗粒和煤球的生物质计划,以及沼气计划支持在农村地区安装家庭和中型沼气装置
印度	国家生物燃料政策(2022年修正案)	将达到汽油中20%生物乙醇混合目标的最后期限从2030年提前到2025—2026年;使额外的原料符合生产生物燃料的条件
澳大利亚	澳大利亚清洁氢贸易计划(ACHTP)	澳大利亚政府正在支持澳大利亚清洁氢贸易计划,该计划的资金为1.5亿澳元
澳大利亚	重新布线国家基金	联邦政府提供了200亿澳元的赠款,用于升级和扩大澳大利亚的电网,旨在释放新的可再生能源,提高电网安全性,并降低电价

• 资料来源:国际能源署官网。

图1-4显示了2016—2022年全球能源利用技术研发预算,预算总额持续稳步上升,提升幅度达到39%,其间并未受到多种客观因素的影响,表明全球绿色发展的坚定信念。

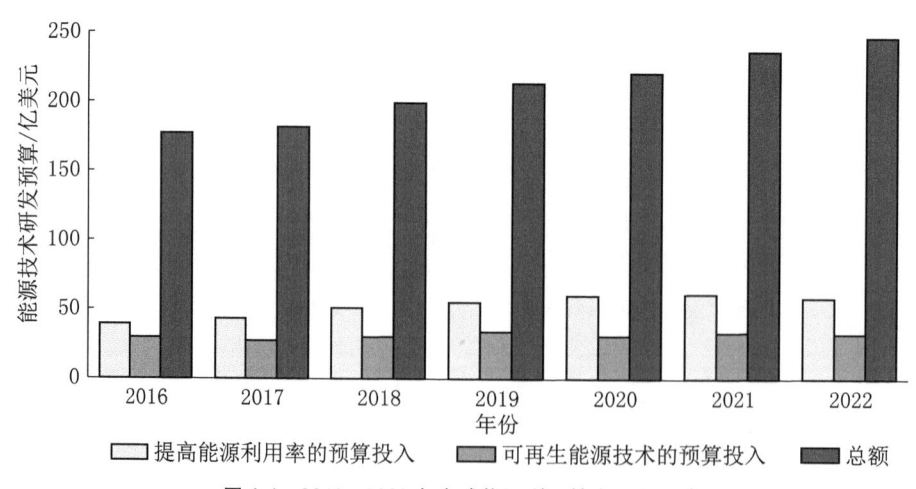

图1-4　2016—2022年全球能源利用技术研发预算

• 资料来源:国际能源署。

第二节　2022—2023年世界经济面临的主要问题

2022—2023年,世界经济发展同样面临诸多挑战。地区增速不均衡,政府债务处于高位,通货膨胀压力依然存在,各国加息进程持续,地区冲突导致能源价格波动,制约了全球经济的复苏。

一、经济增速回归历史水平,但群体分布不均衡

图1-5汇总了2009—2023年全球GDP增速,从中可见,世界经济增速在2020年出现了急剧下降,增速低于−2%,2021年触底反弹,而2022年再次出现大幅波动,增速明显低于2021年。2022—2023年,世界经济仍在前行,增速回归历史水平,与2012—2018年大致相当,但各地区增速出现不均衡现象。①

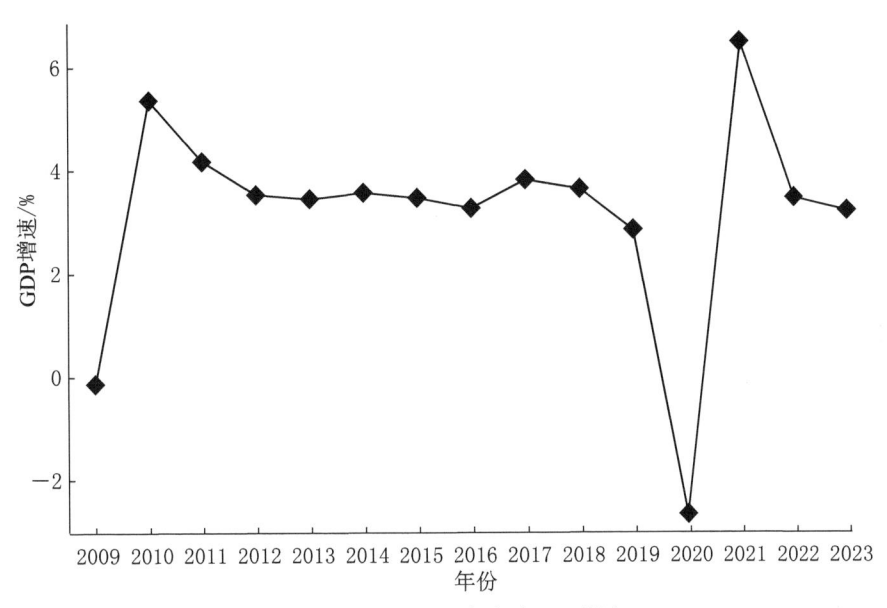

图1-5 2009—2023年全球GDP增速

• 资料来源:国际货币基金组织(IMF)。

图1-6显示了全球主要地区2021—2023年的经济增速,除中东和中亚,其他区域或群体2022年增速均低于2021年增速,并且,除新兴市场和发展中经济体外,世界总体以及其余区域或群体2023年增速均低于2022年。其中,新兴市场和发展中经济体以及撒哈拉以南的非洲2023年经济增速高于世界平均增速,发达经济体、拉丁美洲和加勒比地区以及中东和中亚2023年经济增速低于世界平均增速。世界经济出现分化,地区增长不均衡。

表1-2显示了2021—2023年世界主要地区主要经济体GDP规模和2023年以本币计量的GDP增速。在发达经济体中,2022年和2023年美国GDP分别增长约2.15万亿美元和约1.61万亿美元,增长规模相对较大;日本则出现了负增长,GDP规模分别减少7 782.11亿美元和434.66亿美元,减少幅度相对较大。从表1-2可见,在2023年,按照以本币计量的GDP增速,新兴市场和发展中经济体增速较快,成

---

① 刘芳.波折前行的世界经济:新周期、新平衡、新机遇——2024年世界经济分析报告[J].世界经济研究,2024,(01):3-13+135. DOI:10.13516/j.cnki.wes.2024.01.001.

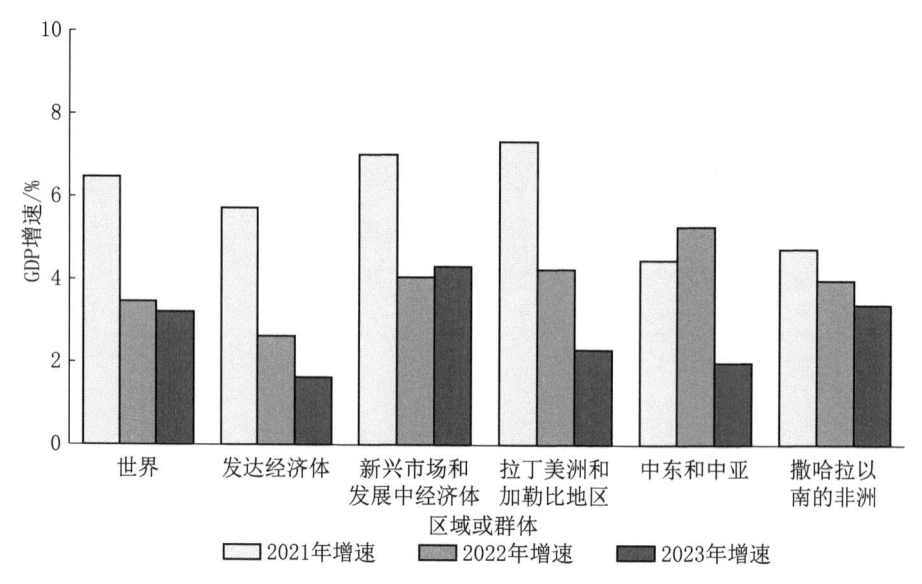

图 1-6　2021—2023 年世界主要经济体或地区 GDP 增速

- 资料来源：IMF。

表 1-2　2021—2023 年世界主要地区主要经济体 GDP 规模

地区/国家	GDP 规模/亿美元			2023 年本币表示的 GDP 增速/%
	2021 年	2022 年	2023 年	
世界	969 895.6	1 006 629	1 047 911	3.214
发达经济体	571 422.5	581 455.1	613 528	1.63
新兴市场和发展中经济体	398 473.1	425 174.4	434 382.8	4.323
拉丁美洲和加勒比地区	51 222.6	58 554.37	65 725.12	2.296
中东和中亚	40 245.52	48 141.01	47 414.31	1.987
撒哈拉以南的非洲	18 915.01	20 113.98	19 378.39	3.386
美国	235 940.5	257 441	273 578.3	2.531
日本	50 346.21	42 564.1	42 129.44	1.923
中国	177 593.1	178 485.4	176 620.4	5.24
印度尼西亚	11 865.1	13 190.76	13 711.71	5.048
土耳其	8 183.37	9 058.41	11 084.53	4.517
波兰	6 814.29	6 882.5	8 084.35	0.16
巴西	16 706.5	19 518.49	21 736.71	2.908
墨西哥	13 130.7	14 633.24	17 888.97	3.229
沙特阿拉伯	8 741.56	11 085.72	10 675.83	−0.755
伊朗	2 892.94	3 474.46	4 035.26	4.709
埃及	4 233	4 752.31	3 939.09	3.76
印度	31 672.71	33 534.71	35 720.78	7.827
孟加拉国	4 162.65	4 602.01	4 463.49	6.025
巴基斯坦	3 484.81	3 747.48	3 382.37	−0.166

- 资料来源：IMF。

为全球经济复苏的重要支撑力量,全球经济增长呈现分化趋势。同时,就规模而言,各地区和各经济体增长规模差异较大,同样呈现了分化趋势。

二、政府债务仍处于高位

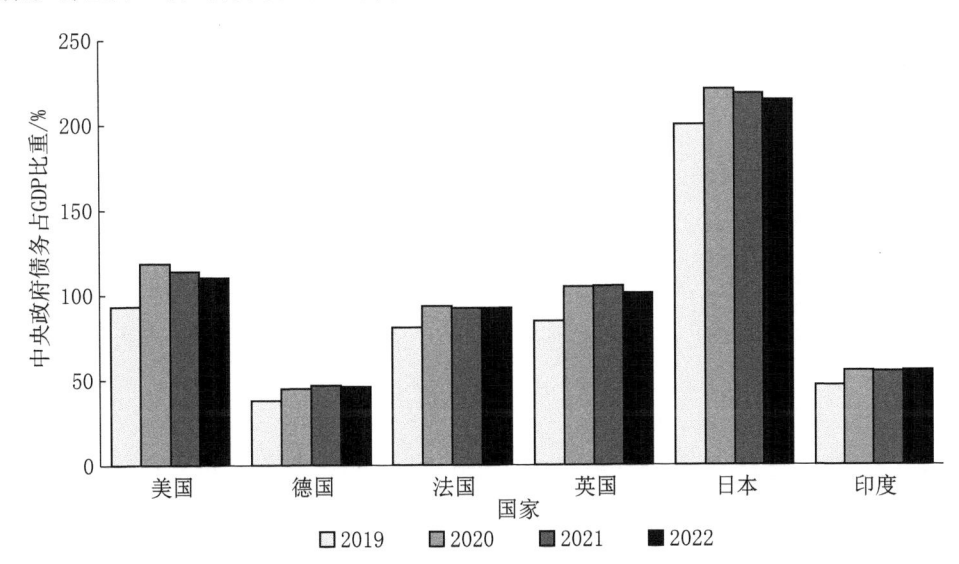

图1-7显示2019—2022年世界部分国家中央政府债务占GDP比重,可以发现,2022年各国中央政府债务占GDP比重相对于2020年和2021年有所降低,但是仍然处于高位。日本中央政府债务占GDP比重从2019年199.88%上升到2022年的214.27%,而其中2020—2022年连续下降,从2020年的220.67%下降到2022年的214.27%。美国、法国和英国中央政府债务占GDP的比重接近100%,2022年,美国为110.15%,法国为92.15%,英国为100.75%,债务规模同样庞大。美国政府债务扩张在短期内可以拉动美国经济增长,然而从长期来看,债务扩张加重了税收负担,压缩了财政政策的空间,使政府应对经济不确定性的能力减弱。[①]德国和印度债务规模占GDP比重相对较小,仅为半数左右,2022年,德国为45.95%,印度为55.45%。各国虽然规模差异巨大,但仍然具有一致性,即2022年债务占GDP比重有所下降,但是仍未回归2019年的水平。各国政府债台高筑,增加了市场流通货币数量,导致通货膨胀持续。同时,各国政府的巨额债务致使在债务利息方面的支出呈上升趋势,偿债能力面临严峻挑战,从而为全球经济埋下隐患,刺激各种不稳定因素的酝酿和爆发,影响世界经济的稳定性和可持续性。

图1-7 2019—2022年世界部分国家中央政府债务占GDP比重

• 资料来源:世界银行。

[①] 徐则荣,韩悦.美国政府债务扩张对世界经济的影响[J].福建论坛(人文社会科学版),2023(09):92-108.

三、通胀压力依然存在

图1-8显示2009—2023年全球通货膨胀率,从中可见,2009—2023年,通货膨胀率呈现在波动中上升的趋势。而分阶段看,2013—2020年,通货膨胀率在3%上下波动;2021年和2022年出现陡增,2022年尤其明显,通货膨胀率增长至8.73%;2023年,通货膨胀率有所降低,为6.78%,但是仍然高于2009—2021年间任一年水平,通货膨胀压力依然存在。

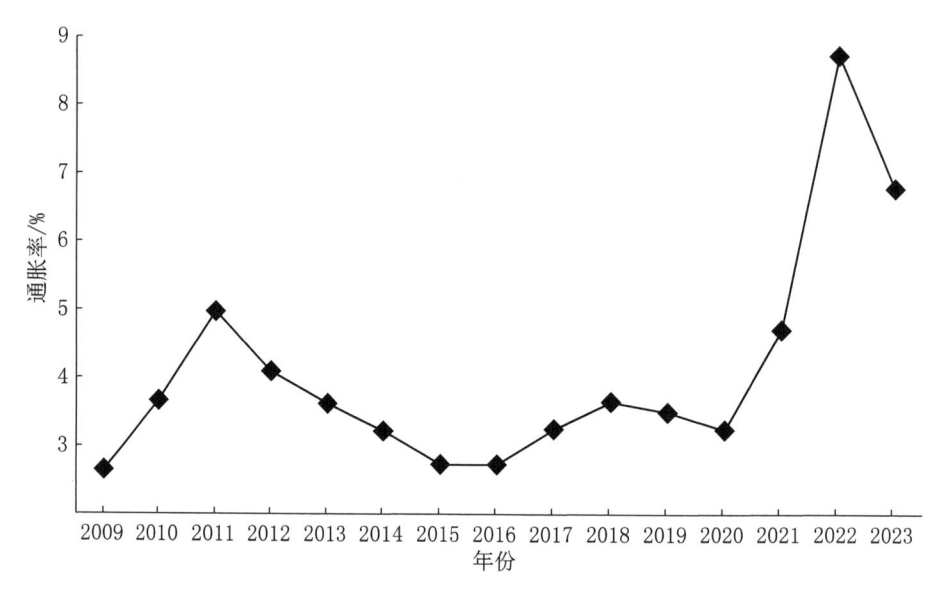

图1-8　2009—2023年全球通货膨胀情况

• 资料来源:IMF。

图1-9显示2021—2023年世界主要地区通货膨胀率情况。在发达经济体、新兴市场和发展中经济体,2023年通货膨胀率相对于2022年有所降低;在拉丁美洲和加勒比地区、中东和中亚以及撒哈拉以南的非洲,2021—2023年间,通货膨胀率高于世界总体、发达经济体、新兴市场和发展中经济体,并且通货膨胀率逐年增长,并无缓解迹象。

四、美联储掀起全球央行"紧缩潮",加剧新兴市场和发展中经济体金融动荡

2020年以来,各国央行,包括世界四大央行中的美联储、欧洲央行和英国央行,纷纷开启加息进程。表1-3到表1-5汇总了三大央行本轮周期加息时间表。2021年12月17日,英国央行英格兰银行率先开启了本轮加息进程,自2021年12月17日首次加息以后,至2023年8月3日共计加息14次。美联储于2022年3月16日上

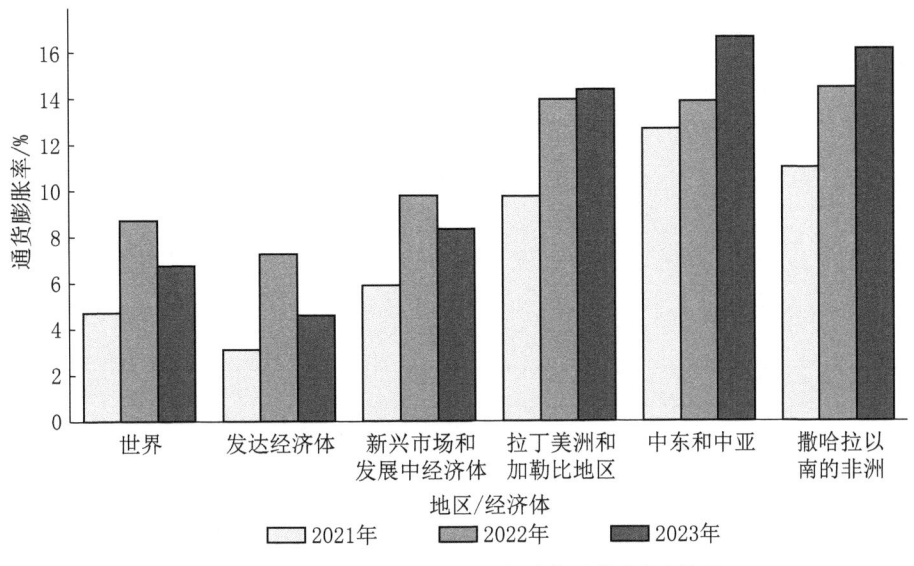

图 1-9　2021—2023 年世界主要经济体通货膨胀率情况

- 资料来源：IMF。

调联邦基金利率目标区间，正式开启了新一轮加息周期。至 2023 年 12 月，美联储共加息 11 次。其中 2022 年 3 月和 5 月分别加息 25 个和 50 个基点，之后 4 次加息，每次加息 75 个基点，直到美国通货膨胀水平到顶回落，美联储在 2022 年 12 月的当年内最后一次议息会议上放缓进度，加息 50 个基点。2022 年 10 月 13 日，国际货币基金组织在《全球金融稳定报告》中指出，美联储加息周期引发许多宏观经济基本面较弱的新兴经济体资本外流，全球金融环境不断恶化，令新兴市场面临多重风险。2023 年，美联储分别在 2 月、3 月、5 月和 7 月加息 25 个基点，达到 2001 年以来最高水平。

表 1-3　英格兰银行本轮加息周期加息时间表

本轮累计加息次数	时间	加息基点
1	2021 年 12 月 17 日	15
2	2022 年 2 月 3 日	25
3	2022 年 3 月 17 日	25
4	2022 年 5 月 5 日	25
5	2022 年 6 月 16 日	25
6	2022 年 8 月 4 日	50
7	2022 年 9 月 22 日	50
8	2022 年 11 月 3 日	75
9	2022 年 12 月 15 日	50
10	2023 年 2 月 2 日	50

(续表)

本轮累计加息次数	时间	加息基点
11	2023年3月23日	25
12	2023年3月11日	25
13	2023年6月22日	50
14	2023年8月3日	25

• 资料来源：根据公开资料整理。

表1-4　美联储本轮加息周期加息时间表

本轮累计加息次数	时间	联邦基金利率上调基点
1	2022年3月16日	25
2	2022年5月4日	50
3	2022年6月15日	75
4	2022年7月27日	75
5	2022年9月21日	75
6	2022年11月2日	75
7	2022年12月14日	50
8	2023年2月2日	25
9	2023年3月23日	25
10	2023年5月4日	25
11	2023年7月27日	25

• 资料来源：根据公开资料整理。

表1-5　欧洲央行本轮加息周期加息时间表

年内累计加息次数	时间	加息基点
1	2022年7月21日	50
2	2022年9月8日	75
3	2022年10月27日	75
4	2022年12月15日	50
5	2023年2月2日	50
6	2023年3月16日	50
7	2023年5月4日	25
8	2023年6月15日	25
9	2023年7月9日	25
10	2023年9月14日	25

• 资料来源：根据公开资料整理。

与此同时，欧洲中央银行和日本中央银行也在2022—2023年内多次加息。2022年7月21日，欧洲中央银行召开货币政策会议，决定将欧元区三大关键利率上调50个基点，将主要再融资利率、边际借贷利率和存款机制利率分别上调至0.5%、0.75%和0，开启了自2011年以来的首次加息，也结束了自2014年以来的负利率时代。2022年10月28日,日本央行公布最新议息结果,决定将短期政策利率维持在-0.1%不变。在长期利率方面,日本央行将不设上限地购买必要数量的日本政府债券,以使10年期日本政府债券收益率保持在0左右,显示了长期加息的趋势。2024年3月19日,日本央行自2007年2月以来,时隔17年首次加息,将政策利率设定在0至0.1%区间,结束了自2016年以来的负利率时代。

五、俄乌冲突加剧能源市场波动

2022年,经济复苏的需求以及一些外部因素对供应链的限制造成了国际能源市场的波动,而俄乌冲突爆发使波动进一步加剧。[①]俄罗斯是世界最大的天然气出口国,在全球煤炭和原油出口中也占有很大份额。美国和欧盟计划禁止或逐步取消从俄罗斯进口化石燃料,俄罗斯也切断了对保加利亚、芬兰、荷兰和波兰的天然气直接出口。这些行为打破了原本的供需局面,导致能源供应链重构,增加了能源供应链的负荷。

图1-10、1-11显示2019—2023年美国和欧盟主要能源进口情况及从俄罗斯进口占比,从中可见,俄罗斯能源在全球能源进口中占有重要地位。2021年之前,从俄罗斯进口能源份额持续上升,2021年,全球从俄罗斯进口煤炭接近16%,进口石油接

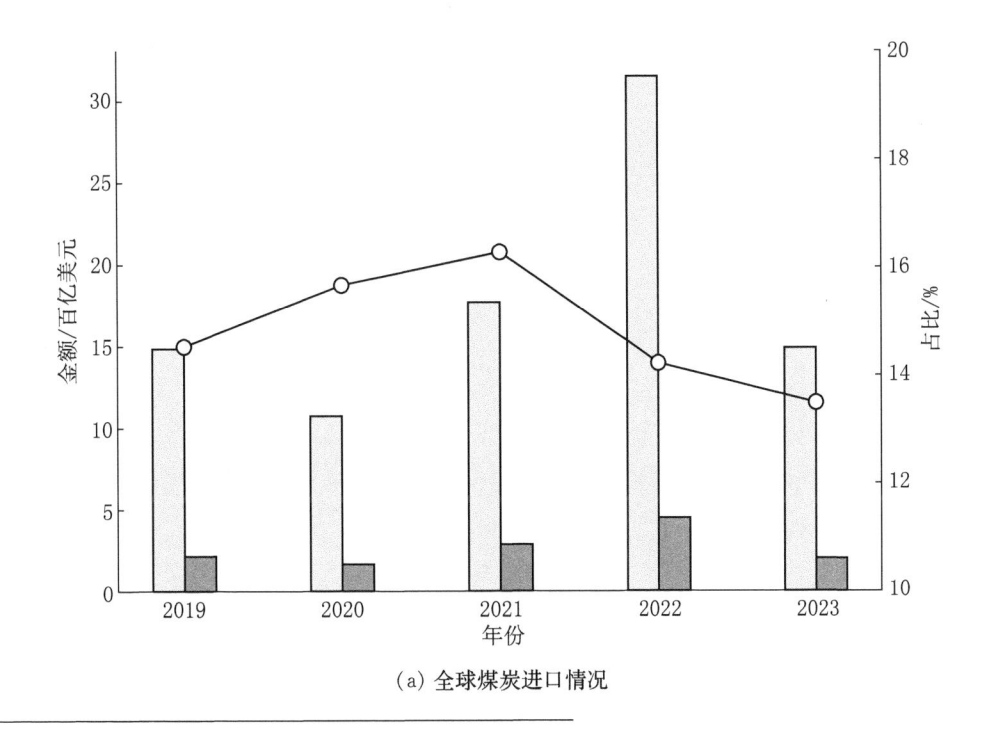

(a) 全球煤炭进口情况

---

① World Bank. Global Economic Prospects, June 2022 [EB/OL]. (2022-06-01)[2022-06-07] https://documents.worldbank.org/en/publication/documents-reports/documentdetail/099355006072293045/idu0e94d9de80f675045770a99b033f67b449448.

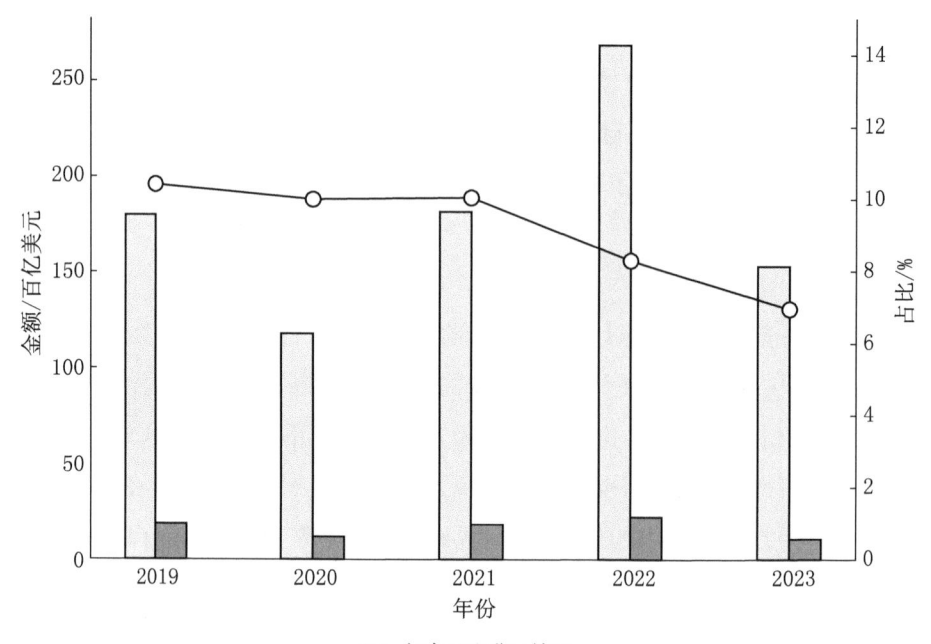

(b) 全球石油进口情况

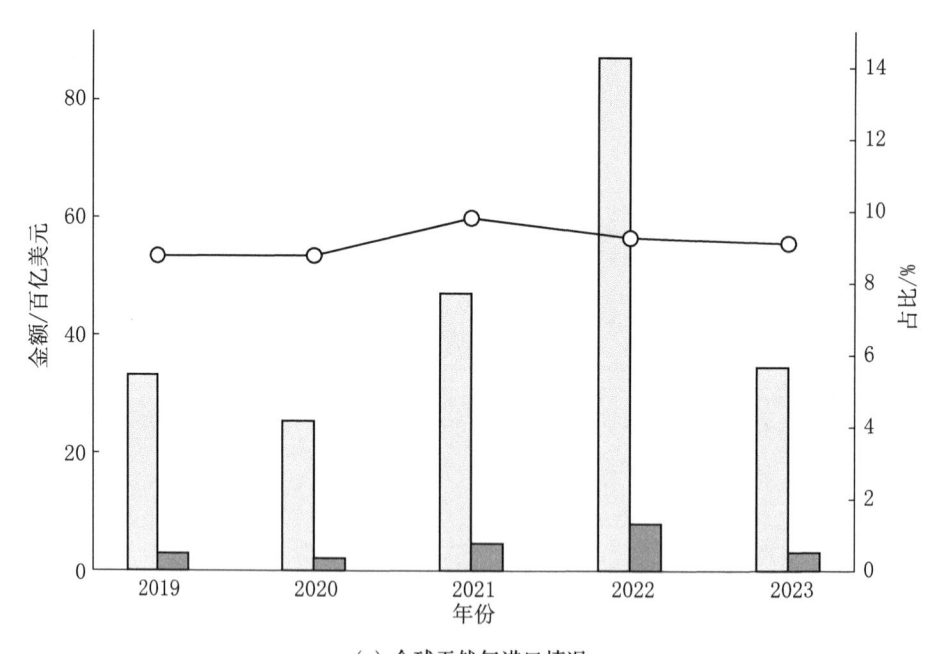

(c) 全球天然气进口情况

图 1-10 2019—2023 年全球主要能源进口情况及俄罗斯占比

- 注：图中所指煤炭、石油、天然气分别表示 SITC 中编号为 32、33、34 的商品；俄罗斯数据为各国从俄罗斯进口的加总；全球数据为全部国家进口的加总。下同。
资料来源：联合国贸易和发展会议（简称"贸发会议"）。

近10%,进口天然气大约9%,2023年大幅下降,煤炭降至13%—14%,石油降至7%左右,而天然气2023年占比与2022年基本持平,均超过2020年之前水平。但是另一方面,全球能源需求急剧上升,煤炭进口从2021年的1 769亿美元上升到2022年的3 150亿美元,石油从2021年的18 169亿美元上升至2022年的26 877亿美元,天然气从2021年的4 711亿美元上升至2022年的8 722亿美元。世界能源需求一方面急剧上升,另一方面又在供应链中剥离俄罗斯,这加剧了其他地区能源供应的压力,同时,打破了原有的供需局面,致使能源价格上涨,削弱了发展中经济体在全球能源市场的购买力,不利于世界经济的复苏。而2023年,能源需求渐趋平稳。

图1-11和图1-12显示了2019—2023年美国和欧盟能源进口情况及其对俄罗斯能源的依赖情况。美国对俄罗斯天然气的依赖较小,2021年之前,美国对俄罗斯煤炭和石油依赖逐年增大,分别从俄罗斯进口4%和8%左右;2022年急速下降,从俄罗斯进口煤炭接近0,进口石油也下降至2%以下。欧盟对俄罗斯能源依赖较大,2021年从俄罗斯进口煤炭为45%左右,进口石油接近30%,进口天然气超过30%;2022年从俄罗斯进口三大能源产品占比急速下降,均降至20%左右。与此同时,从俄罗斯进口能源价值却没有出现明显下降,可能是因为:第一,疫情后经济复苏产生对能源产品的大量需求,而欧盟将这一部分需求转移至其他市场,逐渐摆脱俄罗斯市场;第二,通货膨胀和能源供应链紧张引致能源价格上涨,因此价值虽然波动不大,但是物理量仍处于下降状态。2023年,除欧盟从俄罗斯进口天然气份额超过10%外,欧盟和美国对俄罗斯的能源依赖几乎为0或个位数。

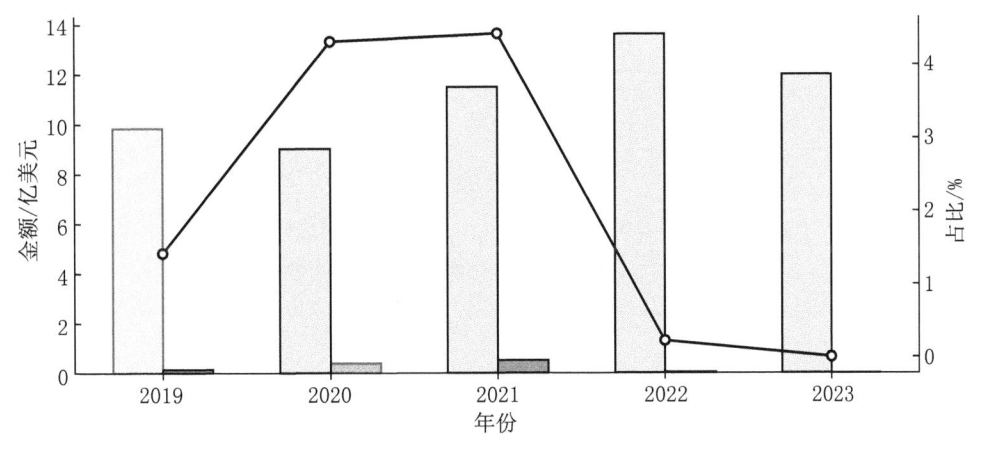

(a) 美国煤炭进口情况

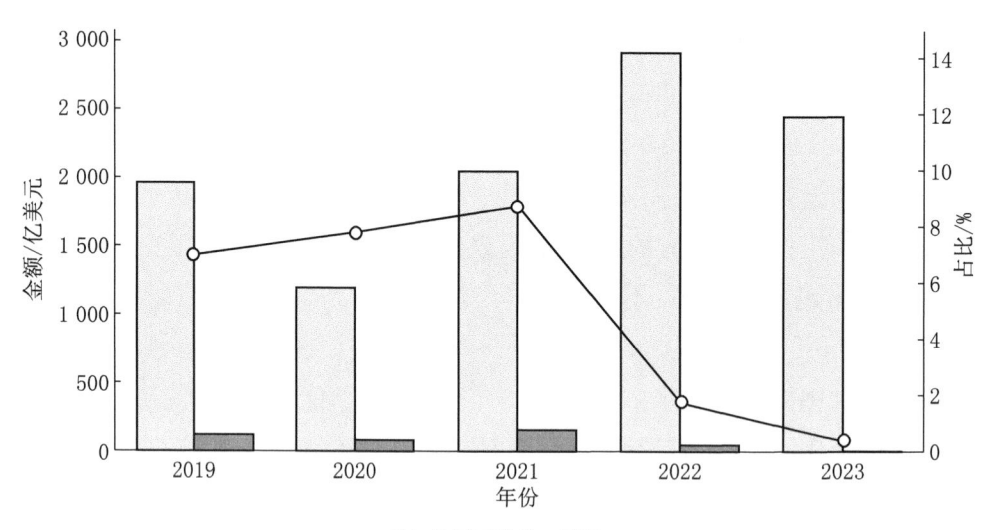

(b) 美国石油进口情况

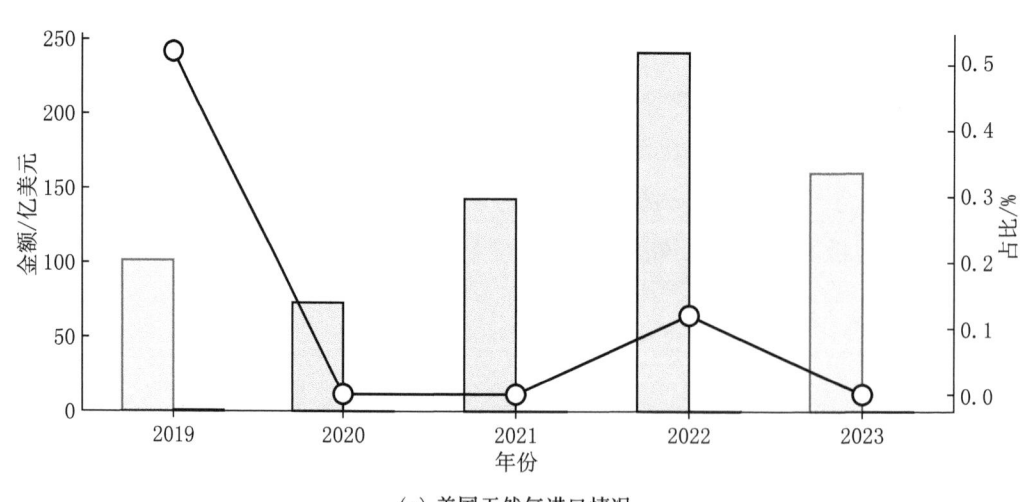

(c) 美国天然气进口情况

□ 总量　■ 从俄罗斯进口　—○— 从俄罗斯进口占比

图1-11　2019—2023年美国能源进口情况

- 注：图中所指煤炭、石油、天然气分别表示SITC中编号为32、33、34的商品；在子图(c)中，从俄罗斯进口量近乎于0，2020、2021和2023年无进口。

资料来源：联合国贸发会议。

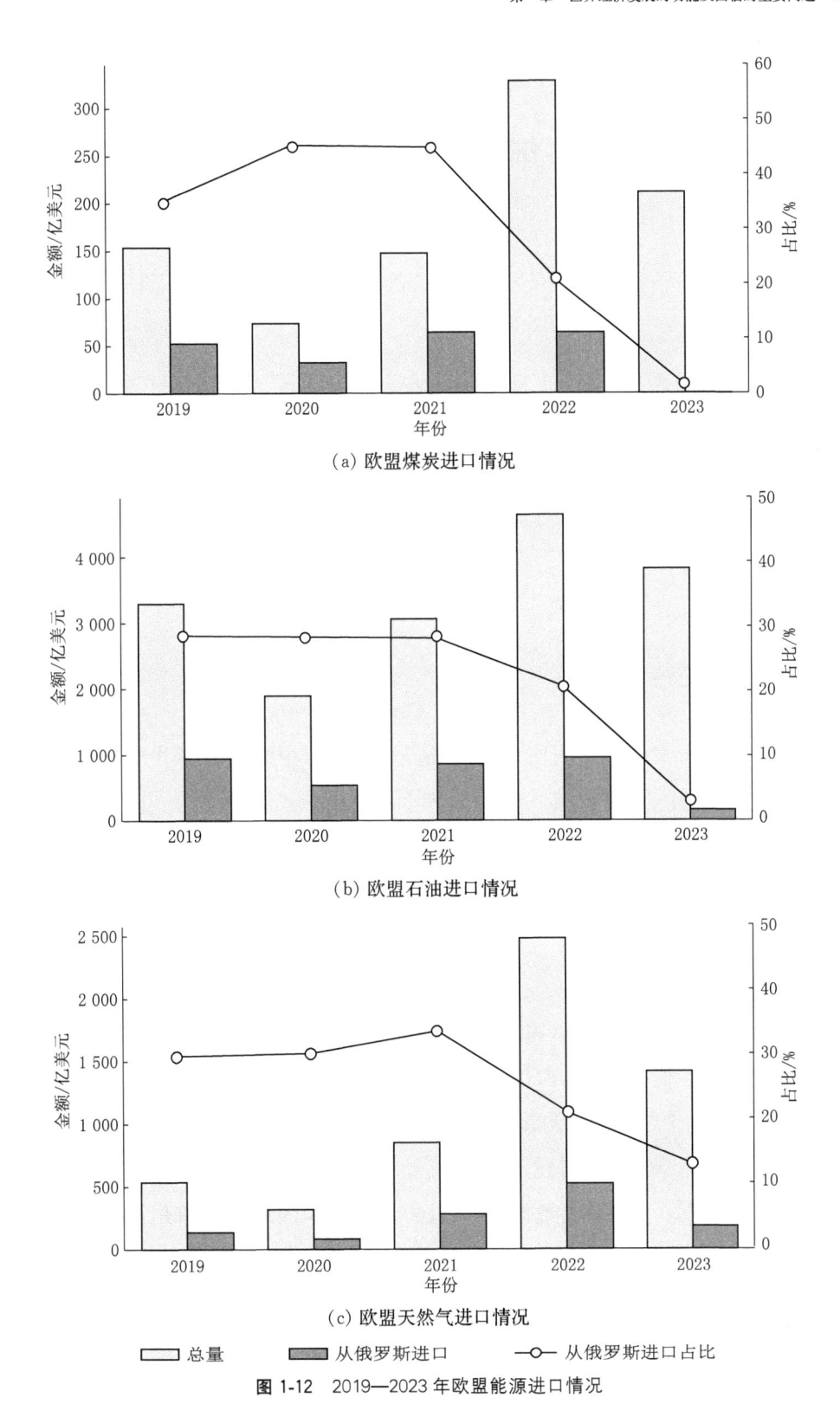

(a) 欧盟煤炭进口情况

(b) 欧盟石油进口情况

(c) 欧盟天然气进口情况

图例：总量 | 从俄罗斯进口 | ─○─ 从俄罗斯进口占比

图 1-12　2019—2023 年欧盟能源进口情况

- 注：图中所指煤炭、石油、天然气分别表示 SITC 中编号为 32、33、34 的商品。
  资料来源：联合国贸发会议。

第二章
2023年世界经济新趋势

2023年,地缘政治、地区冲突、极端天气等因素对世界经济的影响日益明显,逆全球化思潮、贸易保护主义、能源和金融政治化对经济增长形成多重牵制,世界经济继续呈现高利率、高通胀、高债务和低增长的格局。展望2024年,世界经济增速将继续放缓,地缘政治冲突持续、国际贸易碎片化、产业链加速重构等因素将继续制约世界经济复苏的步伐。

第一节　世界经济新趋势

2023年,世界经济继续从乌克兰危机等影响因素中缓慢复苏并展现一定韧性,但增速明显放缓且极其不均衡。发达经济体与发展中经济体之间、发达经济体内部以及发展中经济体内部均呈现明显的分化特征。全球主要央行的同步加息阶段性地遏制了持续高企的通货膨胀,也降低了相关经济体的滞胀风险。

一、世界经济:复苏动能有待积蓄

受地缘政治冲突此起彼伏、能源价格大幅提高、政策利率居高不下等不利因素影响,世界经济整体复苏较为乏力,服务业超越工业成为2023年复苏的重要动力。

（一）服务业较工业表现更佳

随着全球进入服务经济时代,服务业主导的产业结构变迁与经济转型升级成为世界经济发展新趋势。世界银行数据显示,过去30年全球服务业增加值占GDP比重逐年提升,当前占比已超过六成,其中美国、德国、日本等发达经济体服务业增加值已经达到GDP的70%以上,巴西、南非、墨西哥等发展中经济体占比也达到60%左右。① 随着接触型服务业快速发展,2023年,服务业成为多数国家经济复苏与增长的重要动力,服务

---

① 中研普华产业院.全球动态:消费市场加速回暖　服务业快速复苏　智慧服务市场现状及前景分析2023[EB/OL].(2023-05-06)[2024-01-19]. http://www.chinafoundation.org.cn/jujiao/2023/0506/122058.html.

消费对经济增长的贡献明显高于商品消费,服务业对经济增长的贡献显著高于工业。

2023年,中国服务业和消费的经济增长主引擎作用更加凸显:服务业增加值占GDP比重达到54.6%,比2022年提高1.2个百分点;最终消费支出对经济增长的贡献率达到82.5%,比2022年提高43.1个百分点。[①]万得(Wind)数据库显示,美国前三季度服务消费分别拉动GDP增长1.4、0.44和1.62个百分点,个人服务消费支出的表现尤其亮眼,根据美国圣路易斯联储的数据,2023年11月增速同比增幅达到0.23%,见图2-1。[②]欧盟和日本等国的工业生产拖累经济增长,法国、西班牙等重要旅游目的国服务业对经济增长的支撑尤为明显。

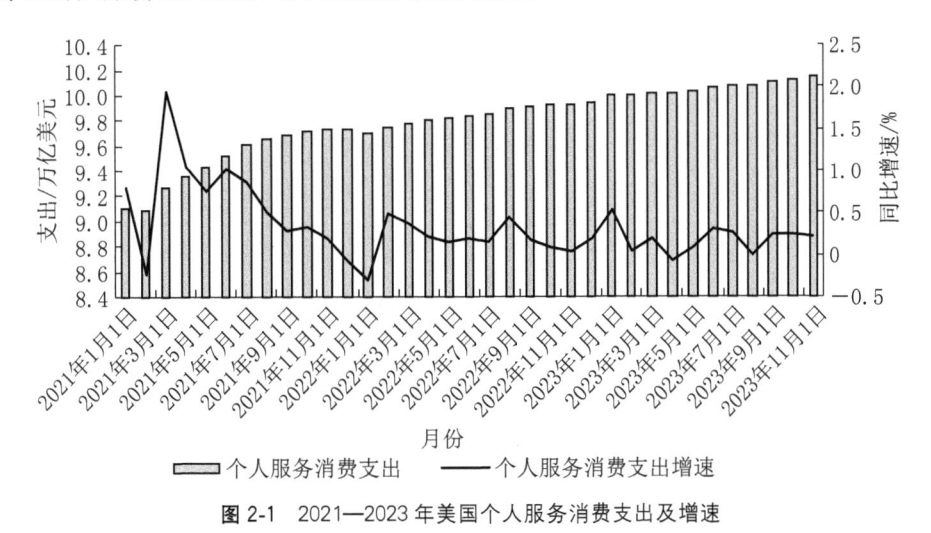

图2-1 2021—2023年美国个人服务消费支出及增速

- 资料来源:美国圣路易斯联储数据库。

(二)主要经济体加快数字化绿色化协同转型

主要经济体的数字化绿色化协同转型(简称"双化转型")正在重塑世界经济增长的新动能。中国首批双化转型综合试点2023年1月正式启动,第一批试点包括河北省张家口市、辽宁省大连市、黑龙江省齐齐哈尔市、江苏省盐城市、浙江省湖州市、山东省济南市、广东省深圳市、重庆高新区、四川省成都市、西藏自治区拉萨市等10个试点,为期2年。[③]作为建设现代化产业体系、加快发展方式绿色转型的重要举措,本轮试点重点围绕数字产业绿色低碳发展、传统行业双化转型、城市运行低碳智慧治理、双化转型产业孵化创新、双化转型政策机制构建等方面,探索可复制、可推广的经验。

---

① 国家统计局.国家统计局局长就2023年全年国民经济运行情况答记者问[EB/OL].(2024-01-17)[2024-01-19]. https://www.stats.gov.cn/sj/sjjd/202401/t20240117_1946664.html.
② Federal Reserve Bank of St. Louis. Real Personal Consumption Expenditures: Services[EB/OL].(2023-12-22)[2023-01-11]. https://fred.stlouisfed.org/series/PCESC96.
③ 新华社.五部门联合开展数字化绿色化协同转型发展综合试点[EB/OL].(2022-11-17)[2023-12-29]. https://www.gov.cn/xinwen/2022-11/17/content_5727637.htm.

美国于2023年6月发布《国家清洁氢能战略和路线图》（以下简称《战略和路线图》），确定了三个关键战略，以确保开发和采用氢能作为有效的脱碳工具：一是瞄准氢能的战略性用途，确保氢能实现效益最大化应用；二是通过推动创新和扩大规模，刺激私营部门投资和发展氢能供应链来降低氢的生产成本；三是重点关注大规模氢生产和终端区域网络，实现基础设施投资效益最大化，通过应用规模的扩大促进市场发展。①数字转型战略则依托《芯片和科学法案》持续推进，转型主要涵盖两个方面：一是向半导体行业提供约527亿美元的补贴，并为企业提供价值240亿美元的投资税抵免，以鼓励企业在美国研发和制造芯片；二是在未来几年提供约2 000亿美元的科研经费，重点支持人工智能、机器人技术、量子计算等前沿科技。②

欧盟则于2023年初公布了《绿色协议产业计划》，拟在未来若干年采取一系列扶持措施提高欧洲零碳产业竞争力，以应对美国《通胀削减法案》给欧洲带来的不利影响。该计划将通过简化、加速和调整激励措施，从现有的欧盟基金中拨出2 500亿欧元（约合2 720亿美元），助力工业绿色化转型并支持各成员国加速工业脱碳。③同年3月欧盟又发布了《净零工业法案》，旨在通过提高八大净零战略技术及其关键部件的本土制造能力，确立欧盟在净零工业领域的全球领先地位。根据该法案，到2030年，其八大战略性净零技术本土制造能力可达到欧盟年度部署需求的40%，包括太阳能光伏和热能技术、陆上风电和海上可再生能源技术、电池和存储技术、热泵和地热能技术、电解槽和燃料电池、可持续沼气和生物甲烷技术、碳捕获和储存技术、电网技术。④

（三）主要发达经济体通胀由高位回落

多国央行同步激进加息取得明显成效，欧美等主要经济体的通胀从峰值逐步回落，降低一般通胀的目标已基本完成，降低核心通胀的努力仍在持续，经济摆脱滞胀风险的概率在上升。2022年3月，新一轮加息周期开启，美联储年度内共加息11次，将美国联邦基金利率目标区间维持在5.25%至5.50%之间。美联储货币政策主要兼顾稳定物价和促进就业的双重目标，具体体现为失业率数据和通胀数据是否向美联储预设水平靠近。Wind数据显示，持续加息政策已有明显效果：截至2023年12月，美国消费者物价指数（CPI）同比增速回落至3.4%，核心CPI同比增速为3.9%；欧元区CPI同比增速回落至2.4%，核心CPI同比增速为4.2%。然而，新兴经

---

① 中国石油新闻中心.美国发布首个国家清洁氢能战略和路线图[EB/OL].(2023-06-16)[2023-12-29].http://www.sinopecnews.com.cn/xnews/content/2023-06/16/content_7068753.html.
② 肖拥军,朱海峰.美国"芯片法案"的历史根源及效果评估[J].人民论坛,2023(6):79-84.
③ 欧盟公布"绿色协议工业计划",2 500亿欧元支持工业绿色化[EB/OL].(2023-02-17)[2023-12-29].https://www.sohu.com/a/642251476_478183.
④ 姚铃.全球净零技术制造竞争全面展开[N].经济日报,2023-06-08(4).

济体和发展中经济体的通胀率仍然保持高位,土耳其和阿根廷甚至出现恶性通胀。

截至2023年12月,美国的基准利率为5.50%,欧元区为4.50%,英国为5.25%,见表2-1。一些发展中经济体的政策利率水平则更高,南非基准利率为8.25%,巴西为11.75%,俄罗斯高达15%。[1]往后看,更高利率环境或将持续数年,这种结构性转变是2008年国际金融危机以来最重要的金融变化。

表2-1 2023年部分发达经济体利率变化

国家或地区	现行利率/%	参考时间	2023年初利率/%	累计加息幅度/基点
欧元区	4.5	2023年12月	2.5	200
英 国	5.25	2023年12月	3.5	175
瑞 典	4	2023年12月	2.5	150
以色列	4.75	2023年12月	3.25	150
新西兰	5.5	2023年12月	4.25	125
澳大利亚	4.35	2023年12月	3.1	125
美 国	5.5	2023年12月	4.5	100
加拿大	5	2023年12月	4.25	75
瑞 士	1.75	2023年12月	1	75
韩 国	3.5	2023年12月	3.25	25
日 本	−0.1	2023年12月	−0.1	0

• 资料来源:Wind数据库。

(四)全球贸易增速低于经济增速,贸易区域化趋势进一步强化

自2022年年中以来,全球贸易出现了负增长,主要是由于货物贸易大幅下降,2023年前三季度货物贸易继续收缩。相比之下,服务贸易表现出更强的韧性并在同一时期保持正增长。联合国贸易和发展会议早在《全球贸易最新动态》中就已经指出,2023年全球贸易总额预计达到30.7万亿美元,较之2022年下降5%。其中,货物贸易预计减少近2万亿美元,降幅约8%;但服务贸易有望增加5 000亿美元,增幅约7%,[2]详见图2-2。全球贸易萎缩的原因是多方面的:从需求端来看,主要源于发达经济体需求减少,东亚部分经济体表现欠佳以及大宗商品价格下跌;从供给端来看,乌克兰危机、巴以冲突等持续的地缘政治紧张局势以及全球产业链供应链重构干扰了企业生产。

全球贸易模式越来越受到地缘政治的影响,各国对政治结盟的贸易伙伴表现出

---

[1] 王孝松.世界经济复苏:阻力盘桓,动力勃发[EB/OL].(2023-12-28)[2024-01-16]. http://www.china.com.cn/opinion/think/2023-12/28/content_116907608.shtml.
[2] UNCTAD. Global trade expected to shrink by nearly 5% in 2023 amid geopolitical strains and shifting trade patterns[EB/OL].(2023-12-12)[2024-01-11]. https://unctad.org/news/global-trade-expected-shrink-nearly-5-2023-amid-geopolitical-strains-and-shifting-trade.

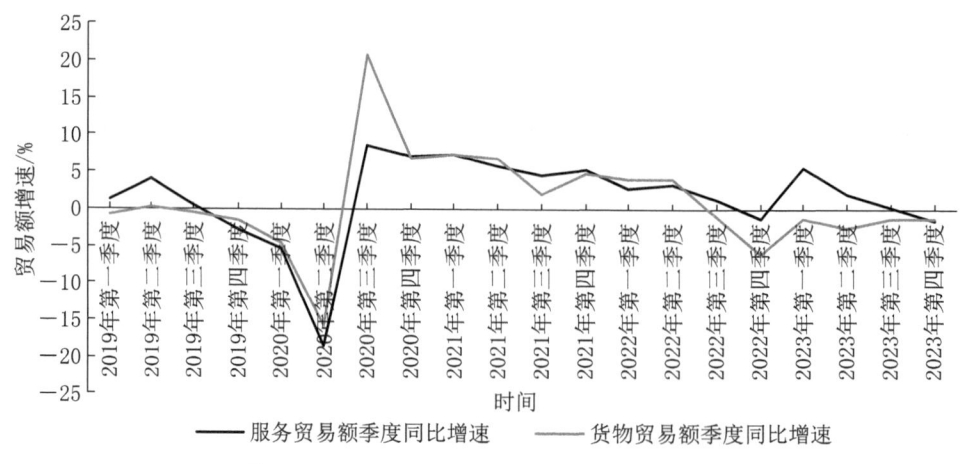

图 2-2 2019—2023 年全球服务和货物贸易额增速

- 资料来源：UNCTAD 数据库。

偏好。自 2022 年初以来，"友岸外包"的趋势变得更加明显，友好国家之间的贸易额增长了 6%，而全球贸易额却相应萎缩。比如 2022 年第四季度至 2023 年第四季度，美国对欧盟贸易额增加了 1.3%。又如同期俄罗斯对欧盟的贸易额则萎缩了 6%。[①] 根据以联合国投票记录为衡量标准的地缘政治紧密度指数，双边贸易分为地缘政治关系疏远、地缘政治关系较远、地缘政治关系友好等三类。图 2-3 显示了 2022 年第一季度以来三类经济体之间贸易份额的变化。

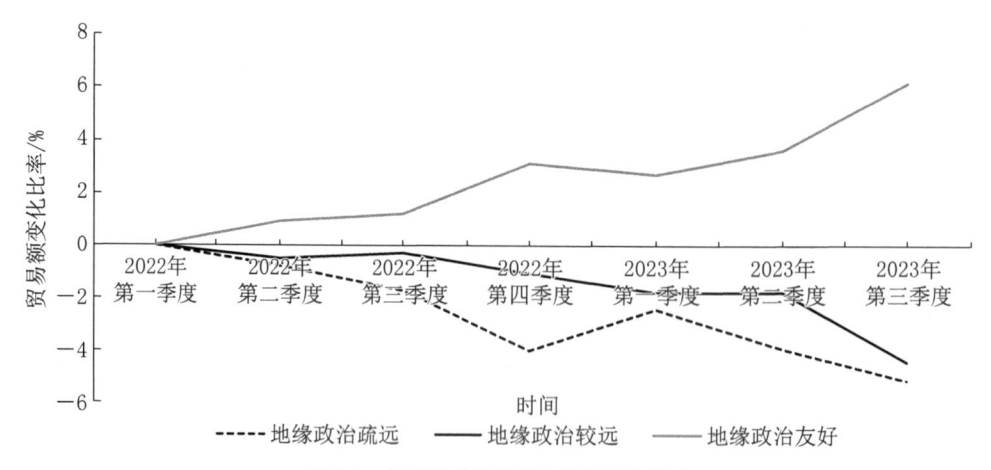

图 2-3 全球贸易格局发生地缘政治转折

- 资料来源：UNCTAD 数据库。

---

① UNCTAD. Global trade expected to shrink by nearly 5% in 2023 amid geopolitical strains and shifting trade patterns[EB/OL]. (2023-12-12)[2024-01-11]. https://unctad.org/news/global-trade-expected-shrink-nearly-5-2023-amid-geopolitical-strains-and-shifting-trade.

二、发达经济体:分化趋势明显

2023年以来,美国经济增长展现出较强的韧性,体现为居民消费持续走强、房地产投资持续改善但企业投资意愿偏弱等特征。欧元区经济明显走弱,主要源于能源价格高企压制了居民消费,海外需求下滑极大拖累了出口。日本经济增长整体较为强劲,但结构表现不平衡,体现为"外需强、内需弱"的特征。

(一)美国经济

Wind数据显示,2023年,美国经济实现超预期增长,全年实际GDP增速达到2.5%,接近2017—2019年均值2.7%。受前期大规模财政救助计划、超额储蓄逐步消化、薪资增速维持高位等因素支撑,消费需求始终处于强劲状态,全年实际同比增速达到2.2%。企业投资初步形成"地产+科技"双轮驱动的模式,供需缺口支撑房地产投资持续增长,人工智能的快速发展驱使科技投资大幅扩张,2023年知识产权投资同比增长4.3%。从生产端来看,由于消费需求拉动加之美国产业政策支持,美国工业生产好于预期,尤其是计算机电子等先进制造业发展迅速。从劳动力市场来看,2023年12月,美国失业率降至3.7%,非农就业人口新增21.6万人,劳动参与率提升至62.8%,劳动力市场的持续温和增长为美国经济注入强劲动力。各要素对经济增长的贡献见表2-2。

表2-2 美国经济增长特征(年化环比)

指标	各要素对实际GDP的贡献/%							
	2023年12月	2023年9月	2023年6月	2023年3月	2022年12月	2022年9月	2022年6月	2022年3月
实际GDP	3.2	4.9	2.1	2.2	2.6	2.7	−0.6	−2.0
私人消费支出	2.00	2.11	0.55	2.54	0.79	1.05	1.32	−0.03
国内私人投资	0.17	1.74	0.90	−1.69	0.62	−1.45	−2.10	1.16
政府消费支出和投资	0.73	0.99	0.57	0.82	0.90	0.49	−0.34	−0.52
商务和服务净出口	0.32	0.03	0.04	0.58	0.26	2.58	0.56	−2.59

• 资料来源:美国经济分析局(Bureau of Economic Analysis, BEA)。

2024年,美国经济或将面临三大风险,即家庭部门债务违约率上升风险、金融和房地产部门"爆雷"风险,以及政府部门债务失控风险。全年增长走势表现为"前低后高",具体而言:一是需求端将整体放缓。家庭消费对美国经济的拉动作用将减弱。一方面超额储蓄从高点回落并将被消耗殆尽,对消费拉动的边际效应快速消退;另一方面就业和工资增长放缓,家庭偿债负担加重。住宅投资在利率下降之前,增长趋势或不再加速。二是供给端企稳并将持续。上半年供给端进入主动补库阶段,制造业补库与地产逐步筑底减轻了高利率限制和周期下行压力,供给端企稳并能维持较长一段时间。三是通胀中枢维持相对高位。去通胀将延续,最大贡献可能来自房租项,但通胀下行后中枢维持在3%左右的高位。四是宏观调控政策略有调整。货币政策紧缩力度减弱但难以转向全面宽松。面对通胀黏性,美联储或于下半年开始降息,幅度在50—100基点之间,具体时点存在较大不确定性。财政刺激政策力度减弱但难以退坡,财政纪律约束或被重新拾起,根据美国国会预算办公室(CBO)的预测,联邦政府财政赤字将小幅收窄至1.57万亿美元。[①]五是"软着陆"概率增大。多重因素支撑下美国经济有望实现"软着陆",陷入衰退(连续两个季度环比去年增长为负)的概率较低,预计增速下行至1.3%左右。

（二）欧元区经济

2023年上半年的欧元区经济略超预期,但下半年明显放缓。上半年支撑欧元区经济的主要因素是服务业持续复苏和消费相对走强。下半年欧洲央行持续缩减资产负债表导致信贷条件收紧,企业和家庭贷款需求大幅度下降。Wind数据显示,特别是作为欧元区领头羊和工业堡垒的德国出现衰退,全年经济同比下滑0.3%。具体而言,2023年需求端的家庭和政府最终消费支出同步下降,其中家庭消费支出下降0.8%,政府消费支出下降1.7%。从生产端来看,服务业普遍保持增长,其中信息与通信业增长2.6%,公共服务、教育和卫生业增长1.0%,但工业(不含建筑业)下滑了2.0%。导致工业衰退的原因是多方面的,包括但不限于能源成本居高不下、利率水平节节攀升、融资条件更为苛刻和全球需求疲软等因素。与此相对的是,2023年德国的劳动力市场依旧强劲,平均就业人数达到4 590万人,较2022年增长0.7%。

2024年,受领头羊德国经济好转的驱动,欧元区经济将温和反弹,主要表现为:一是需求端有所回暖。实际工资上涨、就业增加和通胀进一步放缓将释放家庭购买力并提振消费。财政资金、复苏机制的资金将支撑基础设施投资保持增长。二是工业生产边际修复。能源价格上涨压力使企业在第一季度承压较大,随着能源问题边际缓解,工业生产水平得以平缓上升。相对强劲的资产负债表为企业绿色低碳转型和产能调整提供了空间。三是通胀有望继续回落。鉴于紧缩性货币政策的传导效应,通胀有望继续降温,CPI有望同比降至约3.2%,核心CIP有望降至2%左右。四是宏观调控政策向正常化回归。欧洲央行货币政策受到更大掣肘,较之美联储更早转向;财政政策有望遵守《欧盟国家2024年财政纪律的指导意见》,停用过去4年的

[①] CBO. The Budget and Economic Outlook: 2023 to 2030[EB/OL]. (2023-02-15)[2024-02-29]. https://www.cbo.gov/publication/58848.

财政免责条款,恢复财政纪律约束并向3%的赤字控制率逐步回归。五是经济维持低速增长。根据欧洲央行的预测,欧元区将在低基数下实现1.2%的增长。①

(三) 日本经济

Wind 数据显示,2023年日本经济较之2022年0.7%的水平增长显著,但呈现"高位回落"的走势,前三个季度GDP年化环比增速分别为5%、3.6%和-2.9%,全年实际GDP同比增长1.9%,反映物价上涨的GDP名义增长率为5.7%。除2023年7月和8月两个月出口小幅回调外,日本出口均是连月飘红,且至2023财年上半年结束时,日本还录得了624亿日元的贸易顺差,逆差规模也是连续5个季度递减,同比下降75.1%。②Wind 数据显示,日本通胀在2023年年内整体企稳,CPI同比上升3.1%,创41年来的最高值。截至2023年12月,日本CPI同比连续20个月高于日本央行2%的通胀目标。日本央行于2023年12月19日结束了年内最后一次货币政策会议,宣布对收益率曲线控制(YCC 政策)及负利率政策保持不变,这一决定让备受全球经济学家关注的日本央行结束负利率政策预期落空。日本央行分别于2023年7月28日与10月31日的货币政策会议上两次调整了YCC政策,将原本设立的长端利率上限进一步放开,并且将1%设为参考线,旨在防止勉强控制利率使得原本由市场决定的利率发生扭曲。从YCC政策的调整方式来看,日本央行的调整不是以往的逐步上调"绝对"上限,而是对上限做出模糊化处理。

2024年,受供需两端共同拉动和政策刺激,日本经济将继续温和复苏。具体表现为:一是私人消费有所反弹。受工资增长和夏季一次性退税的支撑,私人消费预计反弹,入境旅游消费或将继续增长。宽松货币环境将刺激企业加大固定资产投资。随着海外经济体的复苏步伐,出口可能恢复上升趋势。二是企业盈利保持增长。企业利润呈增加趋势,2023年东证股价指数有望每股收益增长12%,2024年仍可望增长8%左右。三是宏观调控政策维持刺激力度。鉴于通胀较长时间维持合理水平,日央行或将取消YCC政策,负利率政策或将告一段落。2023年11月宣布的17万亿日元大规模财政刺激计划对2024年经济将起到一定保底效果。四是实际GDP增速将超过潜在增长率。日本央行预测,2024年日本潜在增长率预计为0.5%,实际GDP增速可达1.1%。③

---

① European Central Bank. Update on Economic, Financial and Monetary Developments[EB/OL]. (2024-01-25)[2024-02-29]. https://www.ecb.europa.eu/pub/economic-bulletin/html/eb202401.en.html.
② 张锐.三重矛盾叠加 日本经济增长可持续性堪忧[EB/OL]. (2023-12-19)[2024-01-11]. https://www.stcn.com/article/detail/1068048.html.
③ Bank of Japan. Outlook for Economic Activity and Prices[EB/OL]. (2024-01-23)[2024-02-29]. https://www.boj.or.jp/en/mopo/outlook/gor2401a.pdf.

三、新兴经济体:继续支撑全球增长

新兴经济体继续在全球经济复苏中扮演重要角色。根据 IMF 最新发布的《亚太地区经济展望报告》,2023 年亚太地区经济增速有望达到 4.6%,对世界经济增长做出 2/3 的贡献。① 与此同时,全球南方国家加强地区合作,为 2023 年的全球经济注入正能量。尤其值得一提的是,区域全面经济伙伴关系协定(RCEP)对 15 个签署国全面生效,全球最大经济规模的自由贸易区进入全面实施新阶段,亚洲地区产业链、供应链的区域布局有力保障了地区经济稳定性。②

中国经济持续企稳向好,继续成为世界经济增长的最大引擎。2023 年中国实现 5.2% 的经济增速,分季度看呈现前低、中高、后稳的态势,向好趋势进一步巩固。人均国内生产总值稳步提高,2023 年达到 89 358 元,比上年增长 5.4%。从就业看,就业形势总体改善,全年城镇调查失业率平均值比上年下降 0.4 个百分点,特别是农民工就业形势改善比较明显。从物价看,物价总体保持温和上涨,全年 CPI 上涨 0.2%,核心 CPI 上涨 0.7%。从国际收支看,全年货物出口增长 0.6%,年末外汇储备超过 3.2 万亿美元。③

印度继续领跑全球经济增长。根据标普全球 2023 年 12 月 5 日发布的《2024 年全球信用展望》报告,印度在未来至少三年内仍为全球 GDP 增速最快的大型经济体,有望最早于 2030 年成为全球第三大经济体。④ 2023 年,莫迪政府采用财政刺激计划促进印度基础设施建设,在政策激励之下,印度建筑业与制造业强劲增长,GDP 增速预计为 7.3%。⑤ 与强劲经济增长如影随形的是通货膨胀水平仍处于高位,通胀前景主要受到食品价格高企的影响,国际原油价格波动、国内谷物和蔬菜价格上涨等因素共同推高通胀。从货币政策来看,印度央行并无迫切降息的意愿,年内已五次维持利率不变,表明对国内经济形势的乐观和对把控通胀走势的信心。

第二节　国际金融新趋势

2023 年,主要经济体的货币政策仍然保持同步紧缩状态。在高通胀和高利率环

---

① IMF. Regional Economic Outlook for Asia and Pacific Region[EB/OL]. (2023-10-23)[2024-01-19]. https://www.imf.org/en/Publications/REO/APAC/Issues/2023/09/27/regional-economic-outlook-for-asia-and-pacific-october-2023.
② 高乔.2023 全球经济的"忧"与"盼"[EB/OL]. (2023-12-29)[2023-01-19]. https://www.cet.com.cn/cjpd/hg/gn/3503173.shtml.
③ 国家统计局.国家统计局局长就 2023 年全年国民经济运行情况答记者问[EB/OL]. (2024-01-17)[2024-01-19]. https://www.stats.gov.cn/sj/sjjd/202401/t20240117_1946664.html.
④ S & P Global. Global Credit Outlook 2024[EB/OL]. (2023-12-05)[2024-01-11]. https://www.spglobal.com/_assets/documents/ratings/research/101590414.pdf.
⑤ Ministry of Statistics & Programme Implementation. First Advance Estimates of National Income, 2023-24[EB/OL]. (2023-01-13)[2024-01-19]. https://pib.gov.in/PressReleaseIframePage.aspx?PRID=1993550.

境之下,激进加息的全球溢出效应逐步显现,国际金融的安全性和稳定性受到冲击。事实上,发达经济体持续的货币紧缩政策不仅考验自身金融体系,对新兴市场和发展中经济体的宏观经济和金融稳定同步产生了重大影响,特别是对于陷入债务困境的国家打击尤其严重。①

一、2023年国际金融新趋势

2023年,主要发达经济体为应对高通胀困境采取的持续加息等紧缩政策,导致全球资本流向美国等发达经济体,给新兴市场和发展中经济体的股市、汇市、债市带来较大外溢影响。

(一)硅谷银行倒闭,欧美银行业期限错配风险加剧

2023年3月,全美排名第16的美国硅谷银行骤然倒闭,成为自2008年全球金融危机以来最大的银行倒闭案。在短短48小时之内,硅谷银行经历了从股价单日暴跌60%,到被加州金融保护和创新部关闭,再到被美国联邦存款保险公司接管的过程。硅谷银行主要服务于初创企业,业务集中在科技、风险投资等领域,相对于传统银行更少依赖个人储户存款。破产的导火索是流动性挤兑危机和市场恐慌情绪,但更深层次的原因在于美联储激进加息导致银行债券持仓浮亏,以及科技初创公司在本轮加息周期中快速消耗了现金存款。

受此影响,美国金融市场猛烈震荡,签名银行、第一共和银行、银门银行、三州银行相继倒闭。除三州银行之外,其他四家银行的总资产均超过1 000亿美元,其中第一共和银行被接管时总资产约2 290亿美元,而2008年关闭的25家银行的资产总额也只有3 736亿美元。②2023年8月,国际三大评级机构之一的穆迪发布报告,下调美国10家中小银行的信用评级,并将6家美国大型银行列入下调观察名单。此外,穆迪将第一资本银行、公民金融集团公司、五三银行等11家美国大型银行的展望评级降为负面。③危机蔓延至大洋彼岸的欧洲——百年大行瑞士信贷黯然退场,被瑞士银行以30亿瑞士法郎的价格收购。

这一风波之下,全球银行业从业人员都因此受到牵连:仅瑞士信贷与瑞士银行的合并就导致合并后的实体至少裁员1.3万人,预计未来一年还将进一步大幅裁员。受美联储收缩货币政策影响,原本被视作"优质资产"的商业地产预期持续恶化。全球最大的另类资产管理机构黑石旗下商业地产抵押证券2023年3月被爆违约,黑石

---

① IFF.2023年全球金融与发展报告[EB/OL].(2023-10-13)[2024-01-19].http://www.ditan.com/static/upload/file/20231113/1699844140158952.pdf.
② 卢晓川."爆雷"!美国又一家银行倒闭[EB/OL].(2023-07-31)[2024-01-15].https://export.shobserver.com/baijiahao/html/638016.html.
③ 方彬楠,赵天舒.全球裁员超6万,银行业的2023不好过[N].北京商报,2023-12-27(8).

房地产投资信托基金遭遇"赎回潮"。

（二）多国股市普涨，一度创下历史新高

美国、日本、法国、德国、印度等多国股市共振走强，并一度创下历史新高。Wind 数据显示，美国道琼斯工业指数全年累计上涨 13.7%，标普 500 指数累计上涨 24.23%，纳斯达克指数累计上涨 43.42%，其涨幅在全球主要股指中位列第一，见表 2-3。美国经济复苏超预期叠加通胀预期持续降温；人工智能、超导、机器人等技术不断突破，推动科技股带动大盘上涨，成为美股上涨的主要原因。

表 2-3　2023 年全球主要股指涨幅榜（截至 12 月 29 日）

排名	指数名称	累计涨幅/%
1	纳斯达克指数	43.42
2	日经 225 指数	28.24
3	意大利富时 MIB 指数	28.00
4	标普 500 指数	24.23
5	巴西 IBOVESPA 指数	22.28
6	德国 DAX30	20.31
7	印度 SENSEX30	18.74
8	韩国综合指数	18.73
9	墨西哥 MXX 指数	18.57
10	法国 CAC40	16.52
11	道琼斯工业指数	13.70
12	俄罗斯 RTS 指数	11.63
13	澳大利亚标普 200	7.84
14	英国富时 100	3.78

• 资料来源：Wind 数据库。

日本股市全年表现为十年来最佳，其强劲表现主要得益于日本经济逐渐走出通缩，企业治理得到改善以及日本作为亚洲投资多元化目标的吸引力增强。东京证券交易所曾于 2023 年 3 月敦促上市公司进行改革，明确要求主板市场和标准市场股价净值比（PBR）长期低于 1 倍的上市公司提高企业价值和资本效率，从而提升股价。为此，日本企业采取了大规模股票回购和增加派息、改善公司治理、降低资本成本等措施，从而增加了投资者对日本股市的信心。

持续活跃的印度经济使其在全球经济增长放缓的情形下脱颖而出，成为股市上涨的主要推动力。而人口结构趋于年轻化和居民消费持续提振是印度经济和股市长期红利的来源。从产业结构看，印度的经济战略是股市上行的重要基础。第三产业战略支撑经济快速发展，以服务外包的形式吸引了大量的外商直接投资流入，虽然制造业发展并不成熟，但一大批高市值服务业企业足以支撑股市上行。①

---

① 王开.全球资配视角看印度股市长牛逻辑[EB/OL]. (2023-10-26)[2024-01-14]. https://pdf.dfcfw.com/pdf/H3_AP202310261603995553_1.pdf?1698334259000.pdf.

（三）大宗商品走势分化，金价表现强劲

黄金价格持续高涨，2023年较2022年价格上涨15%。①2023年12月4日，受美联储降息预期推动，纽约商品交易所（COMEX）黄金期货盘中最高触及2 152.3美元/盎司，Wind数据显示，伦敦现货黄金一度涨至2 144.68美元/盎司，自5月突破历史高点之后，再创新高。巴以冲突使得地缘政治紧张局势加剧，引发市场较强避险情绪，黄金处于地缘政治风险溢价阶段。全球央行持续强劲购买黄金也为其需求提供了助力，2023年第一至第三季度，全球央行分别购买287.69吨、174.79吨和337.09吨黄金，合计约800吨，比2022年同时段增长了14%。②

受地缘政治紧张局势、"欧佩克+"持续推行减产措施以及全球同步加息措施的影响，国际油价持续波动，创下自2020年以来的首个年度下跌。市场观察（MarketWatch）数据显示，截至2023年12月29日收盘，纽约商品交易所2024年2月交货的轻质原油期货价格收于每桶71.65美元；2024年3月交货的伦敦布伦特原油期货价格收于每桶77.04美元。2023年，布伦特原油的平均价格为每桶83美元，低于2022年的每桶101美元，累计下跌17.8%。③

高利率引发的全球制造业下滑令部分工业金属价格持续下跌，标普高盛商品指数（GSCI）工业金属指数年内下跌超6%。④镍是2023年表现最差的工业金属，截至2023年12月29日，伦敦金属交易所3个月期镍收于每吨16 603美元，全年跌幅高达45%。⑤除了镍之外，锂价跌至两年来的最低水平，钴价跌至四年来的最低点。铜是全球能源转型的关键原材料之一，叠加市场对美联储降息的押注提振了铜价，使其成为少数价格出现上涨的金属之一。2023年12月29日，伦敦金属交易所3个月期铜价收于每吨8 559美元，全年涨幅约为3%。⑥

小麦、玉米和大豆等农产品价格2023年均出现大幅下跌，玉米和小麦期货价格的年度跌幅均为十年来最大。主要原因在于供给端的黑海供应瓶颈出现缓和，粮食产量稳步增加，对全球经济前景的担忧也打压了农产品价格。截至2023年12月29日，芝加哥期货交易所玉米市场交投最活跃的2024年3月合约收于每蒲式耳4.712 5美元，

---

① World Gold Council. Gold Market Commentary: Gold Hit New Highs in 2023[EB/OL]. (2024-01-10)[2024-01-11]. https://www.gold.org/goldhub/research/gold-market-commentary-december-2023.
② World Gold Council. Gold Demand Trends in Q3 2023[EB/OL]. (2023-10-31)[2024-01-11]. https://www.gold.org/goldhub/research/gold-demand-trends/gold-demand-trends-q3-2023/central-banks.
③ EIA(U.S. Energy Information Administration). Brent Crude Oil Prices Averaged $19 per Barrel Less in 2023 Than 2022[EB/OL]. (2024-01-02)[2024-01-14]. https://www.eia.gov/todayinenergy/detail.php?id=61142#.
④ S&P GSCI Industrial Metals[EB/OL]. (2024-01-13)[2024-01-14]. https://www.spglobal.com/spdji/en/indices/commodities/sp-gsci-industrial-metals/#overview.
⑤ LME Nickel Closing Prices Graph[EB/OL]. (2024-01-14)[2024-01-14]. https://www.lme.com/en/Metals/Non-ferrous/LME-Nickel#Price+graphs.
⑥ LME Copper Closing Prices Graph[EB/OL]. (2024-01-14)[2024-01-14]. https://www.lme.com/en/metals/non-ferrous/lme-copper#Price+graphs.

全年跌幅约为30%；小麦2024年3月合约收于每蒲式耳6.28美元，全年跌幅约为21%；大豆2024年3月合约收于每蒲式耳12.98美元，全年跌幅约为15%。[1]

（四）国际货币体系继续向多元化演进，人民币国际化更上一层楼

强势美元未能扭转国际货币体系多元化的演进过程。全球统计数据库（Statista）数据显示，美元储备在全球外汇储备中所占份额从2015年的66%阶段性高位降至2023年第二季度的58.88%，日元和英镑等传统国际货币份额也有所下降；新兴国家货币份额相应增加，人民币同期占比升至2.45%。多样化跨境支付清算系统为国际支付货币多样化提供了支撑。除了目前国际主要采用的环球银行间金融通信协会（SWIFT），中国的人民币跨境支付系统（CIPS）、欧盟的贸易往来支持工具（INSTEX）、俄罗斯的金融信息传输系统（SPFS）等的影响力逐渐扩大。截至2023年10月末，CIPS共有参与者1 481家，实际业务覆盖全球182个国家和地区的4 400家法人银行机构。[2]

与此同时，多个经济体推出政策强化本币在国际贸易和跨国结算中的使用，如中国和巴西在双边贸易中将使用人民币或巴西雷亚尔进行结算，印度和马来西亚在双边贸易中拟用印度卢比进行结算。而在能源贸易中，中国石油天然气集团公司和俄罗斯天然气工业股份公司已于2022年开始在天然气结算中改用卢布和人民币；2023年，中国海洋石油总公司和法国道达尔能源公司在上海石油天然气交易中心完成首单液化天然气跨境人民币结算交易，印度石油公司使用卢比与阿联酋阿布扎比国家石油公司完成首单原油交易的跨境结算。

二、2024年国际金融形势预判

主要经济体的货币政策大概率在2024年下半年甚至更早时候开始边际转向，但更高利率环境或将持续数年，这种结构性转变是2008年国际金融危机以来最重要的金融发展。美国货币政策紧缩力度减弱但难以转向全面宽松，面对通胀黏性，美联储或于下半年开始降息，降息次数预计为三次，具体时点存在较大不确定性。欧央行货币政策受到更大掣肘，较之美联储更早转向。新兴经济体则领先欧美各国步入宽松货币政策通道，以备应对发达经济体货币政策调整的外溢效应。

（一）资本市场景气犹存，下半场强于上半场

全球主要股指小幅上扬。欧美主要经济体在下半年因利率压制缓解，经济得以

---

[1] 2023年大宗商品走势分化明显　粮食价格波动加剧[EB/OL].（2024-01-10）[2024-01-14]. http://www.cinic.org.cn/xw/cjxw/1509427.html?from=singlemessage.

[2] 范子萌.四大新产品亮相市场　人民币跨境支付服务实体再添利器[EB/OL].（2023-11-23）[2023-12-05］. https://www.cnstock.com/v_news/sns_bwkx/202311/5154484.htm.

普遍提振、企业利润率抬升,股市整体景气度较高;日本和印度股市继续受到青睐,中国资产的中长期投资价值持续凸显。美债仍具较大吸引力。10年期美债利率向下击破4%为大概率事件,但债券供应压力导致其中枢仍处于高位,至2024年底收益率将维持在3.5%左右。汇市波动性有所下降。随着美联储加息接近尾声,短期美元指数会跌破100关口。从中期看,美国经济会持续强于欧洲和日本,美元仍将保持相对强势。欧元汇率或将逐步企稳回升,至年底欧元兑美元或升至1.10。随着美债收益率和美元指数转弱,中国经济逐渐走强,政策面和基本面支持人民币恢复上升动能,全年美元/人民币将在7.0左右保持双向波动。

(二)大宗商品供需格局调整,价格存在上升空间

黄金价格整体呈现震荡走势。美债实际利率维持高位和强势,美元将继续抑制黄金价格,但地缘政治冲突的短期避险需求又会推动价格上涨。2024年黄金均价预计为1 900美元/盎司,较2023年上涨6%。①全球原油市场维持相对平衡。新一轮巴以冲突虽未影响石油实际供应量,但对油价产生上行压力。2024年新增原油需求预计约100万桶/天,布伦特原油均价预计为93.24美元/桶,较2023年的83.99美元/桶上涨11%。②天然气供给格局出现较大调整。俄罗斯流向欧洲的天然气产量将于2024年继续下降,美国天然气出口量将继续增长。美国天然气基准亨利枢纽的平均价格预计达3.25美元/百万英热单位,比2023年的2.61美元/百万英热单位上涨24.5%。③

第三节 世界贸易新趋势

延续2022年世界贸易的低迷增长态势,2023年世界贸易额出现收缩。造成这一局面的原因包括三个方面:一是需求下降,尤其是发达经济体在抗通胀过程中总体需求下降;二是冲突频发,俄乌冲突仍然持续、巴以冲突意外爆发,导致国际贸易受到冲击;三是贸易限制增加,贸易保护主义盛行使得世界贸易环境恶化,对世界贸易的长期增长造成打击。当然,商品价格的变动对于世界贸易额的影响也较为明显,随着发达经济体通胀率的下降,商品价格下行也会导致贸易额的下降。2024年的情况或有所改善,包括世界贸易组织(WTO)、国际货币基金组织和联合国贸发会议在内的多家权威机构的预测都显示,2024年全球贸易有望增长3.3%。

---

① World Bank. Commodity Markets Outlook: Under the Shadow of Geopolitical Risks. (2023-10-23)[2023-12-05]. https://www.worldbank.org/en/research/commodity-markets.
②③ EIA. Short-term Energy Outlook[EB/OL]. (2023-11-07)[2023-11-23]. https://www.eia.gov/outlooks/steo/pdf/steo_full.pdf.

一、世界贸易:货物贸易下滑但服务贸易增长

根据联合国贸发会议数据,全球贸易自 2022 年中就开始收缩,2023 年则延续了这一态势。其中,货物贸易的收缩更为突出,2023 年全球货物贸易额下降近 2 万亿美元,同比下降 7.5%。不过,全球服务贸易呈现出较为稳定的增长,2023 年全年增长率约为 7%,增长额近 5 000 亿美元。总体来看,2023 年全球贸易总额约为 31 万亿美元,较上年同期下降 4.5%,下降金额约为 1.5 万亿美元。①

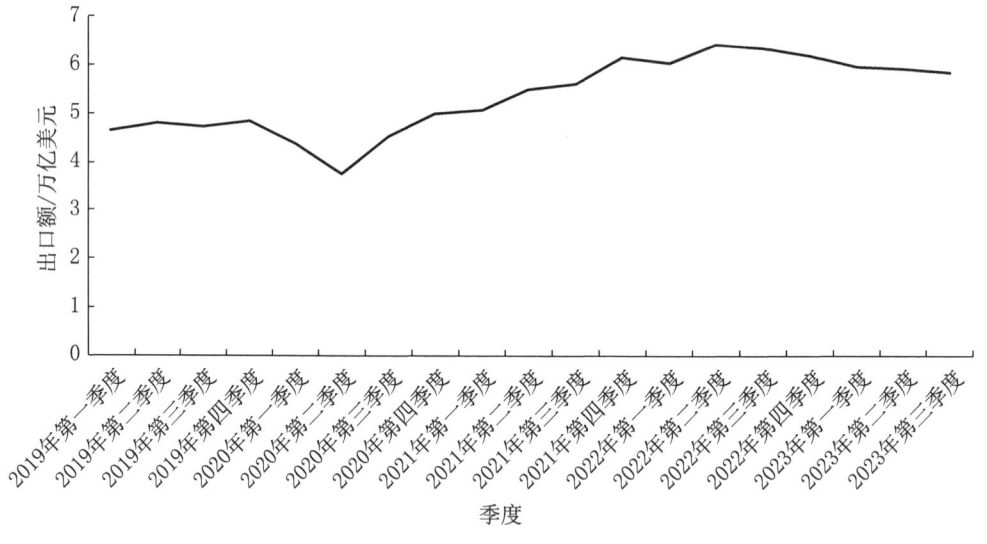

图 2-4 全球货物贸易出口总额季度数据(2019—2023 年)

- 资料来源:世界贸易组织数据库。

(一)世界主要国家的进口需求下降

美国 2023 年全年的贸易表现为出口增加,进口下降及逆差总额下降。根据美国人口普查局和美国经济分析局的数据,美国 2023 年全年的货物和服务贸易的逆差总额为 7 734 亿美元,较 2022 年下降了 1 778 亿美元。其中,美国 2023 年出口总额为 30 535 亿美元,较 2022 年增加 350 亿美元,而全年进口总额为 38 269 亿美元,较 2022 年下降 1 427 亿美元,降幅接近 4%。②可见,作为世界贸易中主要需求方的美国,进口需求明显下降,是全球贸易下滑的重要因素之一。具体而言,在货物贸易方面,美国 2023 年货物贸易进口额为 31 124 亿美元,较上年同期下降 1 605 亿美元,主

---

① UNCTAD.GLOBAL TRADE UPDATE[R/OL].(2023-12-12)[2024-03-04]. https://unctad.org/system/files/official-document/ditcinf2023d3.pdf.
② BEA.U.S. international trade in goods and services[EB/OL].(2024-02-07)[2024-03-04]. https://www.bea.gov/news/2024/us-international-trade-goods-and-services-december-and-annual-2023.

要是工业原材料和消费品进口下降,但对汽车及配件的进口有所上升。美国 2023 年货物贸易出口总额为 20 507 亿美元,较上年减少 392 亿美元,主要是工业原材料和食品出口下降,但汽车及配件和消费品的出口有所上升。在服务贸易领域,美国 2023 年服务贸易出口额为 10 028 亿美元,较上年增长 742 亿美元,主要为旅游、金融服务、交通运输及电信服务的出口增长。其服务贸易进口额为 7 145 亿美元,较上年增加 178 亿美元,主要表现为旅游进口的增加和交通运输进口的减少。

欧盟的经济形势不及美国,在对外贸易上经历了 2022 年的大规模贸易赤字后,2023 年情况略有改善,但进出口均增长乏力,进口的下降幅度高于出口的下降幅度,与美国同样表现为进口需求下降。

中国的贸易情况基本与前一年持平,据中国海关总署的数据,中国 2023 年进出口总值 41.76 万亿元,同比增长 0.2%。其中,出口 23.77 万亿元,增长 0.6%;进口 17.99 万亿元,下降 0.3%。中国的进出口贸易仍以货物贸易为主,不过贸易伙伴的结构有所变化。2023 年,中国对共建"一带一路"国家的进出口占比为 46.6%,对拉美、非洲的进出口占比分别为 6.8% 和 7.1%,对欧盟和美国的贸易额则分别占 13.2% 和 11.2%。需要指出的是,RCEP 生效 2 年来,中国同 RCEP 其他 14 个成员国的进出口总额在 2023 年达到 12.6 万亿元,较协定生效前的 2021 年增长 5.3%,使得东盟连续 4 年成为中国的第一大贸易伙伴。[①]

(二)冲突频发导致国际贸易受到冲击

近年来,国际地缘冲突频发,使得国际供应体系受到影响,航运成本上升,大宗商品价格波动,国际贸易受到多重影响。

一是俄乌冲突持续。2022 年 2 月爆发的俄乌冲突在 2023 年仍然持续,在美国和欧盟等经济体的援助下,一度处于弱势的乌克兰逐步与俄罗斯形成对峙态势,双方僵持不下,冲突呈现出长期化趋势。俄罗斯是世界第 11 大经济体,在石油、天然气、粮食、矿产品市场都是重要的供给方。乌克兰则是粮食大国、农业大国,其粮食和化肥产量同样不可小觑。冲突爆发前,俄罗斯和乌克兰的小麦出口量合计约占全球小麦贸易量的 30%。冲突爆发后,双方的相应产品产量和出口量均显著下降,如 2022 年乌克兰的粮食产量下跌超 40%,出口下降了 30%。当然,在国际社会的努力下,尤其是黑海粮食外运协议的达成对于稳定俄乌粮食供应起到积极作用。据乌克兰海关总署数据,乌克兰 2023 年对国际市场供给的粮食出口达 4 480 万吨,较上年增加了

---

① 国务院新闻办网站.国务院新闻办就 2023 年全年进出口情况举行发布会[EB/OL]. (2024-03-04). https://www.gov.cn/zhengce/202401/content_6925703.htm.

16%。不过,粮食价格随着俄乌战事的影响而有所波动,粮食供给则有可能因冲突的加剧而中断。因此,俄乌冲突的持续对世界粮食市场影响显著,受影响最大的是中东和北非依赖俄乌粮食供给的国家,如阿富汗、埃塞俄比亚、叙利亚等国。

二是2023年10月新一轮巴以冲突爆发。巴以冲突的持续对全球产业链和红海海域的海运造成显著影响,进而打击了全球贸易。从产业链角度来看,以色列出口的芯片、钾肥和药品等减少对全球供应链的冲击较大。以色列拥有近200家芯片企业和30余个芯片研发中心,包括英特尔、英伟达、苹果、三星、谷歌、博世在内的几乎所有芯片巨头均在以色列设有生产基地或研发中心。战争的持续意味着这些产能的停产甚至损毁。此外,以色列的钾肥产量占全球市场供给的12%,对国际化肥市场影响显著。从航运角度看,一方面是以色列海岸线港口的海运费明显上升,这不仅是靠近加沙地带的阿什凯隆港、阿什杜德港等港口的暂停所带来的影响,而且是冲突爆发以来海运保险的大幅上升导致的。另一方面,红海与苏伊士运河共同构成"欧亚水上通道",根据联合国贸发会议数据,该航道承载着全球12%至15%的海运贸易,其中包括大约20%的海运集装箱贸易。红海局势紧张导致船只纷纷避开这条航线,绕道非洲南端更长的航道。该航线集装箱船的过境量较一年前下降了67%,其中受影响最大的是液化天然气运输船。在俄乌冲突和巴拿马运河水位异常偏低的情况下,红海危机进一步加剧了航运成本的上升,进而对国际贸易造成打击。

二、贸易保护主义和贸易限制叠加

从2018年以来,以美国为首的发达经济体日益推行贸易保护主义,对世界贸易和全球化造成打击。这些做法不仅包括增加关税,强化对国内产业的补贴,而且涉及各种名目的出口限制。在贸易保护主义和贸易限制的共同影响下,全球贸易成本大幅上升,而贸易格局也面临深度重构。

(一) 美国推动芯片等产业开启补贴大战

作为智能化产业的基础设施生产行业,芯片行业近年来受到主要国家的高度关注。尤其是美国,它于2022年推出的《芯片法案》和《通胀削减法案》于2023年相继落地,其巨额补贴计划不仅使美国吸引了半导体领域的投资(英特尔、美光科技、台积电等公司均宣布大额投资计划),而且在绿色能源甚至其他领域也产生了广泛的吸引力。数据显示,2022年秋至2023年夏之间,已有6家德国公司宣布在美国投资新项目,涉及航运、制药、有色金属等行业,投资金额超过4亿美元。[1]

---

[1] 陈希蒙.德国投资外流趋势难遏[N].经济日报,2023-07-05.

为了应对美国补贴政策的不利影响,其他主要发达经济体一方面从外交层面向美国提出抗议,如法国、德国、欧盟、韩国、日本的领导人都曾对相应条款表达不满和担忧,另一方面相继出台本国的补贴计划,如韩国2021年提出总额8.5亿美元的《K—半导体战略》,欧盟2022年公布总额达430亿欧元的《欧盟芯片法案》,日本紧随欧盟提出对芯片等关键领域给予补贴的《经济安全保障推进法案》草案(涉及约140亿美元的补贴计划),英国于2023年5月发布补贴总额为10亿英镑的《国家半导体战略》,德国于2023年7月确定将提供220亿美元半导体补贴。

发展中经济体也提出了各自的规划,如印度2021年底提出100亿美元的芯片产业激励计划。可见,在美国的带动下,全球主要经济体之间的补贴大战已然触发。

具体可以英特尔公司为例,来观察各国对芯片企业的补贴力度。2023年6月,英特尔宣布选择波兰弗罗茨瓦夫附近的一个地区作为新的先进半导体封装和测试工厂的所在地,预计向该工厂投资46亿美元;同时英特尔宣布斥资超300亿欧元(330亿美元)在德国马格德堡建设两家芯片工厂,欧盟(德国政府)同意向这家美国芯片制造商提供价值近100亿欧元的补贴;几乎同一时间,英特尔宣布在以色列投资约250亿美元建立新晶圆厂,以色列将对该投资案提供约32亿美元的补贴。

不过,巨额补贴政策能否落实还有待观察,毕竟美国的财政赤字和债务总额已经达到历史纪录高位,美国政府也在两党难以达成债务上限协议之际几乎陷入停摆。美国《芯片和科学法案》号称5年内为美国半导体产业提供527亿美元的补贴,每个投资项目可获得相当于其总成本15%、最高30亿美元的补贴。据韩媒报道,首投200亿美元,最终投资规模预计1000亿美元的英特尔公司,可能最先获得近100亿美元的美国政府补贴,是目前超500家申请了半导体补贴企业中获得补贴的仅有的两家之一。而台积电和三星电子在美国分别投资了400亿美元和173亿美元,但美国政府的补贴却一直支付缓慢。[1]可见,在美国落实补贴政策时,不仅存在财务预算落地困难,还存在对本土企业优待之嫌,这一做法也受到来自韩国等盟友的质疑。

(二)贸易限制措施增加

贸易措施根据其对贸易的作用可分为贸易促进措施和贸易限制措施。自2020年以来,全球的贸易限制措施开始大幅增加,再加上俄乌冲突爆发以来主要发达经济

---

[1] 倪浩,林森.英特尔百亿补贴让赴美芯片企业警觉,台媒失望:台积电没在补贴名单中[EB/OL].(2024-02-20). https://3w.huanqiu.com/a/de583b/4GeqRXVgeXz?agt=11.

体实施的包含制裁在内的限制措施，使得全球贸易限制措施达到自2009年以来的顶峰。2023年以来，近85%的相关限制措施被废除，但俄乌冲突引致的次级贸易限制大幅增加，使得全球贸易限制措施的总数量并未显著下降。全球贸易警报数据显示，2023年各国实施了约3 000项新的贸易限制，略低于2022年约3 200项新贸易限制的数量，但仍显著高于2019年的约1 100项。

世界贸易组织2023年底发布的《贸易监测报告》显示，尽管贸易促进措施的覆盖面仍然高于贸易限制措施的覆盖面，但二者之间的差距在快速收窄。报告指出，在2023年5月至2023年10月期间，贸易促进措施涉及货物价值约3 188亿美元，较上一阶段（2022年10至2023年5月）的6 919亿美元已经大幅下降，而贸易限制措施涉及货物金额则从上一阶段的880亿美元上升至2 460亿美元。同时报告还指出，G20国家出台贸易限制措施的月平均数量高达9.8项，而出台贸易促进措施的月平均数则仅为8.8项，前者超过后者的情形为2015年以来的首次。[1]贸易限制措施的快速增长趋势为本就增长乏力的全球贸易进一步蒙上阴影。

世界贸易组织强调的贸易限制包括进口限制和出口限制。报告指出，截至2023年10月，受到G20国家施加贸易限制所影响的货物价值高达22 870亿美元，占G20国家总进口额的11.8%。这些措施还没有取消的迹象，有些措施甚至是2009年起就实施的。出口限制则从2020年起甚嚣尘上，主要是新冠疫情时及俄乌冲突爆发后施加的。截至2023年10月，虽然大部分出口限制得以取消，但在食品、饲料和化肥领域的75%的限制仍在延续。

发达经济体对俄罗斯的制裁呈现扩大化趋势，包括对俄罗斯的制裁领域、参与制裁的国家及受到制裁波及的国家都在2023年进一步增加。根据制裁跟踪平台统计，截至2023年12月15日，各国对俄罗斯实施的制裁总数高达16 077项，而在2023年1月时的制裁总数约为12 000项。相较而言，2022年3月即俄乌冲突爆发后的制裁约为2 000余项，当年6月达到10 000项之多。可见，冲突爆发后的前三个月内，制裁增加最为迅速，随着冲突的持续，制裁的影响面随之增大。这些制裁主要针对俄罗斯的4 344家实体，11 462个个体，以及舰艇和飞机。参与制裁的发达经济体中，制裁数量最多的是美国，共实施3 551项制裁，其次是加拿大2 765项、瑞士2 225项、英国1 749项、欧盟1 636项、法国1 582项、澳大利亚1 326项、日本1 243项。毫无疑问，这些制裁措施对贸易的抑制作用是显著的。

---

[1] WTO. G20 trade policy direction becoming more restrictive amid continued slow trade growth[EB/OL]. (2023-12-18)[2024-03-04]. https://www.wto.org/english/news_e/news23_e/trdev_18dec23_e.htm.

第四节　全球投资新趋势

世界投资报告的数据显示,2022年全球外商直接投资为1.3万亿美元,较上年下降12%。联合国贸发会议的数据显示,2023年全球外商直接投资额有望达到1.37万亿美元,同比增长3%。① 不过,与2021年的投资高峰相比,2023年的全球外商直接投资总额仍然偏低。况且,如果不考虑个别欧洲国家的大额外商直接投资,全球外商直接投资总额就会呈现出18%的下降,这一降幅在2022年全球外商直接投资已经大幅下降的基础上,已然十分显著。这也说明,机构和观察人士出于高利率和经济不确定性考虑,而对全球直接投资做出的悲观预期具有合理性。

一、全球投资:流入发展中经济体的外商直接投资减少

流入发达经济体和流入发展中经济体的外商直接投资显现不同特征。

(一)发达经济体的外商直接投资增长存在不平衡特征

根据UNCTAD数据,发达经济体2023年整体的外商直接投资总额为5 240亿美元,其中北美流入3 770亿美元,欧洲流入70亿美元。北美和其他地区基本保持零增长甚至负增长,只有欧盟的外商直接投资从2022年的净流出1 500亿美元,转为2023年的流入1 410亿美元,增长幅度惊人。但这一巨大波动主要来自卢森堡和荷兰两国的大额外资流入,如果去除这两个国家的数据,则欧盟其他国家的外资流入额下降23%。同理,如果不考虑这两个国家的数据,发达经济体整体的外资流入不仅没有增加,反而下降了28%。因此,发达经济体的外商直接投资增加仅仅为个别性的,大多数国家的外资流入并不乐观。

从具体的结构来看,发达国家2023年的并购价值较2022年下降了2 800亿美元,是其外商直接投资下降的主要原因。项目融资交易额下降了1 570亿美元。绿地投资也呈下降趋势。作为全球最大的外商直接投资目的地,美国2023年外资流入下降3%,绿地投资项目数下降2%,项目融资交易额下降5%。可见,虽然发达经济体整体的外商直接投资额有所增加,但在国家间分布并不平衡,除了个别的国家,大多数发达经济体的外商直接投资有所下降。

(二)发展中经济体外商直接投资下降但绿地投资增加

发展中经济体投资下降的数据更为直接。根据UNCTAD数据,发展中经济体

---

① UNCTAD. Investment Trends Monitor [EB/OL]. [2024-03-04]. https://unctad.org/system/files/official-document/diae-iainf2024d1_en.pdf.

2023年整体的外商直接投资总额为8 410亿美元,较上年下降9%,主要地区的外商直接投资额都出现零增长甚至下降。亚洲发展中经济体流入的外商直接投资额最多,为5 840亿美元,但较上年下降了12%;非洲流入外资480亿美元,较上年下降1%;拉美流入外资2 090亿美元,基本与上年持平。

具体来看,中国作为最大的发展中经济体,2023年外商直接投资流入额也出现了6%的下滑,但其绿地投资新项目数增长了8%。东盟一直是外商直接投资增长的重要引擎,但在2023年也出现了16%的下滑,不过,其绿地投资项目数也出现增加,主要分布于越南、泰国、印度尼西亚、马来西亚、菲律宾及柬埔寨。印度作为第二大发展中经济体,其2023年的外商直接投资流入下降了47%,但绿地投资项目数同样有所增加。此外,巴西的外商直接投资流入减少了22%,其中国际项目融资较上年下滑了40%。墨西哥的外商直接投资流入有所增长,绿地项目数也稳定增加,近年来作为投资目的地的吸引力显著增加。非洲的外商直接投资与上年持平,绿地投资项目数有所增长,尤其是摩洛哥、肯尼亚和尼日利亚的增长明显。不过,非洲的项目融资额下降了1/3,使其基础设施融资前景不明。

二、高利率显著抑制投资增长

如前所述,主要发达经济体延续了2022年以来的加息周期,在2023年进一步加息,使得全球利率水平在2023年处于历史高位。对于国际投资而言,高利率意味着高昂的资金使用成本,因此高利率对全球投资具有明显的抑制作用。

作为加息最为激进的央行,美联储在2022年通过7次加息使其基准利率达到4.25%—4.5%,在9个月内完成加息425个基点。布雷顿森林体系崩溃后,美联储总共进行了9轮加息,当前的第9轮加息在加息速度和幅度上均属罕见。2023年的美联储延续了本轮加息周期,分别于2月、3月、5月、7月加息25个基点,4次共加息100个基点,将联邦基金利率目标区间上调至5.25%—5.5%。美联储在加息力度和加息频次上都较上年显著收敛,原因在于美国通货膨胀率的下降。据美国劳工部的数据,美国通胀率自2022年3月首次加息时的8.5%,已经下行至2023年12月的3.4%。美联储2023年共召开了8次利率会议,除了决定加息的4次会议外,其余4次(6月、9月、11月、12月)会议均维持利率水平不变。美国通胀率的数据也在2023年6月达到3%的较低水平后,基本一直稳定在4%以下。自2022年3月至2023年12月,美国共进行11次共525个基点的加息。

英国央行在本轮加息周期中较为谨慎,2021年底首次加息15个基点,随后在2022年进行了8次共325个基点的加息,使其基准利率达到3.5%。2023年英国央行共进行了5次加息,分别于2月加息50个基点,3月、5月各加息25个基点,6月加息50个基点,8月加息25个基点,五次共加息175个基点,随后于9月起维持利率不变直到年底。其后英国的通胀率也出现明显下降,2021年12月是5.4%,2022年12月甚至达到10.5%的峰值,至2023年12月下降到4%。英国央行的本轮加息自2021年底至2023年底,总共进行了14次共515个基点的加息。

欧洲央行同样体现了谨慎的特点。2022年7月首次加息后,欧洲央行在年内进行了4次共250个基点的加息。进入2023年后,欧洲央行延续了加息周期,2月、3月分别加息50个基点,5月、6月、7月、9月加息25个基点,共加息200个基点,将主要再融资利率、边际借贷利率和存款机制利率分别上调至4.50%、4.75%和4.00%。在2023年第四季度,欧洲央行维持利率不变。欧元区通胀率自2022年7月加息时的8.9%,已经下降至12月的2.9%。欧洲央行的本轮自2022年7月至2023年底,总共进行了10次共450个基点的加息。

此外,于2021年9月开启发达经济体首例加息的挪威央行,在2023年共加息6次175个基点,其基准利率达4.5%;瑞士央行于2022年6月首次加息后,至2023年6月加息5次共250个基点,其基准利率由-0.75%上调至1.75%。加拿大央行于2022年3月开启加息,至2023年底加息10次共475个基点,基准利率由0.25%上调至5%。澳大利亚联储自2022年5月至2023年底加息13次共420个基点,其基准利率从0.15%上调至4.35%。

经过两年的持续加息,除日本外的发达经济体的利率已经处于高位,使得全球利率水平上升,进而资金使用成本持续高企,这对企业的盈利能力造成打击。标普全球数据显示,2023年1—11月,全球企业破产数量已经超过了2021年和2022年两年的水平,全球信用评级降级比率已经飙升至54%。在全球企业面临如此严峻的形势下,包括并购交易和绿地投资在内的跨国投资无疑都受到显著抑制。

展望2024年,虽然有迹象表明发达经济体此轮加息周期基本结束,但利率普遍仍处于高位,且短期内难以下降至较低水平,加上俄乌冲突形势仍不确定,因此2024年的跨国直接投资前景仍难言乐观。

第三章
影响 2024 年世界经济的主要因素

2023年全球经济复苏乏力,全球产业链调整、高通胀、地缘政治冲突加剧、国际贸易不振等多重风险相互交织,导致经济增速进一步下降。发达经济体主要受到货币政策收紧的不利影响,经济增速明显放缓,新兴经济体出口普遍承压,但依靠提振内需尚能保持经济增速大致稳定。与2022年相比,在供给端持续改善与紧缩货币政策的共同作用下,欧美国家的通胀水平已有大幅回落,但地缘政治冲突对全球能源供给的扰动、服务业的强劲表现、劳动力市场持续紧张使得发达经济体的通胀具有较强黏性,回落势头逐渐放缓。展望2024年,地缘政治冲突、紧缩货币政策的滞后效应和高企的经济成本等因素将继续拖累全球经济增长,预计全球经济表现依然疲弱。根据国际货币基金组织、世界银行的预测,2024年全球经济增速为3.1%、2.4%。发达经济体增长势头将进一步走弱或延续疲弱表现,相对较高的利率水平、劳动力市场降温、收入增长放缓、地缘政治冲突等因素将继续抑制消费和投资需求,削弱其经济增长动力。新兴经济体中东南亚国家经济活力相对充足,在政府支出增加、国际旅游业强劲复苏和外国投资快速增长等因素的支撑下,经济增速有望小幅升高。

第一节 高通胀是全球经济增长的制约因素

2023年,在高通胀的重压下,全球经济屡遭挑战。由于货币政策收紧,加之国际大宗商品价格下跌,IMF预计全球通胀率将从2022年的8.7%降至2023年的6.9%和2024年的5.8%。总体来看,服务业复苏加快、劳动力市场紧平衡、地缘冲突加剧等因素导致发达经济体核心通胀黏性较强,通胀下降缓慢。2023年10月,IMF将2024年全球通胀预测值由7月的5.2%上调至5.8%,并预计大多数国家的通胀要到2025年才能回到目标水平。因此,主要发达经济体央行或在较长时间内维持高利率的环境,全球债务风险和金融风险都值得关注。此外,在全球气候变暖的大背景下,极端天气对全球粮食和原材料生产造成的不利影响日益显现,并将导致相关商品价格波动加剧,成为全球通胀的重要推手。从全球来看,2024年的经济增长依然缓慢。IMF在2023年10月《世界经济展望》中预计,全球经济增速将从2022年的3.5%下降至2023年的3.0%和2024年的2.9%,低于3.8%的历史平均水平(2000—2019年),且2024年的预测值较7月份下调了0.1个百分点。同时,IMF还预测全球经济会出现分化趋势,相比新兴市场和发展中经济体,发达经济体的经济增速放缓更为明显。在此背景下,全球经济面临的遏制通胀和稳定增长两难问题更加突出。

一、高通胀有所缓和但表现出较强黏性

美国通胀降温主要得益于两方面原因:一方面,紧缩货币政策的滞后效应显现,对需求形成一定压制;另一方面,供给端的持续改善进一步缓解通胀压力,美国原油和天然气产量均大幅增加,推动国内能源价格下行,全球供应链逐步恢复、物流供应状况明显好转,也从外部改善了美国的供应环境。然而,通胀走低的同时仍呈现出较强黏性,主要体现在劳动力市场持续强劲,薪资增速维持高位,工资上涨一定程度上推动工资价格螺旋上升。此外,美国通胀黏性主要表现在服务业领域,2023年全年服务业通胀同比增速在5.3%至7.2%的高位区间波动。从服务业通胀主要分项看,2023年美国住房租金增速虽有所放缓,但在租房刚需下租金价格存在一定黏性,而且剔除房租后的核心服务通胀分项如运输服务、娱乐服务和教育通信服务增速水平也相对较高,表明在劳动力市场紧张的背景下,与工资密切相关的核心服务价格仍然面临较大的通胀压力。从最新数据来看,2024年1月美国通胀数据略高于市场预期,CPI同比增长3.1%,高于预期(2.9%),核心CPI同比增长3.9%,高于预期(3.7%),通胀持续下行存在不确定性。

2023年以来欧元区通胀率不断下降,通胀压力得以缓解的主要原因有以下两个方面:一方面,紧缩货币政策下高利率对市场需求形成抑制;另一方面,俄乌冲突等地缘政治因素对能源价格的影响效力减弱,欧元区能源储备大幅增加,能源价格下行带动通胀从高位回落。但与美国类似,欧元区也面临服务业通胀居高不下的问题。2023年下半年以来核心服务通胀改善有限,这与欧元区劳动力市场偏紧,同时各行业集体议薪谈判落地,共同推动劳动力薪资不断上涨有较大关系,这使得通胀水平仍处于相对高位。

东南亚国家通胀压力整体减轻,但从历史上看仍处于相对高位。通胀下降主要受益于货币紧缩政策和石油、大宗商品价格下降。从通胀分项来看,食品和交通对东南亚国家通胀影响较大,其中食品价格影响显著上升。2023年下半年,由于印度扩大大米出口限制,叠加气象灾害影响,大米价格升至高点,主粮价格上涨推升菲律宾、

越南等稻米进口国家食品价格水平。2024年,以发达经济体为主的外部需求进一步减弱将继续拖累东盟贸易型经济体制造业的表现,但预计政府将进一步增加公共投资以提振经济增长。同时在东南亚国际旅游业强劲复苏的背景下,消费支出的增加,尤其是酒店、餐饮和旅游行业的活跃表现,也将促进经济增长。此外,大宗商品出口价格持续居于相对高位、外国投资快速增长也有助于推动东盟经济持续复苏。考虑到短期内粮食价格居高不下的情况难以改善,且地缘政治风险仍将对能源供给产生扰动,可能使得交通和燃油价格具有一定韧性,因此后续通胀下降空间有限。

二、"遏通胀"和"稳增长"的两难问题更加突出

近两年,服务业复苏加快、劳动力市场紧平衡、地缘冲突加剧等因素导致发达经济体核心通胀黏性较强,通胀回落速度较慢。IMF 2023年10月预测,到2025年前大多数国家的通胀率都将高于央行目标。通胀反复风险使当前各主要央行对通胀走势保持警惕,预计在一段时间内政策利率将继续维持在高位。但随着经济下行压力加大,主要经济体央行货币政策走势将逐渐分化。

相较于新兴市场和发展中经济体,发达经济体面临更大的经济增长压力。受就业市场韧性消退、内外部需求回落、通胀和利率水平高企、地缘冲突余波未散等因素影响,欧元区和英国面临更大的通胀压力,经济表现将弱于其他主要发达经济体。货币紧缩政策、能源价格回落等因素带动欧元区通胀压力持续缓解,但核心通胀仍保持在高位,全年走势先升后降。较欧元区而言,英国通胀更加顽固。欧元区食品、酒精和烟草价格,服务业和非能源工业产品价格涨幅仍然明显,但能源价格同比大幅回落,很大程度上抵消了其他领域的价格压力。受通胀影响,英国民众以可支配收入衡量的生活标准在下一财年仍将比2020年前水平低。随着通胀和经济双双降温,欧洲央行加息之路基本宣告结束,但金融紧缩环境仍将持续,预计欧洲经济疲软表现还将延续。不过随着增长压力加大,货币政策可能将在2024年上半年率先转向,经济表现虽疲弱,但可能会好于2023年。美国经济处于下行阶段,2024年经济"软着陆"和衰退风险同时存在,但就目前来看,经济实现"软着陆"概率更大。中国和其他亚太经济体经济走势有望逐渐企稳,将成为稳定全球经济的重要力量。

总之,世界各主要经济体在"遏通胀"和"稳增长"两大相对立的政策目标中游走,实现艰难的平衡,其关键的政策点是货币政策抉择。为支撑经济复苏,应该继续采取宽松型的货币政策。但由于全球层面的通货膨胀不期而至,吞噬着经济增长的潜力,诱发各种经济风险,高通胀成为大多数经济体所面临的最大经济问题,于是转而采取紧缩货币政策又是必然选择。展望2024年,全球经济复苏将依旧疲软,且分化可能

加剧。"遏通胀"和"稳增长"两难问题更加突出,通胀反复风险使当前各主要央行对通胀走势保持警惕,在一段时间内政策利率将继续维持在高位。但随着经济下行压力加大,主要经济体央行货币政策走势将逐渐分化。

三、经济复苏前景疲弱,通胀压力短期内尚难充分化解

形成全球通胀的原因既有经济因素,也有非经济因素。经济层面的原因主要有两点:一是货币超发的后续冲击。为应对疫情,全球各经济体均实施了程度不一的宽松货币政策。宽松货币政策所形成的巨量货币供给倾泻而出,推动物价不断走高。二是劳动力价格上涨。由于劳动力供给减少,造成劳动力成本上升。非经济层面的主要原因也有如下两点:第一,俄乌冲突短时间内快速拉高了全球能源和粮食价格,带动大宗商品价格上涨;第二,美国基于对外竞争而采取的各种断链措施,增加了系统性的生产和交易成本。

2024年,能源结构转型背景下欧洲主要能源仍依赖进口,同时国际地缘政治风险居高不下,通胀反弹风险尚未解除,高利率环境或将在2024年持续对经济活动形成抑制,经济复苏乏力。2024年1月,IMF将欧元区2024年的经济增长预期从0.9%下调至0.6%,远低于对全球经济增速3.1%的预测值。考虑前期通胀压力已大幅缓解,后续回落空间有限,随着欧洲各国政府逐步退出能源补贴和税收减免政策,能源价格存在反弹的可能,同时考虑到食品、核心服务价格的韧性,预计可能在较长时间内欧元区通胀率都将高于2%的目标水平。在当前全球经济依然疲弱的背景下,原油需求仍将承压,但供给端将持续受地缘政治风险、产油国减产等诸多不确定性因素的扰动,预计2024年全球原油价格的波动将有所加剧。需求方面,过去两年全球货币政策持续偏紧对经济的负向传导效应尚未结束,全球需求阶段性走弱的趋势仍然延续,全球商业活动和消费支出增速进一步放缓,将继续抑制原油需求增长。原油需求疲软使油价不具备快速上行的基础。供给方面,2024年全球地缘政治风险恐将继续上升,乌克兰危机持续发酵、中东局势愈演愈烈,使得国际原油供给依然面临较大不确定性,叠加OPEC+产油国的减产行动对原油供给的扰动,因而国际油价的波动性将进一步加剧,这为全球经济复苏的前景增加了不确定性。

此外,由于劳动力市场持续从紧和供应链再度紧张等,主要经济体核心通胀的下降速度慢于预期,这可能会引发利率预期走高和资产价格下跌,从而加剧金融稳定风险,收紧全球金融环境,引发避险资本流动,并使美元走强,对贸易和增长产生不利影响。为应对不断上升的债务比率,许多经济体可能会进行财政政策的调整。如果政策转向(如增加税收和削减支出)过于急剧,超出了预期,可能会导致短期内的经济增

速慢于预期。对于缺乏可信的中期财政整顿计划或面临陷入债务困境风险的国家，不利的市场反应可能会迫使其展开急剧的政策调整。而对于低收入国家和新兴市场经济体，陷入债务困境的风险仍然很高，这会限制其为促进经济增长进行必要投资的空间。随着各地区通胀率向目标水平回落，各国政府近期的优先任务是实现经济的平稳着陆。由于不同经济体的通胀驱动因素和动态不同，确保价格稳定的政策需求日益分化。与此同时，在债务水平上升和预算回旋空间有限的情况下，随着通胀率下降，各经济体能够更好地吸收财政政策收紧带来的影响。大力推进改善供给的改革将有助于降低通胀和减少债务，并使民众的生活水平得到持续提升。

总之，在通胀减缓和增长平稳的环境下，发生硬着陆的可能性已经降低，全球增长面临的风险大致平衡。通胀更快下降可能导致金融环境进一步放松。如果财政政策更为宽松，则可能出现经济暂时性的更快增长，但以后的调整成本可能更高。更强劲的结构性改革势头可以提振生产率并带来积极的跨境溢出效应。如果地缘政治冲击导致大宗商品价格进一步飙升，另外，如果发生供应扰动或更持久的基础通胀，则紧缩货币环境可能会持续更长时间，经济增长可能弱于预期水平。

第二节 地缘政治冲突加剧全球经济面临的不确定性

近年来全球地缘政治风险翻倍，随着世界百年未有之大变局加速演进，地缘政治风险进入高位波动区间概率增加。地缘政治风险引发的不确定性风险，会改变行为主体的风险认知和经济行为，进而影响实体经济、金融市场、地缘经济格局和提高经济政策不确定性。地缘政治方面，持续两年的俄乌冲突尚未止战，而巴以冲突又起，地缘政治风险明显有上升趋势。此外，2024年全球多个国家或地区将举行选举，选举结果也影响着对应国家或地区后续的长期政策，所以选举也意味着大国博弈和国际选举周期背景下地缘大年的开启。地区冲突与全球主要大国的一系列关键选举交织在一起，所形成的地缘政治风险将加剧全球经济面临的不确定性。持续不断的地缘政治冲突和紧张局势加剧经济碎片化，可能会进一步抑制全球经济增长并加剧通胀压力。

一、地缘政治冲突冲击全球经济的机制

以俄乌冲突为标志，地缘政治对于全球经济的影响达到冷战以来最高峰。一方面，俄乌冲突本身深刻地影响着全球经济，包括但不限于大宗商品价格上涨，欧洲地区经济分工体系近乎塌陷等，给全球经济带来巨大震动；另一方面，为应对俄乌冲突

以及制裁俄罗斯,其他经济体广泛实施非经济手段,大大改变了经济运行模式。这些制裁措施短时间内中断了市场规律,造成市场价格大幅扰动,加剧交易风险。

地缘政治冲突对世界经济形成影响主要通过两种途径。第一,在地缘政治冲突加剧之时,大宗商品价格通常会显著上行,这可能会进一步抑制全球增长并加剧通胀压力,例如,中东战争升级中断了通过霍尔木兹海峡的贸易,可能导致石油和天然气价格大幅上涨;第二,地缘政治冲突加剧会影响投资者的预期,投资者会增持避险资产并减持风险资产,进而加剧金融市场的波动。总之,地缘政治冲突加剧将是2024年全球经济面临的最大威胁。

地缘政治风险引发的不确定性,一方面将使企业延迟投资决策,寻求更安全的回报,任何沉没成本较高或不确定回报的经济决策都会受到影响,进而影响投资和劳动生产率的提高;另一方面将使家庭增加预防储蓄需求,从而相应推迟或减少消费支出。地缘政治风险对投资和消费的影响,将减缓经济增速,自然也会影响就业。

地缘政治风险对金融市场的影响则存在直接和间接两条渠道:直接渠道方面,地缘政治风险提高后,会通过跨境资本流动,汇率波动,原油等大宗商品价格大幅震荡,股票、房地产等资产价格调整,信贷需求减少等渠道影响金融市场;间接渠道方面,地缘政治风险冲击实体经济后,经济活动的衰减将必然在金融市场上得到反映。

地缘政治关系紧张,不可避免地会影响到冲突双边或多边贸易往来,抑制贸易增长,降低全球贸易增速;同时升级的地缘关系也会导致跨境投资环境恶化,投资风险增加,影响跨境直接投资的增长。减缓的全球贸易和投资增速,一方面会影响全球经济增长,另一方面也不利于劳动生产率的提高。

除了经济增长层面的影响外,地缘政治关系紧张还可能会加速全球产业链供应链的重塑。如近几年来逆全球化进程加速,尤其是俄乌冲突的爆发,全球各国或地区经济体对产业链供应链稳定性和安全性的重视程度明显提高,并将其上升为国家安全战略的重要组成部分。由此带来的地缘经济格局变化,则是部分国家将关键产业回流(reshoring)国内,或是采取友岸外包(friend-shoring),即将供应链限制在盟国和友好国家,导致全球产业链价值链的短化和碎片化,以及全球经济的区域化,不利于全球生产率的提高。

二、全球经济面临的地缘政治风险

首先,2024年地缘政治经济关系紧张和全球安全局势的紧张很可能会继续加剧。俄乌冲突现在还处于拉锯状态,并由于美国、欧洲的这些国家对乌克兰的援助出现了很大的分歧,产生了新的变量和不确定性。美国拜登政府受到国会共和党的制约,拜登政府原来提出的 1 000 亿美元对外援助计划中,有 600 亿美元的援乌计划,由于国会共和党不同意,现已搁浅。欧盟提出的 1 000 亿欧元的援助计划,由于各个国家意见不一致,实质上也搁浅了。俄罗斯和美国、北约的这场世纪大博弈还在进行,这场冲突会延续到什么时候,目前还没有明确的答案。只要冲突持续,世界能源危机、粮食危机和人道主义危机等由于俄乌冲突造成的不确定性就会一直存在。

其次,巴以之间的冲突直接挑战了中东和平进程。中东是全球能源、石油、天然气的主要储藏和生产地,由于巴以战争的风险,世界能源价格可能会继续维持高位。经由该海域的航运订单都需要支付额外的战争风险保险费。一些与以色列有关的船只开始绕行非洲好望角,航程会从 19 天左右延长到 31 天左右,大大增加贸易成本和延误概率。

再次,随着双方冲突呈现出长期化的苗头,以色列作为全球供应链重要一环和中东地区的重要节点,军事冲突对该国的影响正通过全球贸易网络和大宗商品市场对全球经济造成负面冲击。以色列不仅在全球半导体产业中扮演着重要角色,也是全球钾肥出口大国。拥有死海矿产和内盖夫沙漠磷矿石独家开采权的以色列化工集团是世界第六大钾肥生产商,也是泛欧洲区域内的第二大钾肥生产商和第一大磷肥生产商。此外,以色列也是全球最重要的仿制药生产国之一,年出口规模近 20 亿美元。该国的梯瓦制药就是全球最大仿制药制造商。

最后,巴以冲突除了在技术层面加剧了全球贸易的成本之外,也被外界视为加速去全球化趋势的潜在新风险。若巴以冲突继续蔓延至更广泛的中东地区,将影响全球经济增长。此外,中东、非洲、亚洲也存在着潜在的热点和冲突,比如叙利亚内战、阿富汗战争遗留,以及全球的难民幅度增加等问题。因此,地缘政治斗争引发的战争风险将影响世界增长和发展的外部环境,从而对整个世界经济产生巨大影响。

三、多场重要选举将对全球经济产生深远影响

选举不仅对本国政治产生影响,也会极大影响国际政治格局走向。2024 年,全球迎来历史上最大规模的选举年。全球五大洲将有超过 70 个国家和地区举行地区选举或总统、总理选举等,既包括美国、俄罗斯和欧盟等国际政治中的重要"角色",也涵盖日本、印度尼西亚、印度等多个中国重要周边国家,覆盖近 42 亿人口。在这个始于 1 月南亚孟加拉国、终于 12 月非洲加纳的全球超级"大选年"里,一些国家将出现或可能出现"史上第一次":2024 年 6 月,在世界上最大的西语国家墨西哥,两名女性候选人将角逐总统宝座,开创历史;南非执政党非洲人国民大会可能自 1994 年种族隔离结束以来首次失去国会多数优势,同时失去由国会多数选出的总统之位。如

此多的国家或地区政权更迭，将对这些国家或地区乃至世界经济产生较大的影响。

作为全球最受关注的选举之一，美国总统选举将于2024年11月5日开始投票，但各州的党内初选从1月便拉开帷幕。7月至8月间，共和党和民主党将依次提名总统候选人，之后3个月内两党候选人将角逐总统宝座。过去一年，美国两党斗争激烈，同一个党内部也严重分裂，出于对选举的算计，两党在诸多问题上闹剧频出。美国政党内斗日趋"白热化"。由于两党在外交政策、未来国际秩序等问题上"有着截然不同的看法"，对世界来说，这场选举的外溢风险"非常高"。根据以往情况，为了争取选票，共和党与民主党在选举期间会竞相抛出极端言论，这将给世界经济带来更多风险。

全球最大跨国选举——欧洲议会选举，将于2024年6月举行。来自欧盟27个成员国的选民将选出720名议员，并推举欧盟委员会新一届主席，任期5年。这将是英国"脱欧"后的首场欧洲议会选举，被视为欧洲政治走向的"风向标"。近年来，欧洲极右翼势力和保守主义回潮，欧洲内外政策的保护性和防卫性上升。一旦极右翼政党在2024年欧洲多场选举中继续"攻城略地"，欧盟权力将加速碎片化，战略自主的目标将更难实现，欧洲对国际政局的影响力也将因其凝聚力减弱进一步被边缘化。

在亚洲，一系列重要选举也将于2024年依次展开。南亚的印度将在4月和5月迎来总理选举，竞选将在现任总理莫迪与所有26个反对党组成的新联盟统一战线之间展开。此外，孟加拉国、巴基斯坦、伊朗、斯里兰卡、蒙古等国也都将在2024年开启选举进程。韩国将在4月举行带有"中期评估"性质的国会选举。在日本，执政党自民党将于9月举行总裁选举。近年来，美国持续拉紧美日韩同盟关系，鼓动菲律宾等部分国家挑起争端，给周边经济带来了新的不确定性。

2024年，拉美地区的萨尔瓦多、巴拿马、多米尼加、墨西哥、乌拉圭、委内瑞拉都将举行大选，这些选举的结果将决定拉美政治钟摆的左右进程，同时还将在很大程度上影响拉美一体化进程和地区争端解决机制的效能，进而影响一系列地区问题的解决。

总之，世界经济正在进行深度的增长范式调整。核心转变在于安全因素对经济的影响更为突出。无论是政治主体，如国家，还是经济主体，如跨国公司，都更加从安全的角度思考经济问题，全球经济安全化态势日益明显。

第三节 全球产业链碎片化或制约全球经济增长

近年来，经济全球化遭遇逆流，贸易保护主义以及地缘政治博弈持续加剧，深刻改变了全球产业链格局。在多种因素的影响下，全球产业链脆弱不堪。当前，全球产业链加速重构。各国产业链布局从成本、效率、科技为侧重转向以安全、稳定和政治为侧重，呈现本土化、区域化和多元化等特征。美欧等国家以国家安全名义推行"友岸外包"等政策推动制造业回流。此外，它们纷纷采取措施，鼓励投资重回本国和实现产业链的多元化，例如，美国推出通胀保护法案，欧盟对中国电动车出口施加壁垒，欧、美、日对中国芯片和高端制造业获取其高端技术进行限制和审查，这些导致中国的部分外贸订单转向东盟、印度和拉美等新兴市场。2024年，全球产业链调整的趋势不会出现明显改变。全球产业链碎片化将在很大程度上挫伤世界经济增长动能，增加世界经济复苏的不稳定性和不确定性。

一、全球产业链发展的新趋势

受贸易保护主义及地缘政治博弈加剧等因素影响，全球产业链供应链格局持续重构，从以成本、效率、科技为侧重转向以安全、稳定和政治为侧重，呈现区域化、多元化、数字化和绿色化四大趋势。

在供应链数字化方面，随着数字技术的快速发展和广泛应用，全球供应链数字化成果显著，其中通信行业供应链数字化程度最高，信息技术及信息服务业次之，金融业供应链数字化国别差异较大。在供应链绿色化方面，为应对气候变化等全球性挑战，全球供应链绿色化已经成为大势所趋，但各主要经济体供应链绿色化进展不一。在供应链区域化方面，欧洲、东亚、北美供应链区域化特征最为显著，德国、中国、美国分别为区域供应链中心。在供应链多元化方面，受地缘政治冲突、大宗商品价格波动等因素影响，跨国公司加快供应链多元化步伐，其中电子产品和纺织品等供应链多元化特征显著。以特斯拉为例，该公司在2023年快速推进墨西哥工厂项目落地，加上此前已经投产的美国工厂、中国上海工厂以及德国柏林工厂，特斯拉在全球主要供应链中心地区都进行了生产布局。

两大因素正导致全球产业链深度重构。首先，个别国家推行不当产业政策和断链行径，严重阻碍了供应链全球化进程。近几年来，美国政府频繁出台各类贸易限制举措，在半导体等领域推动对别国断链，并拉拢甚至施压其他国家实施半导体出口管制，妄图组建一些技术联盟和产业链联盟，对全球半导体企业的生产经营造成了明显干扰和破坏。此前，美国政府还通过《通胀削减法案》和《芯片与科学法案》等产业政策，迫使相关产业资本流向美国本土。美国的产业政策和出口管制已超出国家间正常竞争的方式，对众多已经高度全球化的行业领域特别是高科技领域的产业链供应链体系造成了显著负面影响，使各国对自身产业链供应链的"安全焦虑"倍增，不断推进产业链供应链本土化，进一步加剧全球产业链供应链碎片化倾向。为应对美国相关产业政策对欧洲绿色低碳产业的破坏，欧盟宣布启动"绿色协议产业计划"，后又陆续公布该计划下的《净零工业法案》和《关键原材料法案》两份草案，其中都包含对绿色低碳产业的补贴政策。之后，欧洲推出《芯片法案》，拟投资430亿欧元，目标是到2030年将欧盟芯片的全球市场份额从目前的不到10%提高到20%。随后，加拿大也加入"战局"，将对两家新能源公司的补贴金额增加至50亿加元，鼓励其恢复在加拿大的电动汽车电池厂建设。

其次，新技术、新产业的发展，使得各国资源禀赋比较优势出现变化，对跨国公司供应链投资决策和生产布局产生显著影响。这一点在新能源汽车、人工智能等创新产业中体现得尤为明显。近年来，全球新能源汽车投资热潮持续，墨西哥成为众多汽车企业投资布局的热门市场。墨西哥在汽车产业中的投资优势越发突出，在全球汽车产业链供应链中的重要性不断上升。墨西哥位于南美、北美两大市场交界处，在此生产的产品到北美市场的运输成本较低，也可以覆盖南美市场。加上人口结构较年轻、拥有许多工程技术人才、良好的汽车产业基础和丰富的锂资源储量等外部条件，墨西哥成为全球车企不可忽视的供应链布局选择。

同时，受逆全球化、贸易保护主义抬头和发达经济体推动产业链回迁等多重因素影响，区域化合作也成为许多国家的更优选项。新型多边贸易协定进一步加剧全球价值链重构，如《跨太平洋伙伴关系全面进展协定》（CPTPP）、《美墨加三国协议》（USMCA）、《区域全面经济伙伴关系协定》（RCEP）。亚洲和太平洋地区（包括东亚、东南亚、大洋洲和太平洋岛屿）拥有最多的区域贸易协定，这是因为亚洲和太平洋地区拥有众多的贸易导向型经济体，如日本和中国等大型经济体，以及东南亚等规模较小的新兴经济体。北美洲有1个区域内的贸易协定。作为最早开始区域一体化的欧洲，目前有31项区域内协定。2022年5月23日，美国总统拜登在东京宣布启动一项新的亚太经济伙伴关系的印太经济框架，首批13个参与方包括美国和日本。印太经济框架是美国"印太战略"的一部分，跟其他各方面的机制一起，共同塑造周边的战略环境。总之，国际贸易将会倾向于在这些多边、双边贸易协定内的国家发展，全球价值链在此推动下会发生转移、重构，形成区域性的生产中心、贸易中心。

通过多元化、区域化等方式，各国维持着有限的全球产业链供应链合作体系。但部分西方国家以超出国家间正常竞争的方式，特别在与国家安全和发展潜力高度相关的敏感领域，遏制打压他国，使各国对自身产业链供应链的"安全焦虑"倍增，不断推进产业链供应链本土化，被动地"去合作""去联系"，进一步加剧全球碎片化倾向。

综上,在国际分工高度专业化、生产一体化的今天,各国相互联系、相互依存的程度空前加深,全球供应链的公共产品属性不断凸显。同时,地缘冲突、贸易保护主义、单边主义等因素使得全球产业链供应链稳定面临多重挑战。维护全球供应链稳定通畅成为全球各国推动经济复苏、应对共同挑战的必然选择。

二、全球产业链重构给经济复苏带来不确定性

经贸问题政治化愈加强烈地冲击着产业链供应链安全稳定。主要经济体间的地缘政治经济关系将持续存在不稳定性,并对供应链产生重大影响,尤其是对关键产品供应方面可能产生更多冲击。

近年来,一些国家以所谓国家安全和意识形态为借口,推行断链、友岸外包、近岸外包等逆全球化举措,缩短全球价值链,冲击全球贸易规模和结构。全球贸易呈现出区域化、碎片化和分散性的特点。其中,贸易碎片化导致全球贸易规模、增速快速下降,加剧产业投资下降和就业减少,最终损害全球经济增长动力。部分发达经济体为维护在全球产业链供应链上的垄断地位,不断打压遏制新兴国家,竖起一道道关税墙、科技墙、断供墙。受此影响,全球产业链供应链加速重构,并转向更加侧重安全、稳定和政治。与此同时,为降低本国对外依存度高的基础产品和技术所面临的断供风险,防止在关键能源资源、粮食、核心技术等方面被"卡脖子",各国纷纷推动本国产业链供应链多元化布局,引导跨国企业主动调整战略、分散投资,推进能源矿产等来源地和运输通道多元化。全球产业链供应链相对割裂的状况不仅直接影响各国正常生产和生活秩序,还在很大程度上挫伤了世界经济增长动能,增加了经济复苏的不稳定性和不确定性。

半导体产业是数字经济的核心,是衡量一个国家和地区现代化程度以及综合国力的重要标志。过去二十年,半导体全球化如火如荼,其全球化的主要标志便是供应链全球化,各生产环节在不同具有比较优势的国家和地区完成,从而实现效益最大化。以苹果公司为例,在美国设计的芯片可以在中国台湾地区加工,在马来西亚封装测试,再与日本、韩国、欧洲生产的元器件一起送到中国大陆,在中国大陆组装成苹果手机,再卖到全世界。这一供应链的产生并非凭空而来,也不是偶然现象,是人类社会遵循经济发展规律的一种重要体现。但这一结果正在受到破坏,半导体产业的全球化已被中断。美国无理打压他国相关企业以及在全球芯片紧缺时采取的一系列压迫措施,使半导体行业的主要国家和地区忧心忡忡。自美国出台《芯片与科学法案》后,欧盟、日本、韩国等也纷纷推出了自己的"芯片法案",事实上开启了半导体领域的"军备竞赛"。各国时刻准备放弃合作,各搞一套规则、标准与全产业链条,导致全

球半导体产业走向事实上的碎片化。此种现象当前已在包括航空航天、生物医药等诸多高新技术领域全球产业链供应链上蔓延。

当前全球供应链面临的主要问题是世界百年变局加速演进,经济全球化遭遇逆流,局部冲突和动荡频发,为世界经济复苏带来阴霾。供应链扰动因素增多,全球供应链发展面临更多不确定性。具体表现为供应链局部断链风险上升、供应链成本不断提高以及供应链数字化、绿色化转型面临挑战。

三、中国为全球供应链稳定提供新机遇

伴随经济全球化的不断深入,世界不应该,也不可能退回到彼此封闭孤立的状态。中国是全球供应链稳定畅通的建设者、贡献者,也是维护者和捍卫者。中国促进全球供应链的发展实践主要体现在以下几个方面:通过加快基础设施互联互通,为促进全球供应链稳定畅通提供硬件保障;通过持续提升贸易投资便利化自由化,为促进全球供应链稳定畅通提供制度保障;通过积极推进供应链国际合作,为促进全球供应链稳定畅通指明正确方向;通过推动数字化、绿色化技术进步,为促进全球供应链稳定畅通提供发展动力;通过完善各类金融服务,为促进全球供应链稳定畅通提供资金支持。

放眼未来,中国为促进全球供应链开放合作提供四大机遇,即规模超大成长性好的市场机遇、产业门类最为齐全的合作机遇、高水平对外开放的政策机遇和各类要素加速集聚的创新机遇。

总而言之,当今世界经济复苏艰难,全球供应链面临重构,需要各国共同促进、共同建设、共同维护,推动全球供应链的技术创新,加强全球供应链的开放合作,深化共建全球供应链基础设施,促进全球供应链包容性发展。

第四节　绿色化、数字化和智能化为世界经济多元化发展提供契机

当前,全球绿色产业加速发展,多国加快制度创新和技术革新步伐,推动经济、能源和产业结构的转型升级,以期实现经济社会可持续发展。面对全球资源环境压力,越来越多的国家出台与绿色投资相关的战略政策,将支持绿色产业发展作为一项战略重点,不少国家在加大绿色投资、促进绿色发展方面进行了积极探索和实践。在利好政策催化下,绿色产业将迎来新一轮发展空间,并为经济复苏提供重要动力。在数字技术不断创新、数据流量呈几何倍数增长的背景下,数据一定程度上已超过资本和劳动力,成为促进经济增长最有力的生产要素。在数字经济需求的引导下,5G、大数

据、物联网、人工智能、云计算、区块链等先进技术得以不断创新。数字经济的快速崛起，在全球范围内，带动了信息产业、通信产业、互联网金融、网络消费、智能汽车等各种基于数字技术的新产业的大发展，涌现出大量的商业新场景、新业态和新模式，很大程度上改变了世界经济结构。智能化是新一轮工业革命的主要特征和发展重点。随着大数据的积累、理论算法的创新、计算能力的提升和网络设施的进步，越来越多的企业将智能化作为数字化转型的重要组成部分。以"万物互联"为典型特征的数字经济将推动人工智能、云计算、区块链、新一代工业互联网等的发展，并为世界经济多元化发展提供契机。

一、绿色化、数字化和智能化推动全球经济可持续发展

当前，全球经济增长面临严峻挑战，推动经济发展绿色转型是大势所趋。在利好政策催化下，绿色产业将迎来新一轮发展空间，并为经济复苏提供重要动力。全球绿色产业加速发展，多国加快制度创新和技术革新步伐，推动经济、能源和产业结构的转型升级，以期实现经济社会可持续发展。面对全球资源环境压力，在过去十年间，越来越多国家出台与绿色投资相关的战略政策，将支持绿色产业发展作为一项战略重点。着眼于可持续发展的绿色投资，对于经济发展影响深远。不少国家在加大绿色投资、促进绿色发展方面进行了积极探索和实践。

新加坡公布了 2030 年新加坡绿色发展蓝图，为推动城市绿化、可持续生活和绿色经济等制定了明确目标。在能源策略板块，新加坡提出，到 2030 年所有汽车和出租车须采用清洁能源，届时车辆废气排放量每年至少可减少 650 万吨。英国政府公布"净零战略"，提出将在 2030 年前为绿色产业创造 44 万个就业岗位，并为此计划投资 900 亿英镑。欧盟将推动绿色转型作为经济复苏计划的核心内容之一。在 2020 年制定的总额超过 1.8 万亿欧元的经济复苏计划中，37% 的资金将被投入与绿色转型目标直接相关的领域，并计划在未来 10 年内对 3 500 万栋建筑进行节能改造。发展中经济体也纷纷加大资金和政策投入，力争实现跨越式发展。阿联酋发布 2050 年能源战略，强调提升清洁能源比例，将发电过程中碳排放减少 70%、能源使用效率提升 40%。沙特启动"绿色沙特倡议"，发起"绿色中东倡议"，旨在加强沙特和中东地区自然环境保护工作。南非、摩洛哥等国已尝试发行绿色主权债券，推动绿色投资。南非政府还提出，在 2030 年前将煤电占比减少到 48%。尼日利亚近期正式实施了"太阳能家用系统"计划，预计将有约 2 500 万人从清洁电力中受益。目前，新能源领域投资仍存在缺口。要有效应对气候变化，全球对可再生能源的投资需要在 2030 年之前增至目前的 3 倍。资金、技术和能力等因素依然制约着绿色产业快速发展，各国

政府还需根据"满足需求"和"鼓励发展"的原则，建立更完善的发展和监管举措。总而言之，绿色投资有助于促进就业、消除贫困，对经济复苏意义重大。

在全球经济竞争日趋激烈的背景下，数字化与绿色化成为全球经济社会转型的两大趋势。数字化和绿色化协同发展是经济社会高质量发展的内在需求。面对仍然存在的多方面挑战，既需要技术创新提供绿色化解决途径，也需要制度创新来激活数字化和绿色化协同的潜能。以数字化赋能绿色化、绿色化牵引数字化的双化协同为抓手，在数字赋能与绿色牵引的关系中，数字化与绿色化将深度协同、协调合作、互相促进，形成拉动效应，最终大力推动数字经济发展和绿色低碳转型，实现全面高质量发展。数字化赋能绿色化的本质是充分利用各领域数据，通过海量数据的综合应用优化机器和生产过程效率，提高能效，降低排放。数字化为提高绿色发展中的设备连通性、生产高效性、施策精准性提供全链条支撑。虽然数字化助力绿色化大有可为，但数字化发展本身也是能源消耗大户。数字基础设施作为数字化发展的底座，在提供公共服务的同时计算量也呈现指数上升，带来能源消耗的急剧增加。数据中心是数字基建中耗电和碳排放的最大来源。鉴于此，全球范围内的大型互联网龙头企业纷纷布局数据中心的减碳行动。如微软承诺至 2030 年实现从环境中去除公司自 1975 年以来产生的所有碳排放，实现"负碳"目标。大力推进数字基础设施绿色化已是全球大势所趋。

二、绿色化、数字化和智能化推动产业技术变革

加快工业绿色化低碳发展也是推进新型工业化的重要举措。数字产业正成为经济社会转型升级的新引擎，以数字化转型为载体，在生产端可驱动能源结构转型、产业结构升级、用能效率提升、资源循环利用及碳排放精确管理，在生活端可助推绿色出行、绿色消费、绿色办公以及绿色服务等绿色生活方式。以绿色为驱动，对数字采集提出更全面信息获取、更高环境适应性及更强数据处理能力等诉求，对传输网络提出更高效、更可靠、更安全要求，在平台应用中对数字建模、数字孪生、工业互联网等提出与产业进一步深度融合需求，将不断推动数字技术的升级迭代，持续发挥其对千行百业的赋能作用，最终实现经济社会全面绿色转型。

以数字化绿色化协同助推现代化产业体系建设，是抢抓新一轮科技革命和产业变革机遇、把握未来发展主动权的重要举措。面对全球产业体系和产业链供应链呈现的多元化布局、区域化合作、绿色化转型、数字化加速态势，我国亟须将 5G、人工智能、大数据、云计算等新兴技术与绿色低碳产业深度融合，吸引集聚全球数字与绿色技术创新要素，加速产业数字化绿色化协同转型，在国际竞争中抢抓新机遇、开辟新

领域、制胜新赛道,赢得现代化产业体系建设的战略主动。

从能源、工业、交通、建筑、数字基础设施、零碳生活等不同细分领域看,可再生能源成为主流。电力生产环节将越来越绿色化、低碳化。能源消费端的电气化将加速推进,交通、工业等化石能源的使用大户将逐步电气化。到2030年,可再生能源发电占比将达到50%,储能累计装机容量将增加20倍,消费端电气化比例将达到30%。能源供给正在走向清洁化、能源消费正走向电气化。在能源供给侧,将大力发展可再生能源,大幅提升光伏、风力发电比例,逐步取代化石能源发电的主导地位。其中,电力电子技术和数字技术的融合,将提升光伏发电效率;光储融合,将加速光伏成为主力能源。在能源消费侧,全球终端能源消费目前仍以化石能源为主,近几年的趋势是全球电气化的占比不断提高。电动汽车的销量占比将超过50%。这对全球电动车产业而言是巨大的发展机遇。

在工业生产领域,通过5G、人工智能、物联网、云计算、数字孪生、区块链等数字化技术,将推动机器人越来越智能化,机器人的使用将更加广泛。到2030年,每万名制造业员工将与390个机器人共同工作,工厂将越来越数字化、智能化、绿色化,供应链也将会在数字化的助力下,变得更加透明和可预测。数字技术助力工业实现绿色智造。除行业自身的技术改造、升级外,通过数字技术降低碳排放是工业领域碳减排的重要手段。数字技术在助力工业研发设计、生产制造、质量监控、产业链协同、碳封存等方面可以发挥巨大作用,使行业绿色低碳发展。

在交通出行方面,未来的交通出行将加速向电气化领域转型,尤其是在电动汽车领域,车、桩、网、储智能协同,实现更安全、更绿色、更智慧的出行。到2030年,新能源汽车将达到1.45亿辆,全球私人充电桩预计保有量将达1亿台,汽车储能规模达到680吉瓦。构建全面绿色低碳化、柔性高效化、智能自动化的数字基础设施将成为未来发展的重点领域。数字技术加速交通工具电气化和交通体系智慧化。虽然交通领域各细分行业,如陆路、水运、航空等减排难点各有不同,但它们都在积极利用电气化、数字化、智能化手段,降低能耗,打造绿色高效交通运输体系,促进交通工具低碳转型,加速绿色交通基础设施建设,以实现绿色发展。

总之,全球各国已经充分意识到气候变化问题的严重性和迫切性。绿色发展作为未来的社会经济已经明确的发展方向,反过来也会推动数字化技术的创新和发展;推动制造业高端化、智能化、绿色化;持续增强制造业核心竞争力,推动质量提升和品牌建设,不断引领产业向中高端跃升;以智能制造为主攻方向推动产业技术变革和优化升级,加快推广应用智能制造新技术,推动制造业产业模式转变;鼓励绿色技术创新和绿色环保产业发展,推进重点领域节能降碳和绿色转型。这些都是未来很长一段时期世界产业技术变革的方向和各国工业的发展机遇。

三、绿色化、数字化和智能化为全球合作提供新方向

数字化和绿色化是当前新一轮科技革命和产业变革的两大趋势。数字化与绿色化协同发展前景广阔。在目前，鉴于应对气候变化具有强外部性特征，低碳部门成为为数不多的各国仍抱有合作意愿、出现"竞合"局面的领域之一。中、美两国发表《关于加强合作应对气候危机的阳光之乡声明》，反映出相关领域国际合作的潜力。随着电力、钢铁、化工等传统工业领域减排空间缩小，结构减排的潜力势必转向服务业以及新兴的数字经济部门。

中国一直是数字和绿色领域国际合作的积极参与者，中国将深度参与绿色低碳、数字经济等国际合作。为促进各方加强政策交流协调，共同应对数字鸿沟和绿色壁垒挑战，更好分享数字和绿色发展红利，同时打通机制和区域藩篱与堵点，形成合力寻求合作的最大公约数，中方牵头起草了数字和绿色国际经贸合作框架，邀请感兴趣的国家、地区和国际组织参加，并于2023年10月18日在第三届"一带一路"国际合作高峰论坛贸易畅通专题论坛期间，与有关国家共同发布《数字经济和绿色发展国际经贸合作框架倡议》（以下简称"数字和绿色国际经贸合作框架"）。该框架重点聚焦数字和绿色等新兴发展领域、创新合作形式。中国希望通过积极有效推动落实该框架，使其与"全球发展倡议""非盟2063年议程""东盟互联互通总体规划2025"等协同增效、相互补充，推动各参加方在数字、绿色领域共同进步，以新动能携手应对新挑战，共同促进联合国2030年可持续发展议程目标的落实，实现可持续发展。

数字和绿色国际经贸合作框架致力于实现更为绿色、更具包容性的经济增长，对于拓展新兴领域国际合作，维护全球产业链供应链韧性与稳定、推动互联互通提质升级具有重要意义。数字和绿色国际经贸合作框架内容丰富，最重要的一点是包容和务实，在设计之初就力求满足不同需求，发挥各方优势，优化提升当前数字和绿色领域经贸合作的兼容性、有效性、协同性。从内容上看，它包括数字领域经贸合作、绿色发展合作、能力建设、落实与展望等四个部分，并设置营造开放安全的环境、提升贸易便利化水平、弥合数字鸿沟、增强消费者信任、营造促进绿色发展的政策环境、加强贸易合作促进绿色和可持续发展、鼓励绿色技术和服务的交流与投资合作等七个支柱。这七个支柱都提出了具体的合作领域及合作方向。比如，鼓励开展政策和规则标准的交流对接，共同营造良好的发展环境；支持使用电子提单、发展电子支付等，推动无纸贸易，提高贸易效率；通过加强数字基础设施投资，提升基础设施数字化水平；探索跨境争端解决方式，加强在线消费者权益保护；促进可持续消费和生产模式的改进，

加快向低碳经济过渡转型;鼓励开展清洁能源、新能源汽车等产业合作,促进绿色技术和服务发展等,这些都充分契合了当前贸易投资领域发展的新趋势。

综上,数字经济蓬勃发展,并与许多传统产业深度融合,对世界各国经济增长和生产生活方式产生了重要影响,成为重组全球要素资源、重塑全球经济结构、改变全球竞争格局的关键力量。从总体看,全球主要国家数字经济发展持续提速。各国加快推动数字经济重点领域发展,在数字产业化、产业数字化、数据要素等领域积极抢抓发展机遇。5G、人工智能等新兴产业快速发展,整体进入深化应用阶段。产业数字化转型应用领域由生产研发向供应链协同、绿色低碳方向延伸,推动产业高端化、智能化、绿色化、融合化发展,助力提升产业链供应链韧性和安全水平。中国推动绿色化数字化协同发展,为全球应对共同挑战拓宽了可行路径,为可持续发展增添了新动能。

第二篇

2022—2023 世界主要地区与国家经济

第四章
2023年中国经济发展趋势

2023年是中国经济恢复常态化发展的一年,以经济向好、内需快速恢复为主线,年度亮点主要在于居民消费需求集中释放,带动服务业快速回暖,但仍受到房地产下行、物价低位运行、外需疲软、地缘政治风险增加等因素拖累,需求侧"三驾马车"复苏总体偏弱。根据国家统计局于2024年1月发布的GDP初步核算数据,[①]2023年中国经济全年增长率为5.2%,[②]超额实现年初政府工作报告中提出的国内生产总值增长5%左右的预期目标。[③]本研究预计2024年中国经济将继续维持在4.9%左右合理增长区间(见图4-1)。

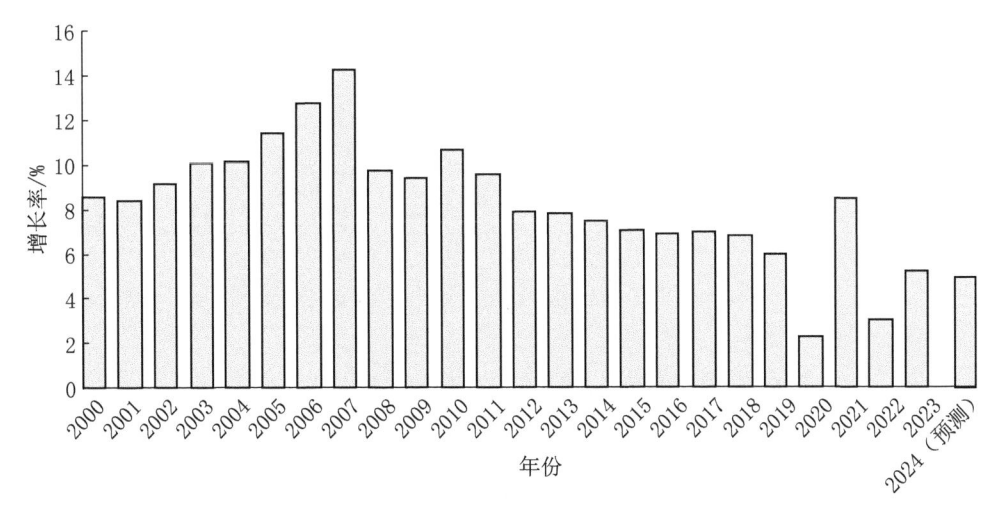

图4-1 中国GDP增长率(2000—2024年)

- 资料来源:国家统计局、本报告预测。

[①] 2023年四季度和全年国内生产总值初步核算结果[EB/OL]. (2024-01-18)[2024-03-19]. https://www.stats.gov.cn/sj/zxfb/202401/t20240118_1946691.html.
[②] 值得注意的是,2023年各季度经济增速波动较大,尤其是第二季度GDP环比增速下滑,这也促使政府在2023年下半年以来加速推出调控政策,第三、第四季度中国经济复苏动能明显转强。
[③] 政府工作报告——2023年3月5日在第十四届全国人民代表大会第一次会议上[EB/OL]. (2023-03-14)[2024-03-10]. https://www.gov.cn/premier/2023-03/14/content_5746704.htm.

第一节　需求侧："三驾马车"驱动偏弱,边际改善趋势已经出现

从需求侧来看,2023年中国经济主要由最终消费的快速复苏拉动,贡献率超过八成,固定资产投资、进出口的增长则明显放缓,其中进出口对GDP增长贡献率为负值。尽管2023年消费增速仍未回升至2019年水平,表现略低于预期,但是随着消费倾向、预防性储蓄等部分指标边际改善,国内市场信心正在修复当中。

一、房地产开发投资连续两年负增长,拉低固定资产投资整体增速

2023年中国投资增速趋于放缓,主要受房地产开发投资负增长拖累。据国家统计局数据,2023年中国固定资产投资额同比增长3.0%,低于上年增速(5.1%),也是2000年以来增速较低点,仅略高于2020年的2.9%(见图4-2)。

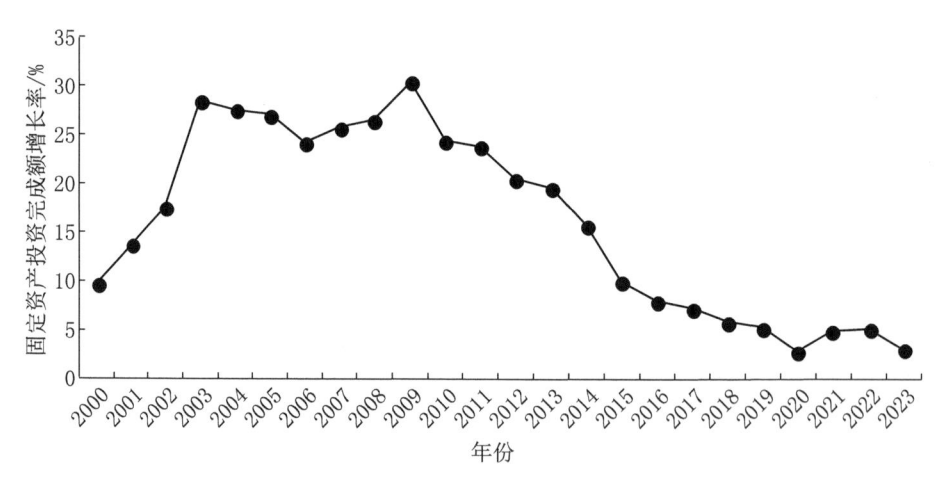

图4-2　中国固定资产投资增长率年度变化趋势(2000—2023年)

• 资料来源:Wind数据库、国家统计局。

从细分项目来看,2023年房地产开发投资同比下降9.6%、连续两年较大幅度负增长。①当前中国房地产开发企业总体仍处于投资能力与意愿均不足的局面,房地产市场可能面临"供求关系发生重大变化"的长期拐点。②随着"保交楼"政策持续稳定市场信心以及2023年下半年以来的降利率、松限购支持政策发力,2024年房地产开发投资降幅或将收窄。

---

① 据国家统计局数据,2022年中国房地产开发投资完成额同比下降10.0%。
② 中国政府网.中共中央政治局召开会议　分析研究当前经济形势和经济工作　中共中央总书记习近平主持会议[EB/OL].(2023-07-24)[2024-03-29].https://www.gov.cn/yaowen/liebiao/202307/content_6893950.htm?device=app.

与之相对,制造业、基础设施建设(含电力)则更多发挥了稳投资的作用,2023年对应投资额分别同比增长6.5%、8.2%,但也都较上年同期少增3—4个百分点(见图4-3)。①其中,制造业投资的亮点在于高技术相关行业有更快增长(全年增速9.9%),超过制造业投资平均增速约3.4个百分点,体现出制造业产业结构持续优化。②基础设施建设则主要受益于增发国债与补短板惠民生项目,如全年计划总投资1亿元、10亿元以上规模的项目投资同比增长9.3%、13.3%。③水上运输业、铁路运输业、电力热力燃气及水的生产供应业累计固定资产投资分别同比增长22.0%、25.2%、23.0%。④考虑到形成实物工作量需要一定周期,2023年四季度增发的1万亿元特别国债对基础设施投资的拉动作用预计将在2024年进一步体现。

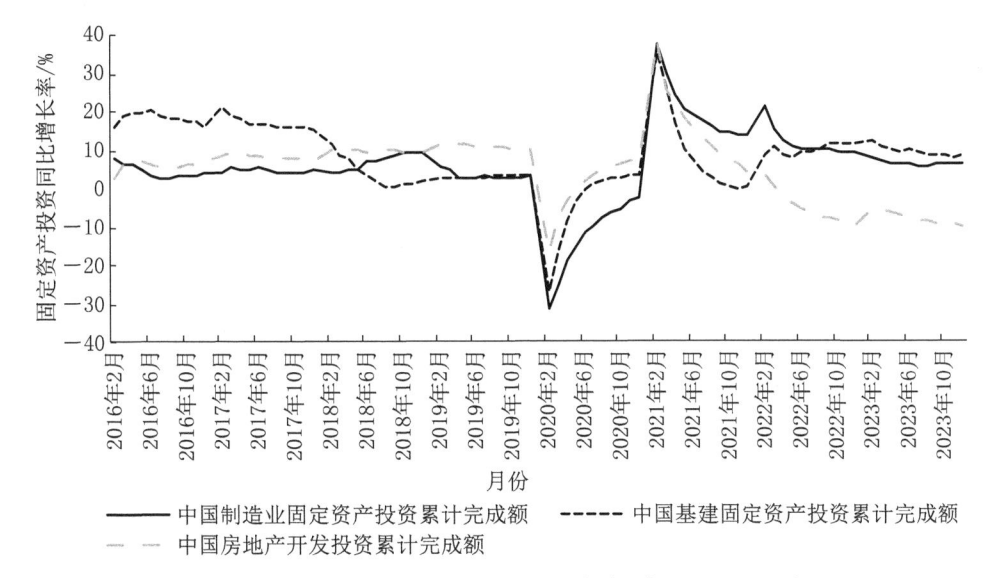

图4-3 基建、房地产、制造业固定资产投资增长率(2016—2023年)

• 资料来源:Wind数据库、国家统计局。

从投资类型来看,2023年民间固定资产投资出现小幅负增长,国有部门对稳投资的作用更为明显。⑤据Wind数据库与国家统计局数据,2023年中国民间投资完成额同比下降0.4%,在2022年的低增长率(0.9%)基础上进一步放缓,不及2019年的增速4.7%、2020—2021年平均增速4.0%。这也表现为民间投资占全年固定资产

---

① 据Wind数据库与国家统计局数据,2022年中国的制造业投资同比增长9.4%,基础设施建设投资(含电力)完成额增长11.5%。
② 值得注意的是,高技术制造业投资增长率相比上年出现较大回落(据Wind数据库,2022年同比增长22.2%)。
③ 国家统计局.翟善清:固定资产投资平稳增长 投资结构不断优化[EB/OL].(2024-01-18)[2024-03-22]. https://www.stats.gov.cn/sj/sjjd/202401/t20240118_1946699.html.
④ 国家统计局.2023年全国固定资产投资增长3.0%[EB/OL].(2024-01-17)[2024-03-22]. https://www.stats.gov.cn/sj/zxfb/202401/t20240116_1946620.html.
⑤ 据Wind数据库,2023年中国国有及国有控股单位的固定资产投资同比增长6.4%。

投资的比重持续下降,2023年这一比重为50.4%,相比上年下降了3.8个百分点,①为2012年有统计指标以来新低点。民间投资的增长放缓主要是受到房地产开发行业下行的影响,民营房企仍面临较大偿债周转压力。据国家统计局数据,扣除房地产开发投资后,2023年民间项目投资实现了9.2%的年度增长,②且在基础设施等投资领域表现较为活跃。受益于一系列促进民营企业发展的相关政策出台和落实,从2023年8月以来,民间投资累计降幅已经出现逐步收窄的趋势,③预计2024年即可转为正增长。

二、最终消费对中国经济增长拉动作用明显,服务消费维持较快增长

受益于上年基数偏低、线下消费场景恢复、促消费政策发力等因素,2023年中国消费复苏转暖,对经济拉动作用突出。据GDP初步核算数,最终消费对2023年中国经济增长贡献率为82.5%,④为2000年以来的高点。⑤据国家统计局数据,2023年中国社会消费品零售总额同比增长7.2%,与上年的负增长(−0.2%)相比,消费回升趋势明显(见图4-4)。但值得注意的是,如果以2022—2023年平均增速来看,⑥

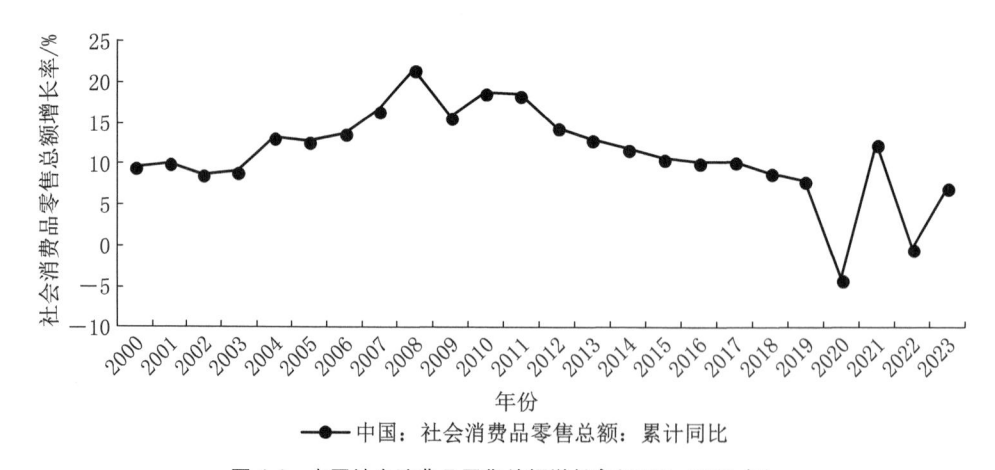

图4-4 中国社会消费品零售总额增长率(2000—2023年)

• 资料来源:Wind 数据库、国家统计局。

---

① 据国家统计局数据,2012—2015年间中国民间固定资产(不含农户)投资额占固定资产投资(不含农户)的比重基本呈上涨趋势(从56.2%增至58.5%),2016—2022年则未延续上涨趋势,而是在54%—57%占比区间小幅波动。
② 国家统计局.翟善清:固定资产投资平稳增长 投资结构不断优化[EB/OL].(2024-01-18)[2024-03-22]. https://www.stats.gov.cn/sj/sjjd/202401/t20240118_1946699.html.
③ 据Wind数据库月度数据,2023年1—8月间全国民间投资完成额累计同比增长−0.7%,为年内低点。
④ 据Wind数据库,2023年各季度中最终消费对单季GDP的贡献率分别为67.2%、85.3%、94.4%、80.0%,均保持较高水平。
⑤ 据Wind数据库及国家统计局数据,2000—2023年间中国最终消费对年度GDP的贡献率算数平均值为52.9%。
⑥ 据Wind数据库与国家统计局数据,2022—2023年社会消费品零售总额平均增长率为3.4%,不及2020—2021年平均增速(4.0%),也低于2018—2019年的8.5%。

当前全国消费复苏力度总体仍然偏弱，未出现"报复性消费"现象。这可能受到居民收入增长相对放缓、①资产价格下行导致财富效应减退、地产相关商品增长低迷等影响。

从细分项目来看，旅游餐饮等服务消费以及出行类、升级类商品消费是增长亮点。据国家统计局数据，2023年全国服务消费额相比上年实现20.0%的同比增长，②远超同期商品零售额增速，③服务消费较实物消费反弹力度更大。其中，受到低基数等因素影响，全年餐饮收入同比增长20.4%，国内出游人次、出游总花费分别同比增长93.3%、140.3%，④表现较为突出。限额以上商品零售中，2023年实现了两位数较快增长的大类主要包括金银珠宝类(13.3%)、服装鞋帽针纺织品类(12.9%)、体育娱乐用品类(11.2%)，这与国内金价持续上行、出行需求复苏等趋势相匹配。其中，据乘联会统计，2023年全国新能源乘用车零售销量同比增长36.4%、总量达774.2万辆。而受房地产下行等因素影响，全国建筑及装潢材料类商品零售额同比下降7.8%，家用电器和音像器材类同比仅增0.5%。⑤

从边际变化来看，尽管2023年居民消费倾向仍低于2020年前水平、居民预防性储蓄仍处于高位，但是年内已出现明显改善趋势。据Wind数据库和国家统计局数据，如果以居民人均消费支出占人均可支配收入的比重来估测消费倾向，2023年对应值为68.3%，尽管仍低于2013—2019年间长期水平（均超过70%），但相比第一季度的62%有明显回升。据Wind数据库及中国人民银行数据，如果以居民户在金融机构新增人民币存款额来估算预防性储蓄，2023年全国居民部门累计新增存款16.7万亿元，相比2018—2021年间历年规模（均低于12万亿元）仍然较高，但是较2022年同期的17.8万亿元已出现回落趋势（见图4-5）。预计2024年消费将延续复苏势头，消费增速水平更趋平稳，扩内需政策将促进汽车、文旅等消费更快增长。

---

① 据国家统计局数据，2022—2023年居民人均可支配收入平均增长率为4.5%（其中2023年增速为6.1%），低于2018—2019年均值6.2%、2020—2021年均值5.1%。
② 服务零售额指标为国家统计局于2023年8月起最新发布。与更侧重统计实物消费的社会消费品零售总额指标相比，服务零售额指标更多统计服务消费，包括交通、住宿、餐饮、教育、卫生、体育、娱乐等领域。详细可见：国家统计局网站.国家统计局首次增加发布服务零售额数据 服务消费支撑作用持续显现[EB/OL]. (2023-08-18)[2024-03-23]. https://www.gov.cn/lianbo/bumen/202308/content_6898828.htm.
③ 据国家统计局数据，2023年全国商品零售额同比增长5.8%。
④ 国家统计局.中华人民共和国2023年国民经济和社会发展统计公报[EB/OL]. (2024-02-29)[2024-03-24]. https://www.stats.gov.cn/sj/zxfb/202402/t20240228_1947915.html.
⑤ 国家统计局.2023年12月份社会消费品零售总额增长7.4%[EB/OL]. (2024-01-17)[2024-03-24]. https://www.stats.gov.cn/sj/zxfb/202401/t20240116_1946619.html.

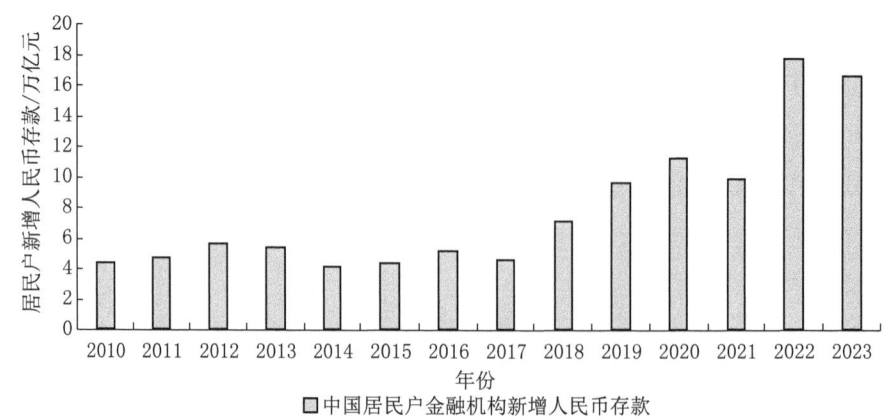

图 4-5　中国居民部门新增储蓄规模(2010—2023 年)

· 资料来源：Wind 数据库、中国人民银行。

三、进出口额增速相比 2022 年明显回落，与新兴市场贸易往来更趋密切

在 2021—2022 年连续表现强劲之后，2023 年中国外贸进出口增长明显回落，全年货物和服务进出口对全国 GDP 增长贡献为负值。[1]据海关总署数据，[2]2023 年中国货物进出口累计值为 5.94 万亿美元，同比下降 5.0%，相比 2022 年增速(3.4%)下滑约 8.4 个百分点，其中出口、进口金额分别为 3.38 万亿、2.56 万亿美元，分别同比下降 4.6%、5.5%，均呈现负增长(见图 4-6)。[3]从具体原因来看，主要是受到海外需求不足、贸易环境更趋复杂、供应链加快调整、工业品价格走低等多重因素影响。

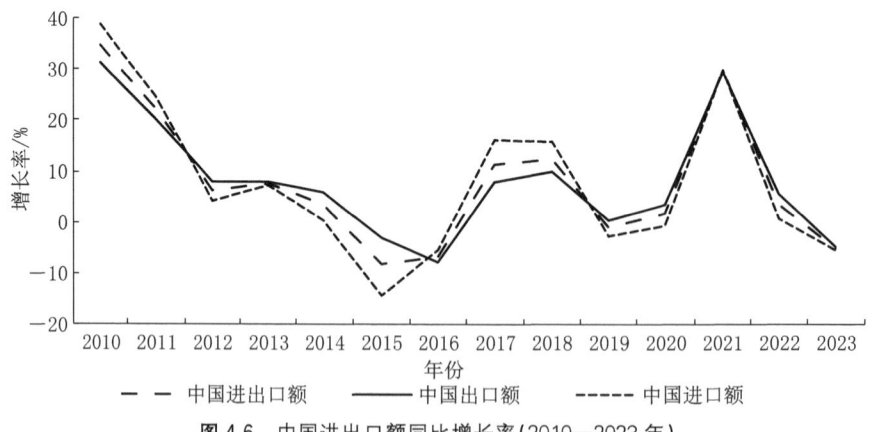

图 4-6　中国进出口额同比增长率(2010—2023 年)

· 资料来源：Wind 数据库、海关总署，图中口径均为美元计价。

---

[1] 据国家统计局 GDP 初步核算数，2023 年货物和服务进出口对全国 GDP 累计同比增长的贡献率为－11.9%，拉低 GDP 增长 0.6 个百分点。

[2] 海关总署网站.2023 年 12 月全国进出口总值表(美元值)[EB/OL].(2024-01-12)[2024-03-25]. http://www.customs.gov.cn/customs/302249/zfxxgk/2799825/302274/302275/5624311/index.html.

[3] 如果以人民币计价，2023 年中国货物贸易进出口总额为 41.8 万亿元(同比增长 0.2%)，其中出口总额为 23.8 万亿元(同比增长 0.6%)，进口总额为 18.0 万亿元(同比下降 0.3%)。

分国家(地区)来看,2023年中国对欧美地区的货物贸易降幅较大,对亚洲主要经济体也有不同程度下滑,表现较好的则是对拉美、非洲等地区的部分新兴经济体的货物贸易。据海关总署统计,2023年中国与美国、欧盟的进出口额(美元计价)分别同比下降11.6%、7.1%,对日本、韩国、东盟进出口额也同比下降10.7%、13.5%、4.9%,保持正增长的主要是对俄罗斯(增长26.3%)、巴西(6.1%)、澳大利亚(4.1%)、印度(1.5%)等经济体(见表4-1)。①中国对非洲的出口额同比增长7.5%、对拉丁美洲的进口额同比增长4.9%,实现了较快增长。从重点商品来看,据海关总署发布数据②,2023年中国出口汽车(包括底盘)的数量和价值分别同比增长57.4%、69.0%,出口船舶的数量和价值分别同比增长23.2%、28.6%,呈现出价量齐升的良好趋势,但是全年出口机电产品总体金额同比下滑2.4%,主要原因是受自动数据处理设备及其零部件、集成电路等类别负增长拖累。

表4-1　2023年中国与主要国别(地区)进出口商品总值

国家(地区)	2023年与中国进出口额/亿美元	同比增长率/%		
		进出口	出口	进口
总　值	59 368.3	−5.0	−4.6	−5.5
欧　盟	7 829.9	−7.1	−10.2	−0.9
美　国	6 644.5	−11.6	−13.1	−6.8
东　盟	9 117.2	−4.9	−5.0	−4.8
日　本	3 180.0	−10.7	−8.4	−12.9
韩　国	3 107.4	−13.5	−7.2	−18.7
澳大利亚	2 292.0	4.1	−5.3	9.3
俄罗斯	2 401.1	26.3	46.9	12.7
印　度	1 362.2	1.5	0.8	6.0
英　国	979.8	−4.3	−3.4	−7.9
巴　西	1 815.3	6.1	−4.3	11.9

• 资料来源:海关总署。表中均为美元计价的名义值。

总体来看,2023年我国外贸仍有结构性亮点出现,包括贸易对象更趋多元、贸易结构持续升级等。据海关总署数据,2023年我国与共建"一带一路"国家进出口额(以人民币计价)同比增长2.8%,总规模达19.47万亿元,占全国外贸总值的比重为46.6%,规模与占比均为倡议提出以来最高水平。③此外,我国全年共出口新能源汽

---

① 海关总署.2023年12月进出口商品主要国别(地区)总值表(美元)[EB/OL]. (2024-01-12)[2024-03-25]. http://www.customs.gov.cn/customs/302249/zfxxgk/2799825/302274/302275/5624373/index.html.
② 海关总署.2023年12月全国出口重点商品量值表(美元)[EB/OL]. (2024-01-12)[2024-03-25]. http://www.customs.gov.cn/customs/302249/zfxxgk/2799825/302274/302275/5624356/index.html.
③ 2023年我国与共建"一带一路"国家进出口达19.47万亿元[EB/OL]. (2024-01-18)[2024-03-24]. http://fec.mofcom.gov.cn/article/xgzx/xgzxfwydyl/202401/20240103467277.shtml.

车177万辆,相比上年增长67.1%,[①]持续深耕绿色低碳等行业。随着美元加息周期结束、全球贸易总规模转好,预计2024年中国进出口增长将更趋平稳、实现小幅正增长,但欧盟开征"碳关税"、对华电动汽车开展反补贴调查等举措将带来更多不确定性。

第二节 供给侧:服务业表现好于工业,拉动就业总量回升

从供给侧来看,2023年全国工业增加值增速总体偏低、对经济增长贡献率不及上年,且规模以上工业企业面临工业生产者出厂价格指数(PPI)负增长、利润率下降、回款周期增加等挑战。相比而言,受益于居民需求快速回升,全年服务业(尤其是住宿餐饮业等接触型服务业)实现较快增长,成为年度亮点。此外,全年平均城镇调查失业率、新增就业人数等就业指标均相比上年有所好转。

一、工业增加值增速超过上年,但仍面临诸多压力

2023年工业对中国经济的支撑拉动作用偏弱,贡献率不及上年。据国家统计局数据,2023年全年工业增加值累计同比增长4.2%、低于同期GDP增速,[②]工业对GDP增长的贡献率为26.2%,略低于上年的29.9%。[③]从年度变化来看,2023年工业增长率已经超过上年同期约1.5个百分点,[④]有明显企稳转好趋势;但从更长期比较来看,考虑到中国工业在2020—2022年平均增速为5.1%、2010—2019年平均增速为7.4%,当前工业增速仍处于相对偏低区间,[⑤]整体复苏进程较为缓慢(见图4-7)。

受内外需不振、国际大宗商品价格回落、低端产业链外迁等因素影响,国内工业品价格持续走低,规模以上工业企业面临营收微增、利润率下降等困境。据国家统计局数据,[⑥]2023年全年PPI同比下降3.0%,全国规模以上工业企业营收累计同比增长1.1%、利润总额同比下降2.3%,营业收入利润率比2022年下降0.2个百分点。

---

① 国务院新闻办就2023年全年进出口情况举行发布会[EB/OL].(2024-01-12)[2024-03-24]. https://www.gov.cn/lianbo/fabu/202401/content_6925700.html.
② 其中规模以上企业工业增加值同比增长率为4.6%。
③ 据Wind数据库与国家统计局数据,2023年全部第二产业对中国GDP增长的贡献率为33.9%,与上年持平。
④ 据Wind数据库与国家统计局数据,2022年全国工业增加值同比增长2.7%。
⑤ 据Wind数据库与国家统计局数据,2020—2022年全国工业平均增速为5.1%,2010—2019年平均增速为7.4%(且其间历年值均高于4.8%)。
⑥ 国家统计局网站.2023年全国规模以上工业企业利润下降2.3%[EB/OL].(2024-01-27)[2024-03-25]. https://www.stats.gov.cn/sj/zxfb/202401/t20240126_1946914.html.

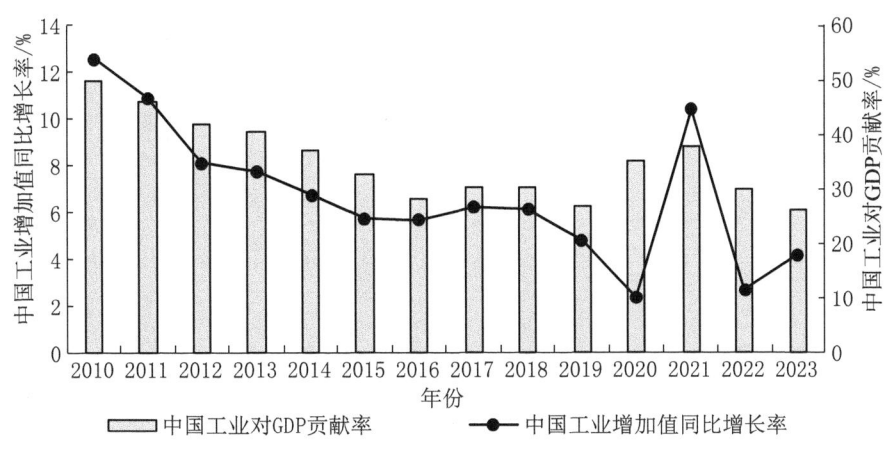

图 4-7　中国工业增加值同比增长率及工业对 GDP 贡献率（2010—2023 年）

· 资料来源：Wind 数据库、国家统计局。

截至 2023 年末应收账款平均回收周期为 60.6 天、相比 2022 年增加 4.4 天。

2023 年工业产能利用率呈现先下降后回升的变化趋势，部分产业出现产能过剩趋势。据 Wind 数据库与国家统计局数据①，2023 年中国全年累计规模以上工业产能利用率为 75.1%，较 2021、2022 年的同期分别下降 2.4、0.5 个百分点。其中，2023 年第一、第二季度的单季工业产能利用率分别为 74.3%、74.5%，为 2020 年第三季度以来的新低点；到 2023 年下半年工业产能过剩则有所缓解，第三、第四季度产能利用率回升至 75% 以上（对应单季产能利用率分别为 75.6%、75.9%）。从行业大类来看，2023 年采矿业、制造业产能利用率均相比 2022 年下降（分别下降 1.2 个、0.5 个百分点），值得注意的是，制造业中的计算机通信和其他电子设备制造业产能利用率相比 2022 年下降 2.1 个百分点、相比 2019 年下降 4.9 个百分点，可能与海外贸易需求下行相关（见表 4-2）。②

2023 年中国工业高质量发展趋势持续，如汽车、电气机械行业、航天器及运载火箭制造、飞机制造等高端制造业的行业增加值均实现两位数同比增长，远超同期规模以上工业平均增速。③随着内外需好转、减税降费等稳增长政策发力、产品技术持续

---

① 国家统计局.2023 年四季度全国规模以上工业产能利用率为 75.9%[EB/OL].（2024-01-17）[2024-03-26]. https://www.stats.gov.cn/sj/zxfb/202401/t20240116_1946617.html.
② 据统计，2023 年中国规模以上电子信息制造业出口交货值同比下降 6.3%，其中全年出口的笔记本电脑、手机、集成电路的数量分别同比下降 15.1%、2%、1.8%。详细可见：中国工业和信息化部网站.2023 年电子信息制造业运行情况[EB/OL].（2024-01-30）[2024-03-26]. https://www.miit.gov.cn/jgsj/yxj/xxfb/art/2024/art_6f3ded5276bd42cc848b49ad06a32fd7.html.
③ 国家统计局.汤魏巍：工业高质量发展扎实推进　新动能成长壮大[EB/OL].（2024-01-18）[2024-03-25]. https://www.stats.gov.cn/sj/sjjd/202401/t20240118_1946696.html.

表 4-2 中国分行业规模以上工业产能利用率(2016—2023 年)

行 业	产能利用率/%							
	2016 年	2017 年	2018 年	2019 年	2020 年	2021 年	2022 年	2023 年
规模以上工业	73.3	77.0	76.5	76.6	74.5	77.5	75.6	75.1
其中:采矿业	62.9	71.1	71.9	74.4	72.2	76.2	76.8	75.6
制造业	73.9	77.5	76.9	77.1	74.9	77.8	75.8	75.3
电力、热力、燃气及水生产和供应业	69.7	72.8	73.4	72.1	71.5	75.0	72.8	73.0
其中:煤炭开采和洗选业	59.5	68.2	70.6	70.6	69.8	74.5	74.9	74.4
石油和天然气开采业	85.4	88.2	88.3	91.2	90.1	89.8	92.0	91.4
食品制造业	73.3	75.6	75.3	72.9	70.4	73.9	71.7	70.3
纺织业	76.0	80.2	79.8	78.4	73.1	79.5	77.2	76.4
化学原料及化学制品制造业	74.7	77.0	74.2	75.2	74.5	78.1	76.7	75.3
医药制造业	75.0	79.1	77.6	76.6	75.0	77.4	75.6	74.9
化学纤维制造业	81.4	83.7	81.8	83.2	80.5	84.5	82.3	84.3
非金属矿物制品业	69.7	71.0	69.9	70.3	68.0	69.9	67.0	64.7
黑色金属冶炼及压延加工业	71.7	75.8	78.0	80.0	78.8	79.2	76.3	78.2
有色金属冶炼及压延加工业	75.2	78.5	78.8	79.2	78.5	79.5	79.3	79.5
通用设备制造业	71.1	76.7	77.3	78.6	77.3	81.0	79.2	79.2
专用设备制造业	71.6	76.3	79.1	78.8	77.0	80.0	77.6	77.5
汽车制造业	79.0	82.2	79.8	77.3	73.5	74.7	72.7	74.6
电气机械和器材制造业	76.9	79.6	78.0	79.4	78.1	81.0	77.3	77.0
计算机、通信和其他电子设备制造业	77.6	80.1	79.4	80.6	77.7	80.3	77.8	75.7

• 资料来源:Wind 数据库、国家统计局。

突破,2024 年我国工业品价格有可能转为正增长,工业企业经营状况更趋改善,整体产业持续朝高技术、高附加值领域升级。

二、服务业对中国经济增长贡献份额回升

受益于上年低基数以及接触型、聚集型消费的快速复苏等因素,2023 年我国服务业增长势头强劲,对经济拉动作用突出。据国家统计局初步核算数据,[1]2023 年我国服务业增加值同比增长 5.8%,占当年 GDP 的比重为 54.6%,相比上年提高 1.2 个百分点。2023 年第三产业对中国经济增长的贡献率回升至 60.2%,[2]远超 2020—

---

[1] 国家统计局.李锁强:服务业发展提质增效 新动能彰显新活力[EB/OL].(2024-01-18)[2024-03-26]. https://www.stats.gov.cn/sj/sjjd/202401/t20240118_1946698.html.

[2] 根据 Wind 数据库与国家统计局数据,2023 年各季度中服务业对单季 GDP 贡献率分别为 69.9%、64.3%、57.0%、51.7%。

2022年间52.1%的平均份额,但仍略低于2019年水平(63.5%)。从市场主体来看,全国规模以上服务业企业经营指标也表现出加速向好趋势,2023年营业收入累计同比增长8.3%。

分行业来看,全年住宿餐饮业实现了两位数较快增长,增加值同比增速由2022年的-2.8%提高至2023年的14.5%(两年平均增速为5.5%);交通运输、仓储及邮政业增加值也从2022年的0.7%回升至2023年的8.0%。这都与年内居民旅游、出行、社交、娱乐等相关需求集中释放密切相关。据文旅部统计,[1]2023年全国国内出游人次为48.91亿,国内旅客出游总花费为4.91万亿元,分别同比增长93.3%、140.3%。相比来看,2023年的"五一"、中秋与国庆假期的国内旅游人数、收入都已相比2019年同期实现正增长。[2]但是需要考虑到如此大幅度反弹更可能是一次性的,预计2024年餐饮、住宿等服务行业将有更温和的增长表现。与此同时,在居民需求复苏与企业生产经营活动转暖两方面拉动下,2023年全国信息传输、软件和信息技术服务业,租赁和商务服务业,金融业等也保持了较快增长(分别为11.9%、9.3%、6.8%),增速均超过同期服务业均值。房地产业增加值则连续两年为负增长,2023年同比下降1.3%,降幅相较2022年有所收窄(见表4-3)。

表4-3 中国第三产业分行业增长率(2022—2023年)

行业	增加值增长率/%		
	2022年	2023年	两年平均
第三产业	3.0	5.8	4.4
其中:批发和零售业	2.5	6.2	4.3
交通运输、仓储及邮政业	0.7	8.0	4.3
住宿和餐饮业	-2.8	14.5	5.5
金融业	3.1	6.8	4.9
房地产业	-3.9	-1.3	-2.6
信息传输、软件和信息技术服务业	12.2	11.9	12.0
租赁和商务服务业	4.3	9.3	6.8

• 资料来源:Wind数据库、国家统计局,其中2023年为初步统计值,两年平均增长率采用几何平均计算。

从发展趋势来看,受益于中国的消费市场规模巨大、数字化基础良好等条件,2023年全国服务业中的新业态、新模式不断发展壮大,整体朝着更数字化、智能化、

---

[1] 2023年国内旅游数据情况[EB/OL].(2024-02-10)[2024-03-30].https://www.gov.cn/lianbo/bumen/202402/content_6931178.htm.
[2] 其中,2023年"五一"假期国内旅游出游人数、收入相比2019年同期分别增长19.1%、0.7%,中秋国庆假期相比2019年同期分别增长4.1%、1.5%,以上均为调整过的可比口径。详细可见:2023年"五一"假期文化和旅游市场情况[EB/OL].(2023-05-03)[2024-03-26].https://www.mct.gov.cn/whzx/whyw/202305/t20230503_943504.htm;2023年中秋节、国庆节假期文化和旅游市场情况[EB/OL].(2023-10-06)[2024-03-26].https://www.mct.gov.cn/whzx/whyw/202310/t20231006_947726.htm.

融合化等方向持续迈进,其中较为标志性的有直播电商、即时零售等。据艾瑞咨询报告估算数据,①2023年中国直播电商市场规模已达4.9万亿元、同比增长35.2%,未来在2024—2026年间还将以约18%的年均增速持续扩大,直播电商已经成为中国消费者重要购物途径之一。据国家统计局数据,全国实物商品网上零售额在2019—2023年间的平均年增长率为12.1%,占同期社会消费品零售总额比重也从20.7%提升至27.6%(见图4-8)。2024年预计中国服务业将持续支撑经济平稳发展,在生活性服务业回暖之外,生产性服务业也将实现更快增长,以更好实现居民与企业生产生活中的新需求。

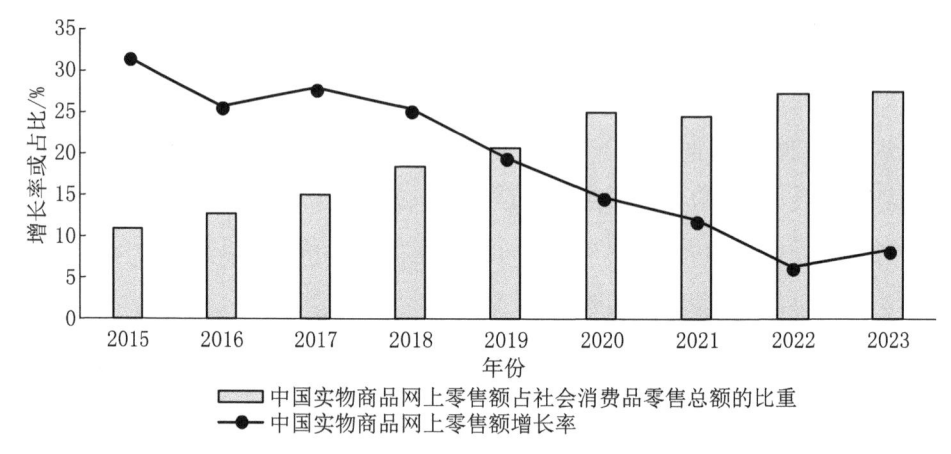

图4-8 中国实物商品网上零售额增长趋势(2015—2023年)

• 资料来源:Wind数据库、国家统计局。

三、失业率相比上年下降,结构性问题仍需缓解

在经济复苏与服务业快速增长的带动下,2023年我国就业总体平稳、失业率相较2022年小幅回落。据国家统计局数据,2023年全国城镇新增就业1 244万人,平均城镇调查失业率为5.2%,已顺利实现3月政府工作报告中提出的"城镇新增就业1 200万人左右,城镇调查失业率5.5%左右"的预期发展目标。②随着2023年的全国经济回暖企稳,尤其是在服务业的良好增长势头的拉动下,城镇调查失业率指标相比2022年下降0.4个百分点,城镇新增就业人数相比上年多增加38万人。综合来看,虽然仍不及2019年水平,但是两项就业指标均相比上年有所好转(见表4-4)。

---

① 艾瑞咨询.2023年中国直播电商行业研究报告[EB/OL]. (2023-02-29)[2024-03-26]. https://report.iresearch.cn/report_pdf.aspx?id=4316.
② 中国政府网.政府工作报告——2023年3月5日在第十四届全国人民代表大会第一次会议上[EB/OL]. (2023-03-14) [2024-03-10]. https://www.gov.cn/premier/2023-03/14/content_5746704.htm.

表4-4 中国就业指标与政府预期目标变化趋势(2018—2024年)

年份	城镇调查失业率		城镇新增就业人数/万人	
	年度平均值	中国政府工作报告预期目标	年度累计值	中国政府工作报告预期目标
2018年	4.9%	5.5%以内	1 361	1 100
2019年	5.2%	5.5%左右	1 352	1 100
2020年	5.6%	6%左右	1 186	900
2021年	5.1%	5.5%左右	1 269	1 100
2022年	5.6%	5.5%以内	1 206	1 100
2023年	5.2%	5.5%左右	1 244	1 200
2024年	—	5.5%左右	—	1 200

• 资料来源：Wind数据库、国家统计局、历年中国政府工作报告，其中年度城镇调查失业率为月度数据取算术平均值得到。

从年内变化趋势来看，2023年各季度对应平均城镇失业率分别为5.5%、5.2%、5.2%、5.0%，①呈现出较为明显的前高后低、随季度逐步改善的趋势。从城市特征来看，31个大城市城镇调查失业率月度变化趋势与全国变化趋势大致相符，但是年内降幅更大，从1月的5.8%降至12月的5.0%，到12月时更是已低于当月全国失业率值，为2022年2月以来首次，表明全国各大城市就业状况更趋向好。从年龄结构特征来看，据国家统计局新发布的不含在校生劳动力调查失业率数据，②2023年12月间16—24岁、25—29岁、30—59岁全国劳动力调查失业率分别为14.9%、6.1%、

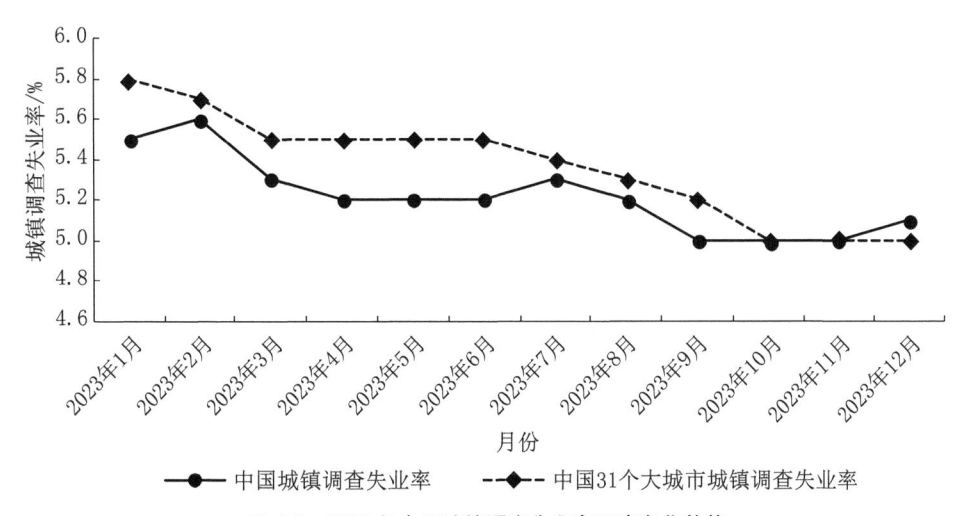

图4-9 2023年中国城镇调查失业率月度变化趋势

• 资料来源：Wind数据库、国家统计局。

① 数据来源为Wind数据库、国家统计局，指标采用各季对应月度失业率的算术平均值。
② 国家统计局于2023年12月起新发布该指标，主要是考虑到原包含在校生的指标可能混同在校寻找兼职和毕业后寻找工作的两类人群，不能准确反映青年人就业失业情况，因此进行修订。详细说明可见：国家统计局网站. 关于完善分年龄组调查失业率有关情况的说明[EB/OL]. (2024-01-17)[2024-03-28]. https://www.stats.gov.cn/sj/zxfb/202401/t20240117_1946641.html.

3.9%,青年就业压力仍然相对突出。考虑到2024年我国高校毕业生规模将进一步达到1 179万人的新高点,①未来仍需以精准的稳就业举措化解持续结构性摩擦,如充分发挥新兴产业、民营企业等对青年就业的拉动作用。

第三节 中国经济的新风险

从2023年中国经济的发展趋势与特点来看,值得关注的新风险主要包括:房地产市场下行压力依然较大;物价水平持续低位运行,有效需求不足;高技术产业增速放缓等。

一、房地产市场面临下行压力

2023年全国房地产市场总体表现疲软,交易规模持续下滑,全年商品房销售面积与金额均连续两年负增长。据国家统计局数据,2023年我国商品房销售面积为11.2亿平方米,同比下降8.5%,商品房销售额为11.7万亿元,同比下降6.5%。与2022年相比,两项指标降幅均有所收窄(2022年全国商品房销售面积、销售额分别同比下降24.3%、26.7%),但是房地产市场信心仍然不足、下行压力较大(见图4-10)。

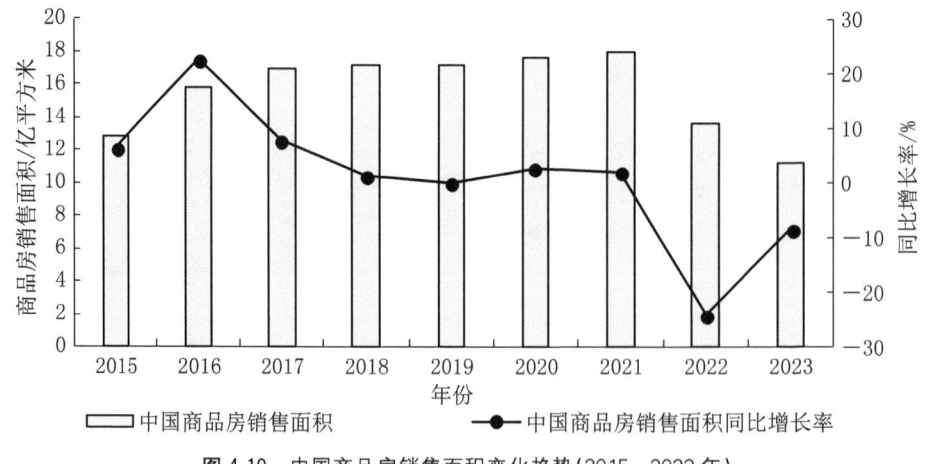

图4-10 中国商品房销售面积变化趋势(2015—2023年)

- 资料来源:Wind数据库、国家统计局。因国家统计局口径调整等原因,此处历年数据与上年已公布的同期数据之间不能直接相比计算增速。

2023年中国房地产市场中的亮点在于全年房屋竣工面积实现了17%的较快增长,②

---

① 教育部网站.教育部人力资源社会保障部共同部署做好2024届全国普通高校毕业生就业创业工作[EB/OL].(2023-12-05)[2024-03-26]. http://www.moe.gov.cn/jyb_xwfb/gzdt_gzdt/moe_1485/202312/t20231205_1093287.html.
② 据Wind数据库与国家统计局数据,2023年全年中国商品房竣工面积9.98亿平方米,2020、2021、2022年分为9.1亿、10.1亿、8.6亿平方米。因国家统计局口径调整等原因,此处历年数据与上年已公布的同期数据之间不能直接相比计算增速。

这主要是受益于2022年7月以来政府推行的一系列"保交楼"政策,[①]为优质房地产企业提供了必要的资金支持,也起到了保障全国住宅供给、提振购房者信心的作用。但是与竣工指标的良好表现相比,同期全国房屋新开工指标仍然难言乐观,2023年全年中国房屋新开工面积同比下降20.4%,未见明确转好趋势。房地产企业仍面临较大偿债压力与流动性风险,拿地意愿较低。2023年全国地方政府性基金收入中,国有土地使用权出让收入同比下滑13.2%,[②]这可能将加剧地方债务以及金融系统风险。为适应国内房地产市场新形势,2023年8月份以来中国地方政府逐步放松原有限制性政策,具体包括首套房贷款"认房不认贷"、取消限售限购、降低首付最低比例、下调存量房贷利率、优化普通住房认定标准等,[③]意在充分释放居民改善性需求、稳定市场预期,其实际效果尚待观察。

二、物价水平持续低位运行,有效需求不足

2023年全国物价总体处于较低水平。由国家统计局发布的名义与实际GDP的比值计算可得,[④]2023年中国GDP平减指数为99.46(2022年=100),即所有最终货物和服务的价格总水平相比2022年回落0.54%,这也是自2009年以来首次出现负增长。[⑤]

从价格指数来看,2023年CPI仅实现微小正增长,工业生产者价格指数(PPI)则出现较大负增长,两者都处于偏低区间。据国家统计局,2023年全国CPI累计同比增长0.2%,其中第四季度以来CPI转为负增长,平均相比上年同期下滑0.33%;2023年全国PPI累计同比下滑3.0%,所有月份均为负增长(见图4-11)。

2023年中国物价持续低位运行的原因较多:一方面是国内农产品周期性波动与海外大宗商品价格下行等输入性因素的影响,如2023年全年猪肉价格与能源价格累计同比下降13.6%和2.6%,相比上年增速分别下降6.8和13.8个百分点,两项合计影响CPI下降约0.4个百分点。[⑥]而2023年扣除了食品和能源后的核心CPI则累计上涨0.7%,表现明显更加平稳。另一方面则是受到国内外有效需求不足的影响,

---

① 2023年新举措包括央行与银保监会提出加快新增1 500亿元保交楼专项借款投放、设立2 000亿元保交楼贷款支持计划等。详细可见:苏志勇."保交楼"攻坚[N].中国房地产报,2024-03-04(11).
② 数据来源为Wind数据库、中国财政部。从月度趋势来看,2023年11月、12月间全国土地出让收入的累计降幅(分别为-17.9%、-13.2%)相比10月低点(-20.5%)有所收窄,但不确定是否可稳定向好。
③ 新京报.地产十大政策 限制政策退出,迎来"最宽松环境"[EB/OL]. (2024-01-02)[2024-03-29]. http://epaper.bjnews.com.cn/html/2024-01/02/content_839614.htm.
④ 现价与不变价GDP来源于Wind数据库与国家统计局,平减指数系自行计算。
⑤ 2009年对应GDP平减指数为99.79,即全国商品与服务加总价格相比上年下降0.21%。
⑥ 国家统计局网站.王有捐:2023年CPI总体平稳 PPI低位运行[EB/OL]. (2024-01-18)[2024-03-25]. https://www.stats.gov.cn/sj/sjjd/202401/t20240118_1946704.html.

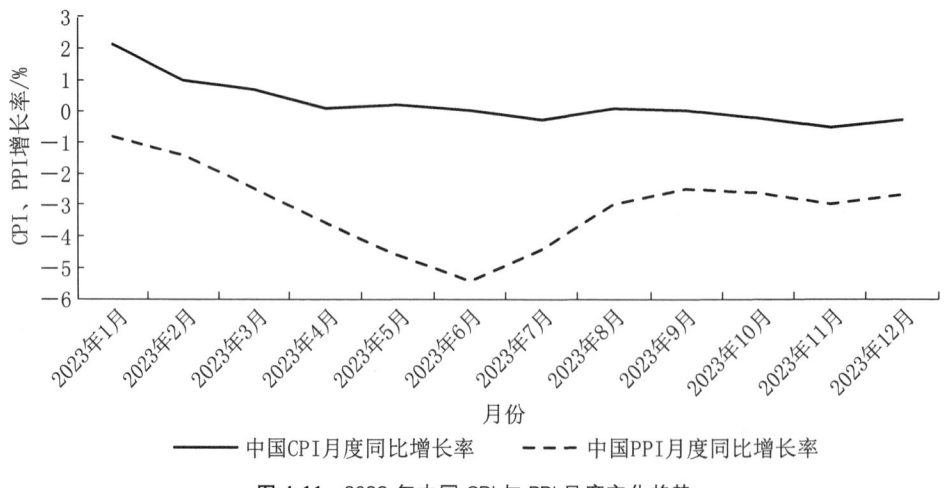

图 4-11　2023 年中国 CPI 与 PPI 月度变化趋势

• 资料来源：Wind 数据库、国家统计局。

部分工业品产能相对过剩导致市场价格下行，如外需疲软导致服装、计算机通信设备等出口占比较高的工业产品出现较大价格波动，2023 年对应制造业价格分别下降 3.2%、1.7%。而受房地产不景气等因素导致的内需下滑也相应带来钢铁、水泥产品价格承压，2023 年对应制造业价格分别下降 9.6%、16.2%。未来中国经济仍需保持内外循环畅通，避免商品与服务的短期供需大幅波动，实现物价更加温和稳定增长，提振内生增长动力。

三、高技术工业增加值增长动能减弱

2023 年中国高技术工业增加值增长不及同期工业平均增速。据 Wind 数据库与国家统计局数据，全年规模以上高技术工业产业增加值同比增长 2.7%，低于同期全部规模以上工业增长率 1.9 个百分点。相比来看，2022 年规模以上高技术工业增加值同比增长 7.4%，超同期全部规模以上工业增长率约 3.8 个百分点，对经济的支撑拉动力度更为突出（见图 4-12）。2023 年中国高技术制造业增长放缓可能是受到医药制造业负增长以及计算机通信相关电子设备制造业增速下滑等因素拖累。据国家统计局数据，[①]2023 年全国规模以上医药制造业增加值同比下滑 5.8%，已经连续两年负增长，规模以上计算机、通信和其他电子设备制造业增加值同比增长 3.4%，增速相比上年下降了 4.2 个百分点。综合来看，这主要是受到经济增长放缓、外需下降、前期基数波动等短期因素影响。长期来看，高技术行业增长潜力

---

① 国家统计局.2023 年 12 月份规模以上工业增加值增长 6.8%[EB/OL].(2024-01-17)[2024-03-31]. https://www.stats.gov.cn/sj/zxfb/202401/t20240116_1946621.html.

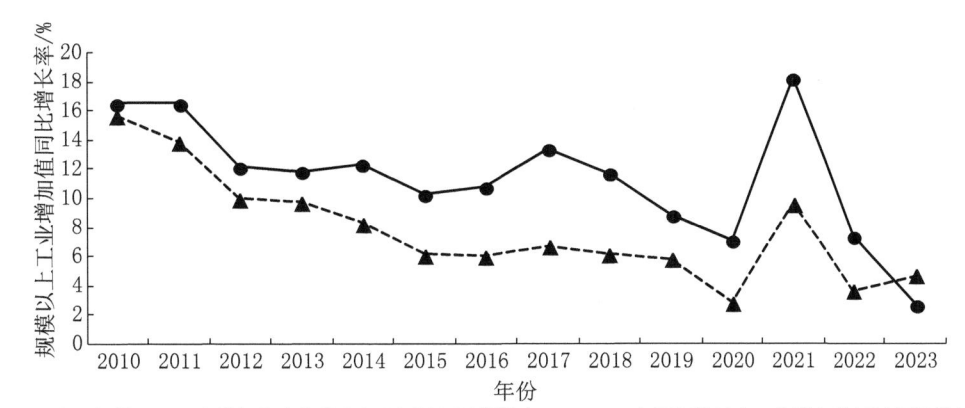

仍然较大,预计 2024 年将趋于好转、对经济拉动作用增强。

图 4-12 中国规模以上高技术工业增加值增长率变化趋势(2010—2023 年)

- 资料来源:Wind 数据库、国家统计局。

2023 年高技术产业投资相比长期增速也有所放缓,高技术服务业投资增长表现好于制造业。据 Wind 数据库与国家统计局数据,2023 年全国高技术产业固定资产投资同比增长 10.3%,与全部固定资产投资额相比处于高位,但相比自身长期增速有所放缓,如高技术产业投资在 2018—2022 年间平均增速为 15.76%。从结构来看,2023 年高技术制造业增长率放缓较为明显,由 2022 年的 22.2% 降至 9.9%,增幅下降了 12.3 个百分点。与此相对,高技术服务业投资仅有小幅下降,相比 2022 年增速降低 0.7 个百分点,表现更为平稳(见表 4-5)。

表 4-5 中国高技术产业投资增速变化趋势(2015—2023 年)

年份	中国固定资产投资完成额年度同比增长率/%			
	全部行业	高技术产业	其中:高技术制造业	其中:高技术服务业
2015 年	10.0	16.0	12.6	2.0
2016 年	8.1	13.6	13.1	18.6
2017 年	7.2	17.8	15.9	15.0
2018 年	5.9	14.9	16.1	12.9
2019 年	5.4	17.3	17.7	16.5
2020 年	2.9	10.6	11.5	9.1
2021 年	4.9	17.1	22.2	7.9
2022 年	5.1	18.9	22.2	12.1
2023 年	3.0	10.3	9.9	11.4

- 资料来源:Wind 数据库、国家统计局。

第四节 中国经济的新动力

综合来看,货币财政等政策持续精准发力、产业加速朝高技术方向升级、民营经济活力更被激发、居民收入较快增长、"三大工程"等稳定投资需求、不断加强对外经贸合作等将成为2023—2024年中国经济增长的重要新动力。

一、政策发力持续稳定经济增长

为应对第二季度经济数据放缓,2023年下半年以来中国实施更加积极的货币与财政政策,宏观调控力度和精度不断加强,持续提升市场信心。从货币政策来看,全年央行于3月、9月两次下调存款准备金率,于6月、8月两次下调政策利率,[①]带动1年期贷款市场报价利率(LPR)从5月的3.65%降至年末的3.45%,5年期LPR对应从4.3%降至4.2%(见图4-13)。从政策效果来看,全年信贷规模合理增长,融资成本明显下降。据Wind数据库与央行货币政策执行报告,[②]2023年社会融资规模存量同比增长9.5%,全国金融机构新发放企业贷款加权平均利率从上年12月的3.97%降至2023年12月的3.75%,为有统计以来新低点。[③]此外,货币政策持续加

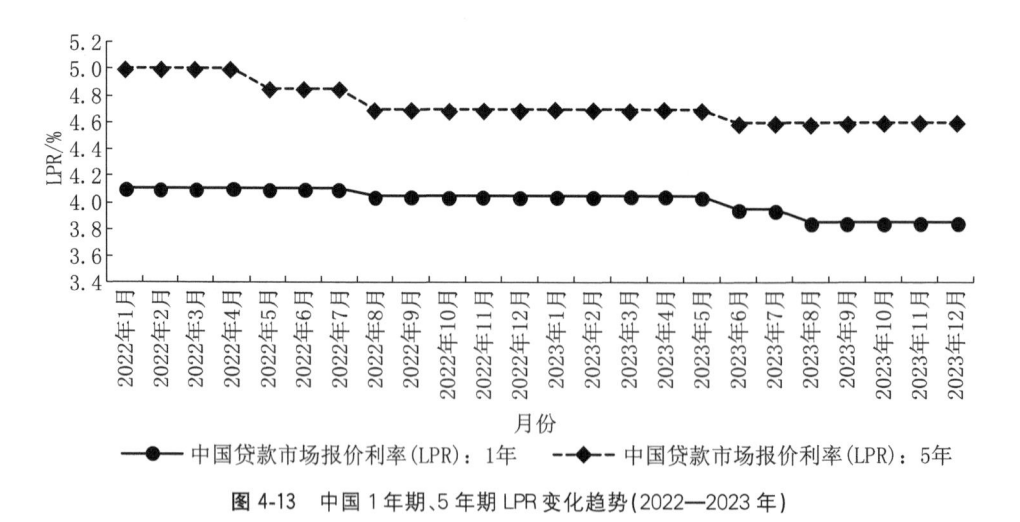

图4-13 中国1年期、5年期LPR变化趋势(2022—2023年)

· 资料来源:Wind数据库、全国银行间同业拆借中心。

[①] 央行在3月、9月分别下调金融机构存款准备金率0.25个百分点,在6月、8月分别下调中期贷款便利(MLF)利率10个、15个基点。详细可见:2023年中国货币政策大事记[EB/OL].(2024-02-08)[2024-03-31]. http://www.pbc.gov.cn/goutongjiaoliu/113456/113469/5238287/index.html.

[②] 2023年第四季度中国货币政策执行报告[EB/OL].(2024-02-08)[2024-03-31]. http://www.pbc.gov.cn/zhengcehuobisi/125207/125227/125957/4883187/5238308/index.html.

[③] 值得注意的是,由于2023年物价水平低位运行,实际利率将高于名义利率,可能会减弱降息的作用。

强引导金融资源更好支持民营企业、科技型企业等重点领域发展，2023年民营企业贷款增速相比2022年加快1.6个百分点。

2023年我国财政政策也有所突破，特别是第四季度新增发的1万亿元国债将本年度财政赤字率提升至3.8%，打破了年初3%的预算计划。此外，减税降费等降低企业负担的政策持续发力，据税务局相关统计数据，①我国全年共新增减税降费2.2万亿元，其中民营经济占比为75.7%。

2024年可能会迎来更精准高效的财政、货币、产业政策。一方面，发达经济体加息周期结束、国内通胀水平偏低等因素有助于货币政策发力，市场机构普遍预测中国在2024年还将继续降准降息；②另一方面，2024年中国政府工作报告中也提出将连续几年发行超长期特别国债，以更好支持重大项目建设，财政政策将继续发力。

二、产业新旧动能加快转换

中国高科技企业持续深耕绿色低碳、智能数字等前沿领域，产业升级继续担当拉动中国经济增长的重要动力，产品在全球竞争力不断提升。从出口来看，2023年中国外贸领域最为突出的亮点就是以电动载人汽车、锂离子蓄电池、太阳能电池为代表的"新三样"。③据海关总署数据，全年"新三样"合计出口金额为1.06万亿元，相比上年实现了29.9%的高速增长。④而传统的服装、家具、家电等"老三样"也通过技术创新、智能化升级等方式积极转变发展思路，适应新发展格局与经贸形势，其中2023年中国家用电器出口规模实现了9.9%的较快增长。

从发展预期来看，以新能源汽车为代表的高技术产业仍有较大市场潜力。据国家信息中心研究报告，⑤随着价格下降、性能改善，未来十年间我国新能源汽车新车销量占全国汽车新车总销量的比重（即渗透率）将获得较大提升，预计将于2033年增至60%。据工业和信息化部组织的行业机构调研分析结果，⑥预计2024年我国新能

---

① 全国税务工作会议在北京召开[EB/OL].（2024-01-26）[2024-03-31]. https://shanghai.chinatax.gov.cn/xwdt/swxw/202401/t470201.html。
② 如高盛在2023年12月的研报《2024中国宏观经济展望》中预计2024年中国将有三次降准、一次降息，平安证券在研报《2024年中国经济展望：东风化雨》中预计2024年存款准备金率将下行0.5个百分点等。部分可参见：2024年中国宏观经济展望[EB/OL].（2023-12-01）[2024-03-31]. https://www.goldmansachs.com/worldwide/greater-china/insights/2024-China-macro-outlook.html。
③ 据国家统计局数据，2023年中国新能源汽车、汽车用锂电池、太阳能电池产量分别同比增长30.3%、22.8%、54.0%。详细可参见：汤魏巍.工业高质量发展扎实推进 新动能成长壮大[EB/OL].（2024-01-18）[2024-03-31]. https://www.stats.gov.cn/sj/sjjd/202401/t20240118_1946696.html。
④ 国家统计局局长就2023年全年国民经济运行情况答记者问[EB/OL].（2024-01-17）[2024-03-24]. https://www.stats.gov.cn/sj/sjjd/202401/t20240117_1946664.html。
⑤ 国家信息中心预测2024年GDP将增长5%左右 计划前瞻性研究"十五五"重点任务[EB/OL].（2024-03-29）[2024-03-31]. https://www.21jingji.com/article/20240329/herald/6de48bc8fcb75d7d2ad0aa43e3b71b3f.html。
⑥ 2023年工业经济总体呈现回升向好态势 信息通信业加快发展[EB/OL].（2024-01-19）[2024-03-31]. https://wap.miit.gov.cn/xwdt/gxdt/ldhd/art/2024/art_fb1ca760af7c40578600f3a62cfcab22.html。

源汽车产销规模将达到1 150万辆左右,同比增速约为20%。①

三、民营经济活力进一步被激发

受房地产投资下行拖累,民间投资占全部城镇固定资产投资比重连续两年下降,②但2023年民营经济在第二产业固定资产投资、外贸进出口增长方面表现仍有亮点。据国家统计局年度数据,2023年全年制造业民间投资同比增长9.4%,高于同期制造业2.9个百分点,③其中汽车制造业、电气机械和器材制造业民间投资分别同比增长19.0%、30.1%。在第三产业中,民间投资在科技服务业上提升较快,2023年实现18.1%同比增长。按人民币计价,2023年民营企业货物进出口额同比增长6.3%,④高于全国货物进出口总额约6.1个百分点,占全部货物进出口总额比重也呈逐年提高趋势,从2014年的34.5%提升至2023年的53.5%,已经连续两年贡献率超半数,持续发挥了外贸稳定器作用(见图4-14)。

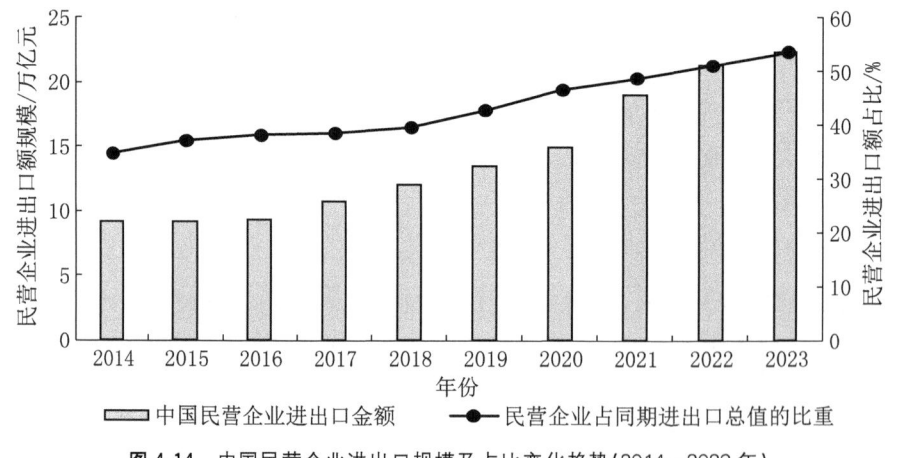

图4-14 中国民营企业进出口规模及占比变化趋势(2014—2023年)

• 资料来源:整理自海关总署、国家统计局网站公开信息。

2023年下半年以来,中国密集出台优化民营经济发展环境、加大对民营经济政策支持的相关举措,如7月国务院发布的"民营经济31条"⑤就包含了市场准入、企业融资、政策沟通、预期引导、社会责任等多个重要方面内容,9月国家发改委获批设

---

① 据工业和信息化部统计,2023年全国新能源汽车产、销分别完成了958.7万辆、949.5万辆,新能源汽车渗透率为31.6%。
② 据Wind数据库数据,民间投资占比在2021年末为56.5%、2022年末为54.2%、2023年末为50.4%。
③ 2023年全国固定资产投资增长3.0%[EB/OL].(2024-01-17)[2024-03-31].https://www.stats.gov.cn/xxgk/sjfb/zxfb2020/202401/t20240117_1946635.html.
④ 中华人民共和国2023年国民经济和社会发展统计公报[EB/OL].(2024-02-29)[2024-03-31].https://www.stats.gov.cn/sj/zxfb/202402/t20240228_1947915.html.
⑤ 中共中央国务院关于促进民营经济发展壮大的意见[EB/OL].(2023-07-14)[2024-03-31].https://www.gov.cn/gongbao/2023/issue_10626/202308/content_6897070.html.

立民营经济发展局,①将与民营企业建立常态化沟通机制,推动相关促进政策制定落实。随着促进民营经济发展壮大的相关举措持续落地,2024年中国民营经济将迎来更好发展机遇、更大发展空间,共同朝高质量发展目标持续迈进。

四、居民收入增长快于GDP增速

随着中国经济增长回暖,就业形势更趋平稳,2023年全国居民收入也呈现稳步回升态势,带动年内消费较快增长。从具体特征来看:一是2023年全国人均可支配收入增长略快于同期GDP增速,为2018年以来首次。据国家统计局数据,②2023年全国居民人均可支配收入为39 218元,按不变价同比增长6.1%,高于同期GDP累计增速约0.9个百分点(见图4-15)。其中,工资性收入增长快于经营净收入、财政净收入增速。

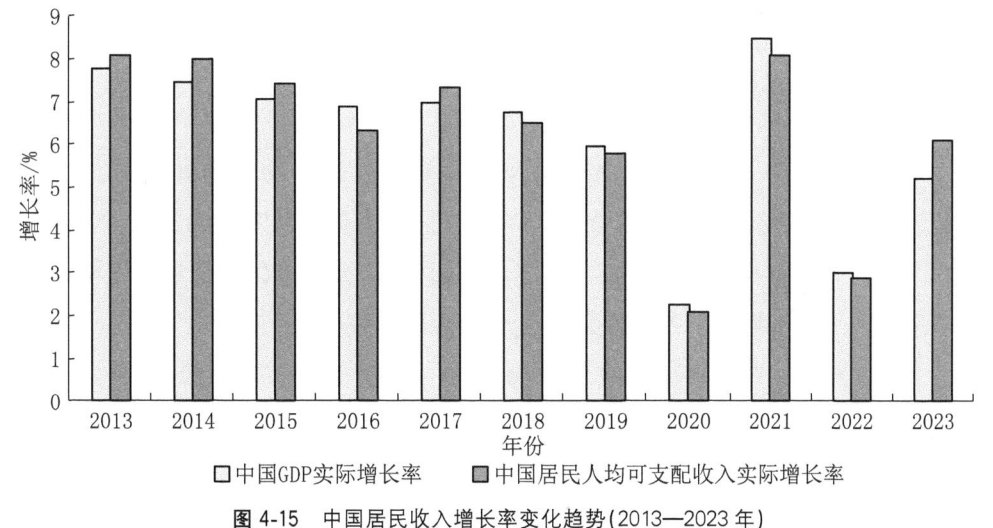

图4-15 中国居民收入增长率变化趋势(2013—2023年)

- 资料来源:Wind数据库、国家统计局。

二是农村居民可支配收入恢复速度更快,城乡间收入差距进一步缩窄。据国家统计局数据,截至2023年末,全国农村、城镇居民人均可支配收入分别为21 691元、51 821元,按可比价分别同比增长7.6%、4.8%,农村居民收入实际增速高于同期城镇居民收入约2.5个百分点。2023年中国城、乡人均可支配收入的比值为2.39,低于上年的2.45,相比2013年的2.8倍更是持续下降(见图4-16)。城乡收入差距缩小

---

① 国家发展改革委设立民营经济发展局[EB/OL]. (2023-09-04)[2024-03-31]. https://www.gov.cn/lianbo/bumen/202309/content_6901891.htm.
② 2023年居民收入和消费支出情况[EB/OL]. (2024-01-17)[2024-03-31]. https://www.stats.gov.cn/sj/zxfb/202401/t20240116_1946622.html.

有助于实现共同富裕,提升全国消费潜力。预计 2024 年随着居民与市场预期企稳、改善,消费将进一步复苏,但还需更多关注中低收入群体增收,持续缩小贫富差距。①

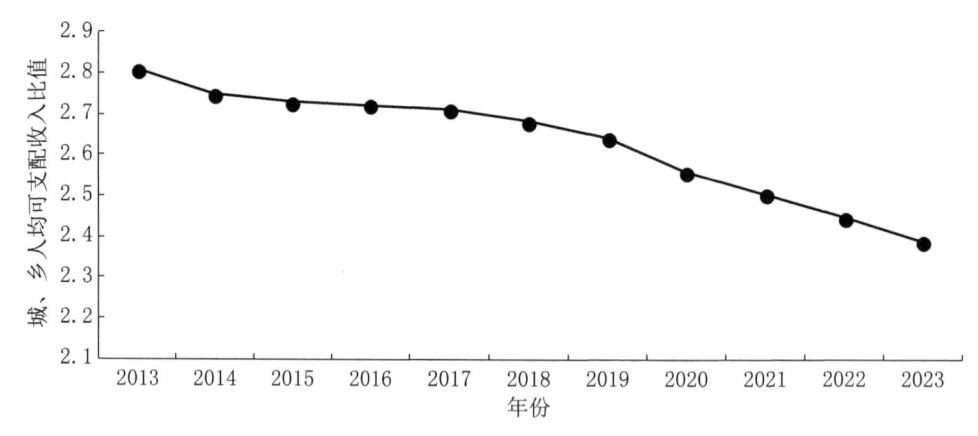

图 4-16　中国城、乡居民收入比值变化趋势(2013—2023 年)

• 资料来源:城镇、农村人均可支配收入数据均来自 Wind 数据库、国家统计局,比值系自行计算。

五、"三大工程"成为重点投资方向

2023 年下半年以来,中央在多次重要会议中均强调了加快推进"三大工程"建设,②这也是将来稳定投资、消费增长,保障房地产市场平稳发展的重点着力方向。如 2023 年 4 月的中央政治局会议中就提出在超大、特大城市积极稳步推进城中村改造和"平急两用"公共基础设施建设,规划建设保障性住房。③

从具体涉及的城市来看,根据 2023 年 7—8 月国务院审议通过的《关于在超大特大城市积极稳步推进城中村改造的指导意见》《关于规划建设保障性住房的指导意见》内容,由城区常住人口 300 万以上的大城市率先进行探索实践。至 2024 年 1 月,据相关报道,④纳入城中村改造、保障房建设的城市都有不同程度扩围,前者标准调整为省会城市或城区常住人口超过 200 万的大城市,后者标准拓宽至省会城市或城区常住人口超过 100 万。随着城市扩容,预计 2024 年"三大工程"对于中国经济的拉动作用将进一步增强。

部分地方政府已经发布了相关规划方案,推进"三大工程"建设积极性总体较高。

---

① 据国家统计局数据,2023 年居民人均可支配收入中位数的名义增长率为 5.3%,低于同期平均值名义增长率(6.3%),表明高收入组增速快于相对低收入组。类似地,2023 年城镇、农村居民的人均可支配收入中位数名义值分别同比增长 4.4%、5.7%,也低于对应平均值增长率(分别为 5.1%、7.7%)。
② 如 2023 年 4 月、7 月的中央政治局会议,10 月的中央金融工作会议、12 月的中央经济工作会议等均有相关表述。
③ 中共中央政治局召开会议　分析研究当前经济形势和经济工作　中共中央总书记习近平主持会议[EB/OL]. (2023-04-28)[2024-03-31]. https://www.gov.cn/yaowen/2023-04/28/content_5753652.htm。
④ 城中村改造、保障房建设城市扩围,可享受专项债、PSL 等政策支持[EB/OL]. (2024-01-22)[2024-03-31]. https://www.21jingji.com/article/20240122/herald/ff290616e531c8abbb5eb9c5cd959c5a.html。

如杭州于2023年9月发布了"平急两用"公共基础设施建设的第一批项目清单,共有87个项目,总投资额超400亿元,①涉及旅游居住、医药应急、城郊大仓等多个领域。2023年12月以来,深圳、广州、杭州等城市都启动了首批配售型保障性住房项目建设,其中深圳首批共涉及13个项目,合计房源1万余套。②同期,国开行也相应发放了全国首笔配售型保障性住房开发贷款,③为相关建设提供金融支持。

六、中国与"一带一路"共建国家经贸合作不断加强

2023年中国持续扩大开放,以加强合作来应对新的经济挑战,并在全年取得了较多成绩,尤其是与"一带一路"共建国家经贸合作更趋紧密。据商务部统计数据,全年中国企业在"一带一路"共建国家的非金融类直接投资(以美元计价)同比增长22.6%,④是2015年有统计数据以来的高点,超过同期全国对外投资增速约11.2个百分点(见图4-17)。⑤据海关总署统计数据,2023年中国与"一带一路"共建国家之间的进出口贸易额(以人民币计价)同比增长率也超过同期全国对外贸易平均增速

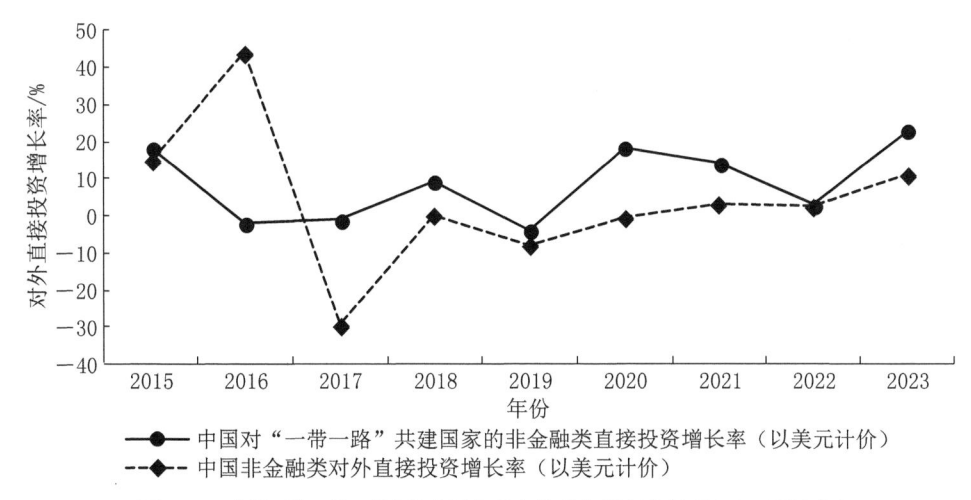

图4-17 中国对"一带一路"共建国家的直接投资增长趋势(2015—2023年)

- 资料来源:Wind数据库、商务部。

---

① "平急两用"公共基础设施建设 首批项目清单发布[EB/OL]. (2023-09-28)[2024-03-31]. https://www.hangzhou.gov.cn/art/2023/9/28/art_812269_59087854.html.
② 深圳市首批配售型保障性住房集中开工[EB/OL]. (2023-12-29)[2024-03-31]. https://www.sz.gov.cn/cn/xxgk/zfxxgj/zwdt/content/post_11077954.html.
③ 2023年12月国开行也发放了全国首笔配售型保障性住房开发贷款。参见:中国经济观察(2024年一季度)[EB/OL]. (2024-03-22)[2024-03-31]. https://assets.kpmg.com/content/dam/kpmg/cn/pdf/zh/2024/03/china-economic-monitor-q1-2024.pdf.
④ 2023年我对"一带一路"共建国家投资合作情况[EB/OL]. (2024-01-29)[2024-03-31]. http://fec.mofcom.gov.cn/article/fwydyl/tjsj/202401/20240103469623.shtml.
⑤ 据Wind数据库与商务部数据,2023年中国非金融类对外直接投资(以美元计价)同比增长率为11.4%,为2016年以来最高值。

2.6个百分点,总规模与占比再创新高。此外,2023年"一带一路"共建国家对华直接投资新设企业超过1.3万家,同比增速高达82.7%,[1]市场主体表现较为活跃。

2023年中国还举办了第三届"一带一路"国际合作高峰论坛、首届中国—中亚峰会等高水平交流盛会,并发布了中国将全面取消制造业领域外资准入限制措施、实现与中亚边境口岸农副产品快速通关"绿色通道"全覆盖、推动中国—中亚交通走廊建设等有力举措,[2]为中国和世界经济发展提供更多机遇。

---

[1] 中华人民共和国2023年国民经济和社会发展统计公报[EB/OL]. (2024-02-29)[2024-03-24]. https://www.stats.gov.cn/sj/zxfb/202402/t20240228_1947915.html.

[2] 中国—中亚峰会成果清单[EB/OL]. (2023-05-19)[2024-03-31]. https://www.gov.cn/yaowen/liebiao/202305/content_6875140.htm.

第五章
2023年美国经济分析：逆风翻盘，展现韧性

2023年，全球经济增长虽因地缘风险的挑战等因素备受压力，但美国经济仍逆风翻盘，展现出了一定的韧性。年初唱衰美国经济的论调一度占据主流，彭博经济模型甚至预测其经济衰退的概率高达100%。然而美国经济在增长、通胀及就业等关键指标上都表现强劲。

在2023年度，美国诸多经济表现可圈可点。全年经济增长率远超预期，达到2.5%的水平，消费者支出为经济增长提供了有力的支撑，制造业投资达到历史高位。与此同时，在全年通胀水平放缓的情况下，失业率仍维持在较低水平。劳动者实际工资得到实质性提升，消费者信心得以改善。虽然局部金融风险有所显现，但整体银行业体系维持稳健。

2023年，联邦政府的"宽财政"钝化了"紧货币"所造成的冲击，直接的财政刺激对家庭和企业总收入水平的提振效果还在持续，而美联储的多次加息将联邦基金利率提升至5.25%—5.50%的区间，达到近20年以来的最高水平。

外贸方面，受中国经济放缓和供应链向中国以外转移的影响，美国与中国之间的进出口商品服务贸易均下降，墨西哥首次超过中国成为美国最大进口来源国。中美贸易逆差收窄至近10年来最低水平。中国对美国的组合投资净流出增加。

第一节 2023年美国宏观经济表现回顾

在2021年，美国经济曾经历复苏，但随着2022年初期国际地缘政治的紧张化，美国的经济增长率短暂下挫。尽管如此，到了第三季度，经济增长的势头得以重现。步入2023年，尽管面临全球经济的不确定性及俄乌、哈以冲突等挑战，美国经济逆势上扬，展现出出人意料的韧性。

一、经济增长超预期

2023年初，基于供应链紊乱以及加息早期的负面影响，诸多观点认为美国经济

将陷入停滞甚至轻微衰退。然而进入2023年上半年,美国经济延续了此前恢复增长的趋势,在前两个季度实际GDP增长率都在2%以上。而到了第三季度,由于消费支出和库存投资的增加,增长率更是一度提高到4.9%的水平。根据最新统计,2023年第四季度实际GDP增速高达3.2%,大超此前市场预期,较2021年第四季度至2022年第四季度0.7%的增长率有了显著提升。回顾2023年全年,美国实际GDP同比增长率达到2.5%,[1]超出2020年前的趋势,令市场关注点逐步从2024年美国经济陷入衰退的可能性转向可持续性强劲增长的讨论。对于美国经济逆势实现繁荣增长的动力,可以被概括为消费者支出增长、制造业投资复苏以及政府财政支出稳步上涨。这与美联邦政府宣传的"自中而外、自下而上""投资于美国"的经济策略相契合。

（一）消费者支出增长

2023年美国消费者支出的增长证明了其作为经济增长引擎的关键作用。根据美国国民经济分析局（U.S. Bureau of Economic Analysis, BEA）发布的数据,消费者支出在2023年上半年增长了4.2%,[2]与此前经济扩张期间的平均水平相当。这一增长部分得益于疫情期间积累的储蓄、劳动力市场的向好以及实际工资水平的上升。

（二）制造业投资复苏

制造业投资在2023年显示出强劲的复苏迹象,反映该行业在经济增长中的关键支撑作用。根据美联储的数据,制造业产出在2023年第二季度同比增长了5.3%,反映出企业对未来需求的乐观预期和对供应链恢复的信心。此外,企业设备投资增长了6.5%,显示出企业在技术和生产能力上的投入增加。制造业投资对第三季度GDP增长的贡献率达到3.5%,据BEA报告,这是自统计以来的最高水平。这一投资增长的背后,是全球需求的回暖及供应链的逐步正常化,以及技术进步和自动化的推进。

（三）政府支出稳步上涨

政府支出对经济的拉动源于拜登政府的三项重要法案:《基础设施投资和就业法案》《芯片与科学法案》《通胀削减法案》,作为其乐于彰显的政绩,法案核心在于通过产业政策推动关乎未来发展的关键重点产业(如清洁能源、半导体、公共投资等领域)

---

[1] U.S. Bureau of Economic Research, Gross Domestic Product, Fourth Quarter and Year 2023(Third Estimate), GDP by Industry, and Corporate Profits｜U.S. Bureau of Economic Analysis (BEA).
[2] U.S. Bureau of Economic Analysis, Personal Consumption Expenditures[PCE], retrieved from FRED[EB/OL].[2024-03-29]. https://fred.stlouisfed.org/series/PCE.

升级,增强美国工业实力并吸引私人资本。2023年私人非居住投资增长为3.7%,远超预期的0.2%,这将继续促进未来的增长,创造国内就业机会和生产能力。地方政府的支出在2023年也显示出良好的增长态势,对经济增长做出了一定贡献。根据BEA提供的数据,2023年上半年,地方政府支出增长了3.7%,①这反映出政府在教育、基础设施和公共服务方面的投资增加。

二、就业市场表现良好

在2023年美国经济逆势增长的背景下,美国就业市场展现出转向稳定增长的态势,与此同时保持了低失业率,反映出经济的弹性和劳动力市场的健康。这种表现在通货膨胀率下降的背景下尤其值得关注,为未来经济的稳健发展提供了积极信号。尽管面临全球经济的不确定性,美国就业市场的表现增强了人们对经济复苏能力和增长潜力的信心。虽然增速有所放缓,但这种转变意味着就业市场进入新的可持续增长阶段。

根据美国劳工部的数据,2023年度美国非农就业人数平均每月增长约23.2万人,这一增长数字显著高于2018年和2019年的平均增长人数(约为17.7万人),体现出市场对劳动力的稳定需求。截至2023年11月,美国的总就业增长达到了1410万人。与此互为印证的是,美国的失业率连续22个月保持在4%以下,这是半个世纪以来罕见的表现。

值得一提的是,通货膨胀率的下降通常被视为经济放缓的前兆,但2023年美国的情况表明,即便在物价上涨趋缓的情况下,劳动力市场依然保持活跃,就业机会丰富。这一现象说明,劳动力市场的动态与通货膨胀之间的关系可能更为复杂,且受多种因素影响,如政策支持、企业信心以及全球经济环境等。

三、全年通胀水平放缓

近两年来,高通胀一直是美国经济的较大挑战之一。2020年后,通胀水平的攀升及其随后的回落,在很大程度上与供给侧因素紧密相连。全球供应链的脆弱导致了生产成本的上升和物流效率的下降,严重推高了通胀水平。随着供应链的逐渐修复和调整,这种压力开始缓解,通胀程度也相应下降。

在这一背景下,美联储于2022年3月开启加息周期,2023年继续实施一系列加

---

① U.S. Bureau of Economic Analysis, State and Local Government Current Expenditures[SLEXPND], retrieved from FRED[EB/OL]. [2024-03-30]. https://fred.stlouisfed.org/series/SLEXPND.

息、缩表行动，以推动通胀水平下降。截至 2023 年，美国消费者价格年均上涨 3.4%，此数值虽与 2% 的目标水平有所差距，但也为遏制高通胀作出的一系列努力画上积极的句号。

剔除波动较大的食品类和能源类后，核心 CPI 年化涨幅为 3.9%，较 11 月份的 4% 有所回落，这也是该指数自 2021 年 5 月以来的最低年化涨幅。就月度而言，核心 CPI 增长 0.3%，符合预期。核心服务价格则比商品更具黏性，2023 年度上涨 5.3%。这是因为影响服务业价格的因素更为复杂。其中不断上涨的住房成本使得核心服务价格居高不下。然而，随着就业市场的改善，稳步提升的成年劳动参与率有效抑制了工资上涨的压力，对通胀产生了部分抑制作用。

四、实际工资水平增长

在全球通胀压力和地缘政治动荡之下，美国就业市场却呈现出一抹亮色：劳动者的实际工资，特别是中低收入者的实际工资正在迅速提升。这一趋势与数十年来工资上升的停滞乃至不平等加剧的现象背道而驰，体现出政策对于新冠疫情及后续经济冲击创伤的修复志向。

具体来说，随着 2022 年通货膨胀达到顶峰后逐渐回落，以及劳动者在名义工资上取得显著增长，2023 年迎来了实际工资的实质性提升。从截至 11 月的数据来看，全体劳动者的实际工资水平平均提高了约 0.8%，值得一提的是，占劳动者总数约八成的生产和非管理岗位工人的实际工资增幅更是达到了 1.1%。这一增长不仅体现了劳动力价值的提升，也反映了经济状况的积极变化。

工资不平等的问题也在逐步得到缓解。数据显示，2023 年，90% 分位工资与 10% 分位工资的比例下降了近 6%，这意味着工资分布更加均衡，低收入群体的工资增长速度改善。这一趋势预示着经济公平性的增强和社会稳定性的提升。

五、消费者信心有所改善

得益于经济增长、通胀压力缓解、就业市场向好以及政策环境的支撑，2023 年美国消费者信心有所改善。这一改善通过情绪提升与情绪下降的受访者比例的变化得到了体现。根据密歇根大学的一项调查，2023 年，消费者信心指数全年呈现波动上升趋势，7 月更是录得 71.5 的数据，与 2022 年同期只有 51.5 的数据相比，上升明显。

消费者信心的变化通常与经济增长紧密相关。历史数据显示，消费者信心指数的提高往往预示着强劲的经济增长，因为信心的增强意味着消费者更愿意支出，从而刺激经济活动。2023 年的情况也不例外，尽管仍面临成本压力和其他宏观经济挑战,消费者信心的改善反映了经济环境的稳健。

六、金融风险难以忽视

2023年3月,美国硅谷银行因储户挤兑而骤然倒闭的事件引发金融市场的恐慌情绪,美股多家银行股停盘,市场"风声鹤唳"。鉴于高度特殊的倾向科技行业的存款基础和超大规模的利率交易,硅谷银行的崩溃最终可能不会是系统性的,但这次失败对整个银行业市场以及对美联储的影响有重要意义。

硅谷银行的破产引发政策界对美联储持续加息的热议,也开始让业界担心其他同样处在"存款荒"和债券浮亏困境中的美国中小银行是否能抵御住利率继续上行的压力,甚至引发了对于美国经济"硬着陆"的担忧。硅谷银行的破产也引发美股的震荡。3月10日,美国银行业股票集体跳水,摩根大通、美国银行、富国银行和花旗集团四大银行的股价大跌,总市值蒸发了约500亿美元。11日,纳斯达克指数下跌近200点,跌幅1.76%;道琼斯指数跌破32 000点整数关,跌幅1.07%。这一风波也在向美国以外的国家传导。

虽然联邦存款保险公司和美联储出手,承诺充分保护所有存款人,为银行体系提供紧急流动性支持,已减少后续的直接冲击,但是若不重视类似隐患,未来一些中小银行可能会出现连锁反应,叠加起来成为系统性问题,进而拖累大银行,危及美国的金融稳定。

第二节 2023年美国相关政策工具运行情况

以下从财政政策、金融市场、货币政策观察美国相关政策工具运行情况。

一、财政政策

2023年,美国的财政政策对经济增长的影响基本保持中性。在这一年,联邦政府的支出略有增加,政策逐渐转向促进投资和消费领域。同时,随着相关财政支持措施的结束,其对经济活动的刺激效应开始减弱,这种减弱效应与政策的积极作用相互抵消。因此,2023年美国联邦政府的财政政策调整对实际GDP增长的贡献整体上保持了中性态势。

(一)预算赤字和联邦债务水平依然较高

2020财年,美国预算赤字急剧上升,约占GDP的15%。随着疫情影响的逐步减弱,2022年的预算赤字有所降低。到了2023财年,税收收入较2022年的高水平有所下降,同时,由于货币政策收紧,净利息支出增加。这两方面的影响导致预算赤字小幅上升至 GDP 的 6.3%。①因疫情初期实施的大规模财政支持措施,公众持有的联邦债务在 2020 财年激增约 20 个百分点,达到了自 1947 年以来的最高水平,即 GDP 的 100%。尽管随着预算赤字的缩减,2022 年联邦债务占 GDP 的比例有所下降,②但到 2023 年,由于利率上升导致净利息支出的增加,联邦债务占 GDP 的比重再次出现小幅上升。国会预算办公室预计,由于利息成本的进一步上升和正的原始赤字(即总赤字与利息支付之差),未来几年联邦债务占 GDP 的比重将继续稳步增长。

(二)地方政府的预算情况保持稳健

得益于 2020 年联邦政府提供的大量财政援助和 2021 年至 2022 年间州税收的显著增长,大多数地方政府的财政状况相当强劲。因此,从总体上看,2023 年大多数州的预算状况良好。该年,整体财产税收入实现了快速增长,但州税收入与前两年相比呈现回归常态的趋势,并且受到一些州新近实施的税收减免政策影响,出现了轻微的下降。尽管如此,税收占 GDP 的比例仍高于近年来的常态。此外,各州的总财政余额(包括紧急基金余额和前年度剩余资金)维持在接近历史最高水平。然而,这种总体的乐观态度掩盖了各州之间存在的显著差异。实际上,不同州的预算状况差异较大,其中一些州面临更为紧张的预算环境。特别是那些严重依赖资本收益税的州,其预算压力尤为显著。

二、金融市场

截至 2023 年末,市场对于未来几年联邦基金利率的预期相较于 6 月份有所上调。在 2023 年夏季至初秋期间,市场预测联邦基金利率的水平将呈显著上升趋势,但随后这种预期有所回落,年末时出现下降。尽管如此,对于 2024 年末联邦基金利率水平的预期较最初显著增加,而对 2025 年和 2026 年末的利率预期则呈现出适度的上升。根据金融市场的价格指标,预计联邦基金利率将在 2024 年 3 月的联邦公开市场委员会(FOMC)会议之后开始下降,预计到 2024 年末达到约 4.6%,到 2025 年末约为 3.7%。这一趋势与 2024 年 2 月初的调查数据相仿,调查中受访者预计政策利率将从 2024 年第二季度开始下降,到年末时达到 4.4%。总的来说,与 2023 年 6

---

① U.S. Office of Management and Budget and Federal Reserve Bank of St. Louis, Federal Surplus or Deficit [−] as Percent of Gross Domestic Product[FYFSGDA188S], retrieved from FRED[EB/OL]. (2023-12-20)[2024-03-14]. https://fred.stlouisfed.org/series/FYFSGDA188S.
② U.S. Office of Management and Budget and Federal Reserve Bank of St. Louis, Gross Federal Debt as Percent of Gross Domestic Product[GFDGDPA188S], retrieved from FRED[FB/OL]. (2023-12-10)[2024-03-21]. https://fred.stlouisfed.org/series/GFDGDPA188S.

月的调查相比,受访者显著上调了他们对未来几年联邦基金利率调整的预期。①

2023年,美国长期国债的名义收益率经历了显著的波动。这种波动始于2023年春季,长期国债收益率开始上升,并在10月中旬之前持续大幅上升,10年期国债收益率达到约5%的峰值。然而,随后10年期国债收益率开始反转并在年底前下降到略低于4%的水平。②进入2024年后,长期国债名义收益率又开始上升,到2月下旬,10年期国债收益率上升至约4.4%。与此同时,自2023年6月以来,短期国债收益率的总体变化较小,显示出与长期债券相比较为稳定的趋势。

从2023年6月开始,随着美国长期国债收益率的大幅波动,其他长期债券,如公司债券和市政债券的收益率也随之波动。在这一时期,尽管长期国债收益率经历了剧烈变动,公司债券收益率在所有信用级别中普遍出现净下降。特别是,与同期限的国债相比,公司债券的利差(即公司债券收益率与国债收益率之间的差距)显著收窄,投机级别公司债券的信用利差甚至达到了历史较低水平。同样,市政债券相对于同期限国债的利差自2023年6月起也大幅缩小,处于相对历史低位。③总的来说,尽管面临市场波动,公司债券和市政债券的信用质量整体保持稳定。虽然公司债违约量略有增加,但从整体上看,两个市场的违约率仍然很低,显示出债券市场的韧性。

2023年,美国住房抵押贷款支持证券(MBS)的收益率经历了明显的波动。作为决定房屋抵押贷款利率的关键因素之一,MBS的收益率在夏季显著上升,随后在年底前回落。从2023年6月开始,MBS相对于同期限国债的利差有所下降,尽管如此,与2020年以前相比,这一利差仍然维持在较高水平。这种较高的利率波动性部分解释了利差的上升,同时也降低了持有MBS的价值。这表明,尽管市场经历了复苏,但住房金融市场仍面临不确定性和波动性的挑战。

美国股价指数在2023年经历了显著上升。其中标准普尔500指数不但超过了2021年底的历史高位,而且在夏末和初秋的一次大幅下跌后,随着长期利率的降低,该指数在年底前恢复增长。这一趋势反映了市场对未来经济增长和宽松货币政策预期的乐观态度。与此同时,小型公司股价在近几个月里由于经济前景的改善和更宽

---

① https://assets.contenthub.wolterskluwer.com/api/public/content/d07fd08b916f466f860a32f6874d2f66?v=d327a335.
② Board of Governors of the Federal Reserve System(US), Market Yield on U.S. Treasury Securities at 10-Year Constant Maturity, Quoted on an Investment Basis[DGS10], retrieved from FRED[FB/OL].(2023-12-10)[2024-03-21]. https://fred.stlouisfed.org/series/DGS10.
③ National Bureau of Economic Research, Yields on Municipal Bonds, Twenty Bond Average for United States[M13050USM156NNBR], retrieved from FRED[FB/OL].(2023-12-20)[2024-03-22]. https://fred.stlouisfed.org/series/M13050USM156NNBR.

松货币政策的预期而显著低于整体股价指数，但其股权估值实现了实质性的增长。银行股票也有明显的上升，弥补了2023年上半年由于年初银行业危机而遭遇的一些损失。虽然区域性银行的股价仅部分恢复，受年初银行业危机影响较大，但最大的几家银行的股价已超过2023年初的水平。标准普尔500指数的一个月期权隐含波动性在10月下旬曾略有上升，但随后呈现下降趋势，并在2023年年底低于年初水平。这一变化表明，尽管市场在一定时期内面临不确定性，但整体而言，市场情绪趋于稳定，投资者对未来的经济前景持乐观态度。

在2023年，尽管美国的主要资产市场运作整体有序，但整个市场的流动性依然维持在偏低水平。这种流动性的持续偏低与高度的利率波动性紧密相关，反映出市场对未来经济状况和政策利率路径的高度不确定性。在这样的背景下，短期国债市场的市场深度（即最佳报价价格上合约的可获得性）仍然处于较低的历史水平。与此同时，股票市场的流动性基本保持不变，尽管基于标准普尔500指数期货的市场深度相对稳定，但相比2020年前的水平仍然偏低。这表明，虽然市场能够正常运作，但在快速买卖资产时可能会面临一定挑战。另一方面，公司债和市政债的二级市场继续良好运作，其交易成本按历史标准来看相当低。这表明，在这些市场上，投资者在买卖债券时面临的摩擦相对较小，市场效率较高。尽管如此，整体资产市场的流动性偏低情况提醒市场参与者和政策制定者需关注流动性问题，以及它对市场稳定性和经济活动的潜在影响。

在2023年，美国的短期资金市场整体表现稳定。隔夜银行资金市场和回购协议市场都保持了平稳的运行态势。从2023年开始，实际的联邦基金利率以及其他无担保隔夜利率通常都略低于储备余额利率几个基点。同时，担保隔夜融资利率（即Secured Overnight Financing Rate, SOFR）通常处于或略高于隔夜逆回购协议（ON RRP）的利率水平。自2023年6月起，隔夜逆回购协议的使用量大幅减少。这种减少主要反映了国债净供应的显著增加，以及私人回购协议等短期投资工具相对更具吸引力。货币市场基金（MMFs）作为隔夜逆回购协议的主要投资者，在这一变化中起到了关键作用，因为它们进行了大规模的投资重新配置，主要转向国债和私人回购市场。随着货币市场基金相对于银行存款提供更高的收益率，自2023年起，它们吸引了大量原本存放在银行部门的资金，导致其管理的资产规模显著增长。此外，鉴于市场预期加息次数将减少，货币市场基金的加权平均到期期限有所延长。这种情况说明，尽管面临着利率环境的变化和市场的不确定性，美国的短期资金市场能够保持稳定运行，显示出市场参与者在适应这种环境变化中的灵活性和韧性。

在2023年，美国银行信贷的增长明显放缓，影响因素包括更高的利率、更严格的信贷条件以及经济的不确定性。这种放缓趋势覆盖了所有主要的贷款类别,包括商业贷款、住房贷款以及个人贷款等,反映了整个银行贷款市场的普遍态势。银行的贷款业务调查进一步证实,2023年第三季度和第四季度,信贷标准变得更加严格,贷款需求也更加疲软,延续了自2022年中期以来的市场趋势。在2023年下半年,银行贷款的拖欠率普遍上升,尤其是商业地产贷款和消费者贷款领域的增幅最为显著。尽管拖欠率有所上升,但除消费者贷款外,其他贷款的拖欠率大致保持在2020年以前的水平。同时,美国银行业的盈利能力也出现了下降,低于2020年以前的水平。这一变化可能反映了银行面临的利率上升、信贷风险增加以及经济不确定性带来的挑战,这些因素综合作用,导致了银行信贷增长的放缓和银行业盈利能力的下降。

三、货币政策

以下从利率政策和资产负债表两方面观察货币政策情况。

(一)利率政策收紧

在通货膨胀飙升的挑战下,美国联邦公开市场委员会(FOMC)自2022年3月起启动了本轮的加息周期,通过大幅收紧货币政策来应对。2022年内,FOMC共实施了7次加息,累计加息幅度达到425个基点。进入2023年,美联储继续加息政策,分别在2月、3月、5月和7月加息25个基点,将联邦基金利率提升至5.25%—5.50%的区间,这一水平是近20年来的最高。从2003年7月起,联邦基金利率的目标区间被维持在这一水平,表明FOMC认为政策利率可能已经达到本紧缩周期的峰值。

美联储实行紧缩货币政策的目的是将通胀率降回2%的目标水平,以恢复价格稳定,这对于实现强劲就业和构建一个使所有人受益的经济环境至关重要。尽管FOMC认为就业和通胀目标之间的权衡取舍正在趋向一个更好的平衡,但委员会仍然高度关注通胀风险,并且深刻理解高通胀对大众生活,尤其是对那些难以承受食品、住房和交通等基本生活必需品成本上涨的人群所带来的重大困难。

在未来对联邦基金利率目标区间进行任何调整时,FOMC表示,除非有更强的信心确保通胀可持续地向2%目标靠拢,否则降低利率目标区间并不合适。FOMC将在考虑调整时,仔细评估就业、通胀与收入的数据,以及不断演变的经济预期和风险平衡,以确保其政策决策能够支持长期的经济健康和稳定。

(二)资产负债表缩减

从2022年6月开始,美国联邦储备委员会采取了逐步减少其证券持有量的措施,实施了一项旨在大幅减小联邦储备系统资产负债表规模的计划,并以可预见的方式进行。特别是从2022年9月起,只有当国债和机构债券及机构抵押支持证券(MBS)的本金支付超出每月设定的限额(分别为60亿美元和35亿美元)时,才会对超出部分进行再投资,这导致了资产负债表的缩减。这些行动使得系统公开市场账户(SOMA)持有的国债和机构证券总量相较于减少开始时下降了大约1.4万亿美元,降至大约7.1万亿美元,大致占美国名义GDP的25%。值得注意的是,在2021年底,这一比例约为35%。尽管系统公开市场账户持有量减少,联邦储备系统的储备余额却增加了2170亿美元,达到约3.5万亿美元。这种负债的减少主要体现在隔夜逆回购协议的使用上。

进入2023年,联邦储备系统继续按照预定的计划减少其持有的国债和机构证券,以进一步收紧融资条件。自2023年6月中旬以来,联邦储备系统已经进一步减少了约6400亿美元的证券持有量。FOMC表示,计划将证券持有量维持在与实施充裕储备制度下有效的货币政策相一致的水平。为了确保平稳过渡,一旦储备余额略高于FOMC认为的充裕储备水平时,FOMC打算减缓并最终停止减少其证券持有量。在停止资产负债表缩减后,储备余额可能会因为联邦储备系统其他负债的增长而以较慢的速度继续下降,直至FOMC判断储备余额达到了充裕水平。此后,FOMC将根据需要调整证券持有量,以确保随着时间推移储备水平能够保持在充裕状态。

第三节 2023年中美贸易情况概述

2023年,受地缘政治因素和价值链重构的影响,中美贸易经历了较大的变动。美国从中国的进口总额相比2022年呈现出显著的下滑趋势,而墨西哥正式取代中国,在近20年来首次成为美国最大的进口来源国。受进口下滑的影响,中美贸易逆差收窄至近10年的最低水平。中美贸易摩擦也给两国间的直接投资造成了阻碍,许多跨国公司纷纷调整或缩减在海外的投资计划,来应对不确定性和风险。同时,美国出台了投资禁令或者进一步限制制造业特别是高科技企业的对外投资。世界经济的下行压力、地缘政治因素驱动和投资保护主义的抬头,均对国际资本流动造成了一定影响,跨国企业基于观望和"去风险"心态而采取的策略,给现阶段中国吸收外资带来了一定的挑战。在直接投资方面,虽然美国对中国的直接投资经历了较快增长,但中国对美国的直接投资出现了明显的下降。同时,美国对中国的组合投资净流量也经历了显著下滑。

一、总体情况

具体而言，2023年，美国对华商品和服务出口总额比2022年下降1.3%。美国对华商品和服务进口总额比2022年下降20.5%。因此，美国对华贸易逆差降至2534亿美元。2023年，美国对华出口占美国出口总额的6.4%，从中国进口占美国进口总额的11.7%。出口以工业用品和材料为主导，占美国对华出口的27.5%，进口以除食品和汽车以外的消费品为首，占美国从中国进口的47%。2021年，美国跨国企业在中国的控股子公司从业人员122万人，比2020年增长1.8%；销售额为4716亿美元，增长30.1%。2021年，中国跨国企业在美国拥有多数股权的关联公司从业人员11.71万人，同比下降6.6%；销售额为655亿美元，同比下降14.3%。

二、货物贸易

2023年，中国是美国第四大商品贸易伙伴（总贸易额为5750亿美元），同时也是美国第四大出口市场和美国第二大进口来源国。2023年美国对华商品贸易总量较2022年下降了17%：受中国经济放缓和供应链向中国以外转移的影响，美国对华出口下降了5.1%，从中国的进口下降了20.4%。

三、服务贸易

据美国贸易代表办公室数据，2022年，中国占美国服务出口的4.5%和美国服务进口的3.8%。美国对中国的主要出口服务包括旅游、技术及知识产权（IP）授权和运输。

四、海外投资

据美国贸易代表办公室数据，2022年，美国对中国的外商直接投资存量达到1261亿美元，较2021年增长了9%。而中国在美国的外商直接投资存量为287亿美元，较2021年下降了约7%。2022年，中国占美国外商直接投资总存量的0.5%，同时，中国占美国海外外商直接投资存量的1.9%。2022年，美国对中国的组合投资净流量急剧下降，随后在2023年因对中国增长前景的顾虑而出现超过300亿美元的净流出。截至2023年12月，美国投资者持有的中国长期证券总额为3220亿美元（较2022年下降了13.4%）。根据美国财政部的数据，中国持有的美国证券总额为1.87万亿美元（较2022年上升了4.5%）。

以上变化，主要是因为世界经济低迷，各国都把吸引外资作为推动经济发展的一个重要手段，国际引资竞争日益激烈。一方面，中国自身人口红利趋减，部分东南亚和南美国家的成本优势显现，成为跨国企业在全球进行供应链布局的重要选择；另一方面，随着高标准经贸规则由边境上向边境内延伸，各国都致力于优化营商环境，从投资便利、投资保护和投资促进等方面全方位地加码引资力度，给中国外资政策环境带来了竞争压力。另外，一些发达经济体鼓励本国制造业回流，并且鼓励外资流入，也在一定程度上加剧了引资的竞争。

第六章
欧盟经济：多重因素影响下陷入衰退边缘

俄乌军事冲突爆发后，虽然欧盟2022年的生产总值增速取得3.6%的增长，但随着俄乌冲突的持续，能源危机、高通胀及加息的叠加冲击逐渐显现，使得欧元区和欧盟2023年的年度经济增速均下滑至0.4%，而同比季度增速中的第三季度和第四季度的增速接近于0。

在这一趋势下，国际机构对欧盟2024年的经济增速预测较为谨慎，国际货币基金组织1月预测欧元区2024年经济增速为0.9%，欧洲央行3月的预测增长率仅为0.6%。

第一节 2023年欧盟经济主要特征

欧盟及主要成员国在2023年均遭遇经济低迷，欧盟和欧元区以微弱增长避免了衰退，但仍有包括德国在内的11个成员国均陷入经济衰退。即使取得经济增长的成员国，尤其是法国和意大利等大国，其经济增长率也仅在1%左右。不过，随着高利率的推进和能源价格的回落，欧盟的通胀率逐步回落，失业率也进一步下降，成为欧盟暗淡经济中的一抹亮点。

一、主要经济指标表现

欧盟的实际经济增长率数据显示，2022年以来的经济下行趋势得以延续，2023年底陷入衰退的边缘。通货膨胀率则逐渐好转，在2022年10月达到峰值后连续回落，在2023年底已降至4%以下，但仍未回到目标区间。失业率数据在2023年保持稳定，但失业率数据仍存在失真嫌疑。

（一）实际GDP增速连续走低

根据欧盟统计局公布的数据，欧盟近年的季度经济较上年同一时期的同比增长率走势并不乐观，尤其是2022年以来的数据，可以观察到明显的下行趋势。可见，俄乌冲突的爆发对欧盟经济的冲击十分显著。2023年以来，欧盟经济延续了2022年持续下行的趋势,第一季度的经济增速从 2022 年第四季度的 1.7% 下行至 1.2%,第二季度则进一步下降至 0.6%,第三和第四季度则分别仅取得 0.1% 和 0.2% 的增长,处于衰退边缘。如果看环比增长率数据,欧盟 2023 年第三和第四季度均为零增长,欧元区在第三季度甚至为负增长(见图 6-1)。

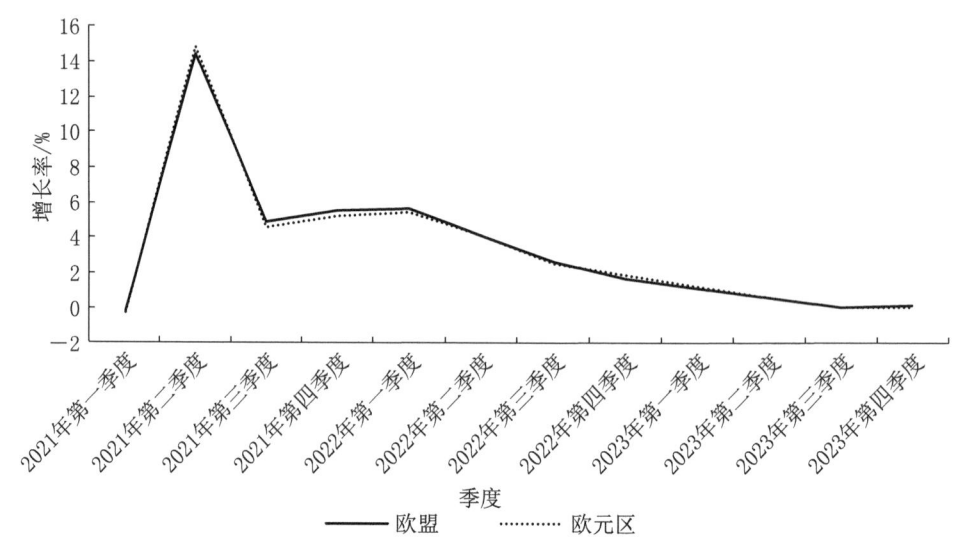

图 6-1 2021—2023 年欧盟实际经济同比季度增长率

- 资料来源:欧盟统计局。

从 GDP 的结构来看,来自家庭部门的消费自第二季度起贡献了较低但稳定的增长;政府部门的支出与家庭部门的消费类似,自第二季度起贡献了约 0.1% 的增长;固定资本形成总额则在第四季度贡献了 0.2% 的增速,高于前三个季度接近于 0 的贡献;库存变化的波动较大,对 GDP 的影响也较大,除了在第二季度贡献了 0.3% 的增长外,在其余三个季度均为负增长,第一和第三季度为-0.6%;影响最大的是进出口,第一季度和第三季度分别贡献了 0.7% 和 0.3% 的增长,第二季度和第四季度则出现负增长,分别为-0.5% 和-0.2%。[1]可见,消费增长乏力、政府支出有限、固定资本投资不足都是造成欧盟 GDP 增长乏力的因素,但最直接的影响可能在于库存和出口的下滑,前者的原因是工业产出的减少,后者的原因则是全球贸易的普遍降低。

(二)通货膨胀率逐渐下降

2021 年下半年以来,主要发达经济体都经历了明显的通货膨胀,这主要是由供给不足及宽松货币政策共同导致的。进入 2022 年以后,俄乌军事冲突的爆发导致能

---

[1] EUROSTAT. GDP stable and employment up by 0.3% in the euro area[DB/OL]. (2024-03-08)[2024-03-13]. https://ec.europa.eu/eurostat/web/products-euro-indicators/w/2-08032024-ap.

源价格上涨,进而引发欧盟的通货膨胀。尽管欧洲央行于 2022 年 7 月开启加息进程,但通胀率仍然继续攀升,直到 11 月才出现下降。随着国际能源价格的逐步回落,以及欧央行加息效果的逐步显现,欧盟和欧元区的通胀率在 2023 年明显回落(见图 6-2)。

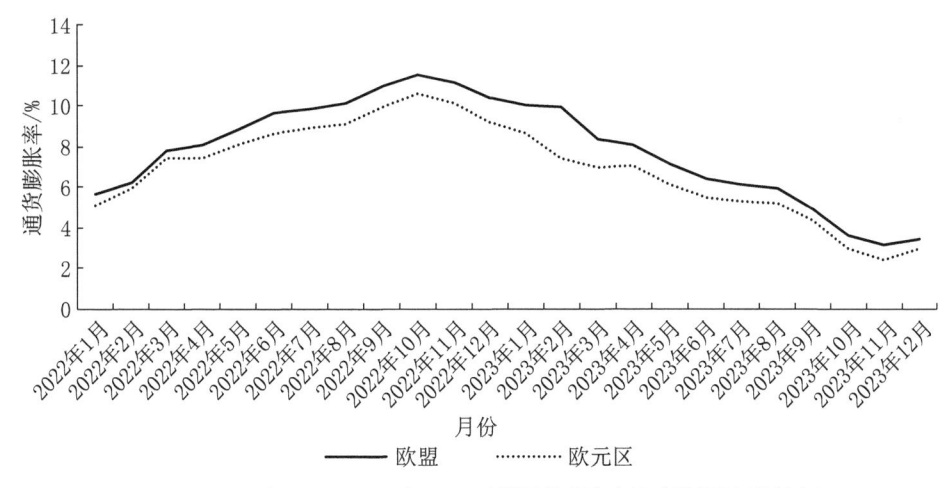

图 6-2 2022 年 1 月—2023 年 12 月欧盟通货膨胀率月度数据(年增长率)

• 资料来源:欧盟统计局。

2023 年 1 月,欧盟的通胀率年率仍高达 10.0%,欧元区的通胀率也达到 8.6%。到当年 3 月,欧盟和欧元区的通胀率就分别下降至 8.3% 和 6.9%,已经低于欧央行加息前的水平。6 月,欧盟和欧元区的通胀率进一步下降至 6.4% 和 5.5%,这相当于俄乌冲突爆发前的通胀率水平。两个数据在 9 月分别降至 4.9% 和 4.3%,其后进一步逐渐回落至 3.4% 和 2.9%。可见,欧盟和欧元区的通胀率数据在 2023 年取得了明显的回落,其主要原因在于能源价格的回落和紧缩的货币政策。

(三)失业率在政策支持下逐步回落

尽管欧盟经济几乎陷入停滞,但其失业率在 2022 年已经有所下降的基础上进一步下降,达到 6% 的历史低位,欧元区也基本保持了 6.5% 的较低失业率(见图 6-3)。这一水平是欧盟统计局自 1998 年 4 月开始统计失业率数据以来的最低水平。

欧盟各成员国的失业率存在明显差别。就 2023 年 12 月的数据来看,失业率最低的 6 个国家分别是马耳他(2.4%)、捷克(2.8%)、波兰(3.0%)、德国(3.1%)、斯洛文尼亚(3.4%)、荷兰(3.6%);失业率最高的 5 个国家分别是西班牙(11.7%)、希腊(10.4%)、瑞典(8.2%)、法国(7.6%)、芬兰(7.5%)。其中,西班牙和希腊的失业率较 2022 年 12 月有所下降,而芬兰和瑞典则较 2022 年 12 月有所上升。此外,较全年龄段的失业率而言,25 岁以下人口的青年失业率在欧盟和欧元区都明显更高。欧盟

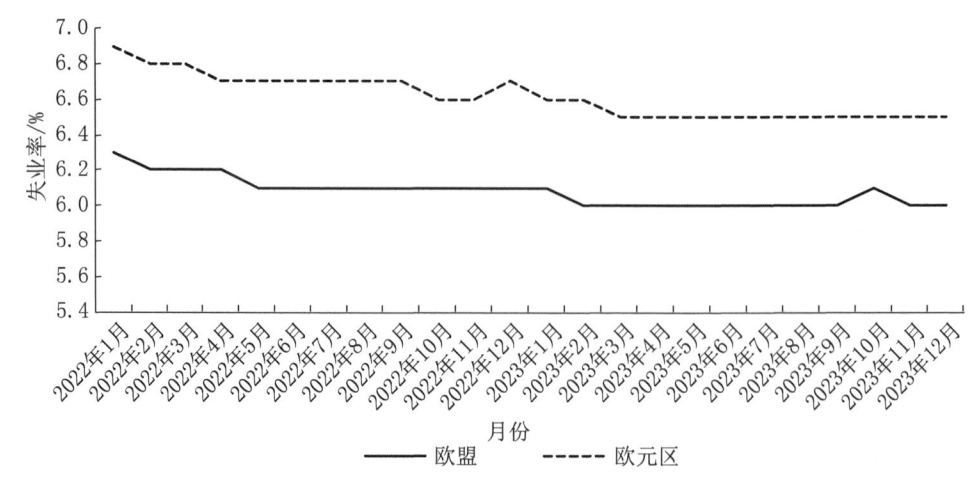

图 6-3　2022 年 1 月—2023 年 12 月欧盟失业率月度数据

・资料来源:欧盟统计局。

统计局的数据显示,欧盟和欧元区 2023 年 12 月的青年失业率分别为 14.9 和 14.5,高于 2022 年 12 月的水平,但低于 2020 年接近 20% 的水平。同一时期内,青年失业率最低的欧盟国家为德国,失业率仅为 5.7%,其次是马耳他(7.8%)、捷克(8.1%)、荷兰(8.2%);青年失业率最高的是西班牙(28.6%),其次是瑞典(24.1%)、葡萄牙(23.3%)、希腊(22.9%)和意大利(21.8%)。需要指出的是,欧盟 27 个成员国中,有 23 个成员国的青年失业率超过 10%,有 12 个国家超过 15%,有 6 个国家超过 20%,可见青年失业问题在欧盟更为显著,这也从侧面显示欧盟经济增长乏力,新工作岗位的供给不足。当然,欧盟对劳动力的保护及企业的裁员困难也在一定程度上有助于失业率的走低。

二、主要成员国宏观经济运行的基本特征

作为欧盟的前三大经济体,德国、法国和意大利的经济走势值得关注。虽然同欧盟的经济走势一样,三个国家的经济增速都有所下滑,但下滑程度和成因存在差别。

(一)德国经济陷入衰退,供需双重收缩

作为欧盟经济的发动机,德国经济近年来持续低迷。2022 年,在俄乌军事冲突导致的能源危机打击下,德国的实际经济增速由 2021 年的 3.2% 下滑至 1.8%,2023 年则进一步下滑至 -0.3%。从季度数据来看,德国 2023 年第一至第四季度的实际经济同比增速分别为 -0.1%、0.1%、-0.3%、-0.2%,三个季度的负增长揭示了德国经济面临的困境。从 2021 年以来的季度数据走势来看,德国经济呈现出低位收敛趋势(见图 6-4)。这一趋势同债务危机期间德国经济一枝独秀的表现大相径庭。

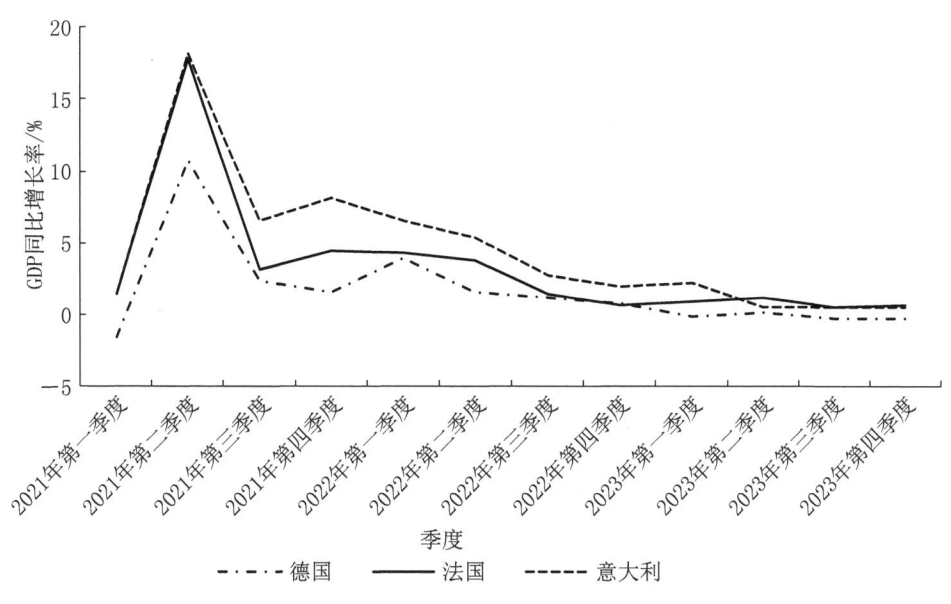

图 6-4　2021—2023 年欧盟主要成员国实际 GDP 季度同比增长率

• 资料来源：欧盟统计局。

德国经济如此低迷的原因主要在两个方面。首先，德国工业成本上升导致企业减少生产甚至外迁，进而导致总供给下降。虽然国际能源价格已经有所下降，但能源危机冲击引起生活产品进而劳动工资等价格的螺旋上升，通胀率高企下企业成本居高不下，导致不少德国大企业外迁，尤其是在美国等国出台大额补贴的吸引下。资料显示，美国出台通胀削减法案及芯片法案以来，德国赴美投资金额已超 4 亿元，涉及航运、制药、有色金属等行业。[①]企业外迁直接导致工业总产出下降，这在能源安全不确定下短期内难以恢复。德国联邦统计局数据显示，德国 2023 年的工业总产出较上年下降 1.5%，降幅最大的是高能耗行业和能源业。其次，全球贸易低迷，德国出口进一步下滑，导致总需求下滑。根据德国联邦统计局数据，2023 年德国出口额较上年下降 1.4%，这对出口导向的德国经济而言无疑是拖累。当然，德国出口下滑的原因不仅在于全球贸易的低迷，自身产品的竞争力下降也是重要原因。毕竟，高通胀、高成本下企业想要提高产品竞争力存在困难。但需要指出的是，德国虽然经济增速低迷，但就业市场仍然稳定，其总体失业率和青年失业率在欧盟范围内都属于较低水平，显示其稳定的经济基础和长期增长潜力。

鉴于供给和需求层面的抑制因素，主要机构对德国经济的前景展望都较为谨慎，如 IMF 1 月预测德国 2024 年增长率为 0.5%，2025 年则有望恢复至 1.6%；德国伊

---

① 陈希蒙.德国投资外流趋势难遏[N].经济日报,2023-07-05 (4).

弗经济研究所 3 月的预测显示,德国 2024 年经济增速可能仅为 0.2％,2025 年有望升至 1.5％。

(二)法国经济小幅增长,电力出口居欧洲之首

根据欧盟统计局公布的数据,法国 2023 年的实际经济增长速度为 0.7％,较 2022 年 2.5％的经济增速进一步下滑,但在其他 11 个欧盟成员国经历经济衰退的对比下,作为大国的法国能取得这一增速实属不易。从季度数据来看,法国第一季度同比增长 0.9％,第二季度增长 1.2％,第三季度增长 0.6％,第四季度增长 0.7％。需要指出的是,法国第二季度之所以取得不俗的增长,部分原因是交付了一艘价值超过 10 亿欧元的邮轮,进而使得出口大幅上升。[①]

法国经济的下滑原因主要在于高通胀和高利率的影响。从欧盟统计局公布的月度通胀率数据来看,法国 2023 年有 9 个月的年度通胀率高于 5％。高通胀抬高居民生活成本进而打击消费,使得依赖消费较大的法国经济受到影响。同其他欧元区国家一样,高利率对法国经济也产生不利影响,不仅提高了私人部门的投资成本,而且增加了政府的债务利息支出。

法国经济表现之所以优于德国,首要原因在于经济结构。与德国严重依赖俄罗斯廉价能源的工业结构不同,法国工业中的能源密集型产业占比不高,因此能源危机对法国的冲击不及德国。况且,法国自身具有核电设施,不仅对能源危机冲击下的能源供给形成保障,而且大幅增加了对欧洲其他国家的电力出口。标准普尔发布的《全球商品洞察》显示,法国 2023 年的电力出口量达到 50.1 太瓦·时,成为欧洲最大的电力出口国,排在第二位的是西班牙,其出口量为 13.9 太瓦·时,二者均超过了 2022 年出口最多的瑞典。此外,法国的电力产量不仅来自核电站,其太阳能电池板和风电场的电力产量也十分可观。可见,更可持续的能源结构为法国提供了明显优势。

其次是政府支出差异。能源危机冲击以来,法国政府出台多项措施以缓冲能源价格上涨,包括限制电价上涨幅度、冻结天然气售价、提供燃油消费折扣、为低收入家庭提供通胀补贴、为高能耗企业提供能源支持基金,仅 2022 年就涉及约 240 亿欧元的财政支出,2023 年的支出约为 170 亿欧元。在政府的支持下,法国的能源价格上涨受到限制,进而保障了通胀率在主要国家中处于较低水平,减少了对经济的总体冲击。当然,法国增加财政支出的代价是政府债务规模的增加。

主要机构对法国延续了低速增长的预期,如 IMF 在 1 月预测,法国 2024 年经济

---

① 刘芳. 法国经济能否躲过技术性衰退[N]. 经济参考报,2023-12-19 (8).

增速为1%，2025年增速为1.7%；根据法国央行3月预测，法国2024年经济增速为0.8%，2025年增速为1.5%。

（三）意大利经济微弱增长，通胀率降至低位

根据欧盟统计局公布的数据，意大利2023年的实际GDP增长率为0.9%，较2022年4%的增速及2021年8.3%的增速均出现明显下滑。就季度经济增速而言，意大利2023年四个季度的经济增速分别为2.3%、0.6%、0.5%和0.6%，经济走势同法国接近。

根据意大利央行的数据，在支出法统计的国内生产总值（GDP）结构中，出口和投资对其GDP的贡献最大。2023年以来，意大利对欧盟和非欧盟贸易伙伴的出口都出现下滑，可能同全球贸易的低迷有关。但就出口额指数（以2011年为基数）而言，意大利自2022年以来的出口指数高于德国和法国。此外，2023年下半年以来，意大利的出口指数有所回升，而德国和法国的回升势头并不明显。意大利的出口主要是货物出口，服务贸易方面长期处于逆差。2023年，意大利的货物贸易顺差达405亿欧元，较上年逆差168亿欧元的状况大幅改善。意大利的主要出口市场为德国、法国、美国、瑞士和英国。

从各部分的增长率来看，固定总投资较上年增长4.7%，居民和为居民提供服务的非营利机构的消费较上年增长1.2%，政府支出增加1.2%，包括库存在内的国内需求增加0.6%，出口增加0.2%，而进口减少0.5%。[1]可见，意大利投资和消费支出的增加对经济贡献较大。

意大利的通胀率在2023年9月之前都保持较高水平，因此经济受高通胀影响也较为明显，再加上欧洲央行实行的紧缩货币政策，意大利经济较上年出现了明显下滑。不过，意大利的通胀率自2023年10月开始快速下降，并在11月达到0.6%的低位，随后连续三个月保持在1%以下，其2023年底的通胀率水平在欧盟范围内仅高于丹麦，属于通胀率下降最快的国家之一。

不过，意大利的财政状况仍然堪忧，其2023年财政赤字占GDP的比率为7.2%，较2022年的8.6%有所改善，但仍低于政府5.3%的预期；公共债务占GDP的比率为137.3%，较2022年下降3.2个百分点，但仍处于欧元区较高水平。欧元区持续的高利率显著抬升了意大利的债务成本。

关于意大利的经济前景，各机构的预测较为谨慎，根据IMF 1月的预测，意大利

---

[1] Banca d'Italia. The Italian economy in brief. Number 3/2024[R]. [2024-03-24]. https://www.bancaditalia.it/pubblicazioni/economia-italiana-in-breve/2024/eib_Marzo_2024_en.pdf?language_id=1.

2024年的经济增速为0.7%，2025年预计为1.1%；意大利央行的预测显示，意大利2024年的经济增速可能仅为0.6%，2025年的增速预计为1.1%。

第二节　影响欧盟经济走势的主要因素

从当前的欧盟经济表现来看，影响欧盟经济中短期走势的主要因素包括能源供给不确定性、财政负担仍然较重、货币政策调整空间受限，以及欧洲议会大选等方面。在这些因素的影响下，欧盟2024年经济前景仍然较为黯淡。

一、能源危机缓解，能源供给仍存不确定性

欧盟2022年因乌克兰危机而陷入能源危机的原因在于，欧盟长期以来高度依赖俄罗斯廉价的能源供给。乌克兰危机爆发前，欧盟30%的石油、40%的煤炭和40%的天然气供应都来自俄罗斯。欧盟中的个别成员国对俄罗斯能源供给的依赖度更高，如奥地利、芬兰、拉脱维亚等国对俄罗斯天然气的依赖度曾高达100%。作为欧洲经济核心的德国同样高度依赖廉价的俄罗斯能源，其超过1/3的石油、大约1/2的煤炭和超过1/2的天然气均由俄罗斯供应。

俄乌冲突爆发后，在欧盟对俄制裁及俄罗斯的反制裁下，欧盟的能源供应中来自俄罗斯的供给大幅减少，导致欧盟能源价格的上涨。因此，欧盟能源危机在本质上是一次供给型冲击。欧委会2022年3月出台战略规划，计划于2030年前逐步摆脱对俄罗斯化石燃料的依赖，其中包括2022年末前将欧盟对俄罗斯天然气需求减少2/3。实际上，从4月公布的第五轮制裁起，欧盟逐步减少俄罗斯能源供应，分别于2022年8月、2023年2月起停止进口俄罗斯煤炭和石油。虽然欧盟层面因个别成员国的反对一直未能达成禁止俄罗斯天然气进口的制裁措施，但已经通过多元化供应渠道减少俄罗斯天然气进口。美欧2022年3月25日公布的协议显示，欧盟2022年自美国进口天然气较上年增加2/3，在2027年前摆脱对俄罗斯的能源依赖，到2030年前每年可从美国得到500亿立方米的液化天然气供应。事实上，2022年9月北溪管道爆炸后，俄罗斯对欧盟的天然气供应已经大幅降低。欧盟的天然气采购也从之前的以管道气（PNG）为主转为以液化天然气（LNG）为主，主要进口来源则转至美国、卡塔尔、挪威等国。

根据欧盟统计局的数据，截至2022年底，美国已经取代俄罗斯成为欧盟最大的原油供应国，其次为挪威和哈萨克斯坦。在天然气方面，欧盟从俄罗斯进口的天然气占比从2021年的45%下降至2022年的25%，从美国进口的天然气占比则从2021

年的6%上升至约9%。根据俄罗斯卫星通讯社的数据,欧盟2023年的天然气进口中,约有20%是来自美国的液化天然气。美国液化天然气价格高昂,据美国商业内幕网站2022年报道,美国能源公司每船液化天然气的成本只有6000万美元,而欧洲的进口价却高达2.75亿美元,每船利润或高达1.5亿美元。[①] 俄罗斯数据显示,2022年2月至2023年12月,欧盟多支付的天然气费用已经高达1800多亿欧元。这几乎都转化为居民的生活成本、企业的生产成本及政府的财政负担。

2023年以来,虽然国际能源价格大幅下跌使得欧盟能源危机得以缓解,但欧盟的能源供给仍依赖石油和液化天然气进口,能源价格容易受到国际市场波动的影响,如巴以冲突引致的红海危机就一度使得海运费上涨,进而使欧洲能源价格上涨。失去了价格低廉、供应稳定的俄罗斯能源供应,欧盟的能源不确定性显著增加,这也是欧洲企业外迁的主要原因之一。同时,德国于2023年4月关闭了最后三座核电站,意味着欧洲核电供应的减少。2023年10月,欧盟推出《欧洲风电行动计划》,计划大幅度提高风力发电的装机容量,以实现欧盟在可再生能源指令中达成的到2030年可再生能源占比至少达到42.5%的目标。不过,可再生能源的缺点是不稳定,况且其成本能否显著降低也是欧盟整体经济需要面对的考验。

二、债务风险有所下降,财政负担仍然沉重

近年来,在疫情冲击和俄乌冲突导致的能源危机打击下,欧盟成员国实施大量的财政救助,导致政府支出和债务总额占GDP的比重双双攀高。2023年第三季度的数据显示,欧盟和欧元区整体的债务占比较前两年有所下降,但重债国家的债务占比仍然较高。2023年,政府债务占GDP比重超过100%的成员国有6个,其中希腊以165.5%的占比居于首位。不过,希腊的债务占比不仅自2020年以来持续下降,而且其债务水平已经降至危机爆发的2011年时的水平之下。居于欧盟债务水平第二位的意大利,同样在近年来实现了债务水平的降低,但下降幅度非常有限,其2023年的债务占比数据仍显著高于债务危机期间的水平。意大利债务收缩的困难可能同其频繁的政府更迭有关。比利时和法国的债务水平较2022年有所增加,而西班牙和葡萄牙的债务水平则有所下降,尤其葡萄牙的债务占比已经降至2011年债务危机爆发时的债务水平以下。不过,需要指出的是,法国的债务水平自2009年以来几乎持续上升,在2011年债务危机期间仅为87.8%,但在2020年突破100%后一直维持在高位(表6-1)。

---

① 李强,刘仲. 欧洲能源危机的大赢家:美国经济[N]. 人民日报,2023-05-31 (17)。

表 6-1　欧盟 27 国 2009—2023 年政府债务占 GDP 比重　　　（单位:%）

年　份	2009	2011	2013	2015	2017	2019	2020	2021	2022	2023
欧　盟	75.7	81.7	86.8	85.1	81.9	77.7	90.0	87.4	83.5	82.6
欧元区	80.2	87.6	93.0	91.3	88.1	84.1	97.2	94.8	91.0	90.0
比利时	100.2	103.5	105.5	105.2	102.0	97.6	111.8	108.0	104.3	108.0
保加利亚	13.7	15.2	17.0	25.9	25.1	20.0	24.6	23.9	22.6	21.0
捷　克	33.4	39.7	44.4	39.7	34.2	30.0	37.7	42.0	44.2	44.5
丹　麦	40.2	46.1	44.0	39.8	35.9	33.7	42.3	36.0	29.8	30.1
德　国	73.2	79.4	78.3	71.9	65.2	59.6	68.8	69.0	66.1	64.8
爱沙尼亚	7.2	6.2	10.2	10.1	9.1	8.5	18.6	17.8	18.5	18.2
爱尔兰	61.8	110.5	120.1	76.5	67.4	57.1	58.1	54.4	44.4	43.6
希　腊	126.7	175.2	178.2	176.7	179.5	180.6	207.0	195.0	172.6	165.5
西班牙	53.3	69.9	100.5	103.3	101.8	98.2	120.3	116.8	111.6	109.8
法　国	83	87.8	93.4	95.6	98.1	97.4	114.6	112.9	111.8	111.9
克罗地亚	48.4	63.7	80.0	83.0	76.3	70.9	86.8	78.1	68.2	64.4
意大利	116.6	119.7	132.5	135.3	134.2	134.2	154.9	147.1	141.7	140.6
塞浦路斯	54.3	65.9	103.7	107.5	93.2	93.0	114.9	99.3	85.6	79.4
拉脱维亚	36.7	45.1	40.3	37.0	38.9	36.7	42.2	44.0	41.0	41.4
立陶宛	28	37.1	38.7	42.5	39.1	35.8	46.2	43.4	38.1	37.4
卢森堡	15.3	18.5	22.4	21.1	21.8	22.4	24.6	24.5	24.7	25.7
匈牙利	78	80.3	77.2	75.8	72.1	65.3	79.3	76.7	73.9	75.0
马耳他	66.3	70	66.4	56.2	47.8	40.0	52.2	54.0	52.3	49.3
荷　兰	56.8	61.7	67.7	64.6	57.0	48.6	54.7	51.7	50.1	45.5
奥地利	79.9	82.4	81.3	84.9	78.5	70.6	83.0	82.5	78.4	78.2
波　兰	49.8	54.7	57.1	51.3	50.8	45.7	57.2	53.6	49.3	48.7
葡萄牙	87.8	114.4	131.4	131.2	126.1	116.6	134.9	124.5	112.4	107.5
罗马尼亚	21.8	34	37.8	37.8	35.3	35.1	46.8	48.5	47.2	48.9
斯洛文尼亚	34.5	46.5	70.0	82.6	74.2	65.3	79.6	74.4	72.3	71.4
斯洛伐克	36.4	43.3	54.7	51.7	51.5	48.0	58.9	61.1	57.8	58.6
芬　兰	41.5	48.3	60.6	68.3	66.0	64.2	74.2	72.5	73.3	73.8
瑞　典	40.7	37.2	40.3	43.7	41.4	35.6	39.9	36.5	32.9	29.7

• 资料来源:欧盟统计局。2023 年债务占比数据为前三季度数据。

根据《马斯特里赫特条约》和欧盟《稳定与增长公约》,欧盟成员国年度财政赤字不得超过 GDP 的 3%,公共债务不得超过 GDP 的 60%。如表 6-1,欧盟 27 个成员国中,只有 14 个国家达到了债务标准,连财政政策最为谨慎的德国也无法达到这一标准。不过,在遇到特殊冲击时,欧盟会通过临时豁免法案来暂时放松成员国预算赤字和债务上限约束。随着能源危机的解除,临时法案的结束意味着财政纪律收紧,届时债务占比较高的成员国将不得不控制债务规模,从而实行紧缩的财政政策。

总体沉重的债务负担,对欧盟而言意味着:一方面,即使经济增长乏力,欧盟成员国也很难通过大规模财政支出来刺激经济增长,也就是说财政政策空间受限;另一方面,在经过多轮加息后,欧盟范围内利率普遍较高,导致成员国政府债务的利息成本高企,会进一步加重政府开支负担,缩小财政政策空间。

三、货币政策有望转向,但调整空间有限

自2022年7月开启加息以来,欧洲央行的加息周期持续了一年有余。与2011年欧债危机爆发后长达11年的低利率,尤其是2014年以来的负利率政策相比,此轮紧缩货币政策具有明显的大幅高频特点。

导致欧洲央行加息的直接原因是能源危机引致的通货膨胀。2022年,欧洲央行分别于7月、9月、10月和12月加息四次,其中7月和12月各加息50个基点,在通胀率快速上升的7月和9月则分别加息75个基点,四次加息250个基点,欧元区的主要再融资利率、边际借贷利率和存款机制利率分别上调至2.50%、2.75%和2.00%。

进入2023年后,欧洲央行延续了加息周期,分别于2月、3月加息50个基点,5月、6月、7月和9月加息25个基点,通过6次加息共200个基点,将主要再融资利率、边际借贷利率和存款机制利率分别上调至4.50%、4.75%和4.00%。在2023年第四季度,欧洲央行维持利率不变,暂停加息步伐。欧元区通胀率自2022年7月加息时的8.9%,已经下降至2023年12月的2.9%。欧洲央行的本轮加息自2022年7月至2023年底,总共进行了10次共450个基点的加息(表6-2)。

表6-2 欧洲央行2022—2023年加息经过

月　份	欧元区通胀率	欧洲央行加息操作
2022年6月	8.6%	
2022年7月	8.9%	加息50个基点
2022年8月	9.1%	
2022年9月	9.9%	加息75个基点
2022年10月	10.6%	
2022年10月	10.1%	加息75个基点
2022年12月	9.2%	加息50个基点,主要再融资利率、边际借贷利率和存款机制利率分别上调至2.50%、2.75%和2.00%。
2023年1月	8.6%	
2023年2月	8.5%	加息50个基点
2023年3月	6.9%	加息50个基点
2023年4月	7.0%	

（续表）

月　　份	欧元区通胀率	欧洲央行加息操作
2023年5月	6.1%	加息25个基点
2023年6月	5.5%	加息25个基点
2023年7月	5.3%	加息25个基点
2023年8月	5.2%	
2023年9月	4.3%	加息25个基点,主要再融资利率、边际借贷利率和存款机制利率分别上调至4.50%、4.75%和4.00%。
2023年10月	2.9%	
2023年11月	2.4%	
2023年12月	2.9%	

• 资料来源:根据欧盟统计局数据和新闻资料整理。

通过观察表6-2可以发现,欧洲央行货币政策同通胀率的变化高度相关。因此,当欧元区通胀率水平自2023年10月起处于3%以下时,欧洲央行开始按兵不动,维持三大利率水平不变。不过,仅仅维持利率水平不变还不足以刺激经济,因为经过一年多的加息周期,欧元区的利率水平已经高企,虽然不及美国5.25%—5.5%的利率水平,也不及英国5.25%的水平,但也处于最近10余年的高位。高的利率水平抬高借贷成本,进而抑制投资,不利于经济增长。停止加息本身对于市场信心的修复而言具有重要作用。

至于欧洲央行什么时点开始降息,也就是货币政策转向,则主要受两方面因素的影响。一是通胀率走势。随着通胀率的逐步稳定,市场普遍预期欧洲央行将于2024年年中开始降息。不过,随着各国能源价格补贴政策相继退出,以及物价水平下降后进一步下降的难度增加,都可能导致欧元区通胀率下降速度放缓甚至出现回升。在2023年12月中旬的经济增长预测中,欧洲央行预计欧元区2023年、2024年和2025年通胀率分别为5.4%、2.7%和2.1%,经济增长预期则分别为0.6%、0.8%和1.5%。可见,欧洲央行对于2024年的通胀率和经济预期仍然较为谨慎。

二是其他发达经济体央行的货币政策调整动向。此轮加息周期的一个特点就是主要发达经济体几乎同步同频的加息操作,尤其是美联储的加息具有重要引领作用,其加息时点和力度对欧洲央行都存在显著影响,如均在2022年9月和11月大幅加息75个基点,在2023年均调低加息力度,及在2023年第三季度均采取按兵不动策略。此外,英国央行、加拿大央行等央行的操作也具有相似性。所以,欧洲央行的降息时点也很有可能同这些央行保持接近。为了稳定通胀率下降的趋势,主要发达经济体央行2024年降息的力度可能有限,这就限制了货币政策调整的空间,因此欧元区的利率短期内难以明显下降,这将对欧盟的经济恢复形成抑制。

四、欧洲议会选举在即，欧盟经济政策或有调整

欧洲议会选举也意味着欧盟大选，因为在议会选举结束后，欧盟将产生新一届领导人，包括欧洲理事会主席、欧盟委员会主席、欧盟外交与安全高级代表等主要席位都将面临调整。欧洲议会选举每五年举行一次，上一次选举在2019年5月举行。此次大选是英国脱离欧盟后的首次大选，因此备受各界关注，选举结果对欧盟的经济政策也将产生直接影响。

欧盟政坛的右转风险可能影响其经济政策走向，使其更趋向保护主义，这显然不利于欧盟经济的恢复及长期增长。当然，欧盟在2019年大选后成功限制了右翼政党的力量，由于主要党团对右翼党团采取防御措施，右翼党团未获得任何副议长和议会委员会主席职位，其提出的提案也很难获得通过。[①]不过，如果2024年大选中极右翼政党获得的席位增加，则防御措施实施的难度也会相应增加。

第三节 2023年中欧经贸关系的新动向

欧盟是我国的第二大贸易伙伴、第二大进口来源地和第二大出口市场，而我国则是欧盟的第二大贸易伙伴、第一大进口来源地和第三大出口目的地。[②]同时，中欧双方也互为重要的投资伙伴，紧密的经贸联系成为维护中欧关系的压舱石。

一、双边贸易额回调，但贸易摩擦增加

经历了2021年及2022年的持续攀升后，中国同欧盟的双边贸易额在2023年出现一定下滑，下降幅度为7.6%。其中，对欧出口额较2022年下降10.8%，自欧进口额下滑1.3%，贸易顺差明显缩小。具体来看，中国对欧盟主要成员国的出口额均出现一定下降，如对德国出口额自2022年的1 162.3亿美元下降至2023年的1 005.7亿美元，下降幅度达到13%，对意大利、荷兰和法国的出口下降幅度也较为明显。相较而言，中国对英国的出口下降幅度较小。一方面，欧盟及主要成员国在2023年经济受高通胀和高利率打击，总体经济较为低迷，进而使得进口需求下降，因此中国对欧盟出口下降是欧盟总体进口需求下滑的一个表现。另一方面，在"新三样"带动下，2022年中国对欧盟出口额实现大幅增长，在这一较高基数下进一步实现增长存在现实困难。总体而言，中国2023年对欧出口额仍高于2019年的水平(表6-3)。

---

① 张磊. 新一届欧洲议会的党团政治：特征、政策重点及影响[J]. 当代世界与社会主义，2020 (2)：129-137.
② 姚铃. 中欧经贸合作成果丰硕[EB/OL]. (2023-12-08) [2024-03-30]. http://world.people.com.cn/n1/2023/1208/c1002-40134851.html.

表 6-3　2019—2023 年中国向欧盟及主要欧洲国家的出口额　　（单位:亿美元）

出口目的地	2019 年	2020 年	2021 年	2022 年	2023 年
欧　盟	4 287	3 909.8	5 182.5	5 619.7	5 012.3
德　国	797.7	868.3	1 151.9	1 162.3	1 005.7
法　国	329.9	369.6	459.4	456.6	416.3
意大利	335	329.4	436.3	509.1	445.2
荷　兰	739.6	790.1	1 024.4	1 177.3	1 001.9
英　国	624.1	726.1	870.4	815.4	779.2

• 资料来源:商务部欧洲司、海关总署。

在进口方面,中国对欧盟主要成员国的进口基本保持稳定,其中自德国进口下降约 5%,但自意大利、荷兰和法国的进口则出现 1%—5% 的增长。相较而言,中国自英国的进口下降 8%。总体来看,中国自欧盟的进口额在 2021 年大幅增长后,出现逐步回落的态势,但目前仍高于 2019 年的进口额(表 6-4)。

表 6-4　2019—2023 年中国自欧盟及主要欧洲国家的进口额　　（单位:亿美元）

进口目的地	2019 年	2020 年	2021 年	2022 年	2023 年
欧　盟	2 766	2 585.5	3 098.7	2 853.5	2 817.5
德　国	1 051.1	1 052.6	1 199.3	1 114	1 062.12
法　国	325.8	296.9	391.3	355.6	373.1
意大利	214.1	222.5	303.2	269.8	272.3
荷　兰	112.1	127.9	140.1	125.2	169
英　国	239	197.6	256.4	218.2	200.6

• 资料来源:商务部欧洲司、海关总署。

就贸易差额而言,中国对欧盟 2023 年的贸易顺差达到约 2 195 亿美元,虽然较 2022 年明显下降,但仍处于近年的高位,且显著高于 2019 年的顺差额。因此,顺差额适当下降有助于中欧双边贸易平衡,而高企的贸易顺差可能造成欧盟方面的不满和抱怨。2023 年 10 月欧盟发起的对中国产电动汽车的反补贴调查,就是在这一背景下发生的。观察人士分析,欧盟对中国产新能源相关产品的调查可能还会涉及风电设施等产品,这意味着双方贸易摩擦可能会增加。

二、欧盟对华投资额增加

2022 年的中欧双边投资总额较 2021 年增加,这主要得益于欧盟对华投资的大幅增长。截至 2022 年底,欧盟在华直接投资存量达 1 572 亿美元,较 2002 年的 331 亿美元规模大幅增加。[1]根据商务部数据,欧盟 2022 年在华新设企业数略有下降,但

---

[1] 姚铃. 中欧经贸合作成果丰硕[EB/OL]. (2023-12-8) [2024-3-30]. http://world.people.com.cn/n1/2023/1208/c1002-40134851.html.

对华投资额达100.3亿美元,较2021年显著增长(表6-5)。此外,商务部外资司数据显示,2023年,法国和荷兰的投资额较上年分别增长84.1%和31.5%,显示欧盟对华投资热情仍然较高。此外,英国和瑞士对华投资也分别增长81%和21.4%。2022年以来,来华投资的欧盟企业不仅包括多家欧洲大型跨国公司,如汽车行业的宝马、大众、斯特兰蒂斯,以及化工行业的巴斯夫,而且包括欧洲中小企业,如数字企业达索系统、家电企业赛博等。

表6-5 欧盟在华投资情况

年份	新设企业		实际投资	
	数量/家	占比/%	金额/亿美元	占比/%
2019	2 804	6.9	73.1	5.2
2020	1 695	4.4	56.9	3.8
2021	2 078	4.4	51	2.8
2022	1 376	3.6	100.3	5.3

• 资料来源:商务部《中国外资统计公报2023》。2020年及以后数据不包括英国。

不过,中国对欧投资额有所下降。截至2022年底,我国企业在欧共设立直接投资企业2 800余家,覆盖欧盟27个成员国,雇用外方员工超27万人,对欧盟直接投资存量为1 011.9亿美元,较2003年的4亿美元规模大幅增加。不过,从流量数据来看,我国对欧盟的直接投资较2021年下降12.2%(表6-6)。

表6-6 中国对欧盟投资情况

年份	流量			存量	
	金额/亿美元	增长/%	占比/%	金额/亿美元	占比/%
2019	106.99	20.7	7.8	939.12	4.3
2020	100.99	5.2	6.6	830.16	3.2
2021	78.6	−22.2	4.4	959	3.4
2022	69	−12.2	4.2	1 011.9	3.7

• 资料来源:商务部近年《中国对外直接投资统计公报》。2020年及以后数据不包括英国。

我国对欧投资流量的下降受两方面因素的影响。一是全球对外投资流量普遍下降的背景。由于俄乌冲突的爆发、主要发达经济体陷入高通胀,发达经济体央行相继开启大幅加息,2022年的全球对外直接投资受到显著打击。联合国贸发会议的《2023年世界投资报告》显示,2023年全球对外直接投资流量比2022年下降14%。在这一背景下,商务部数据显示,我国2022年对外直接投资总额为1 631.2亿美元,较2021年下降8.8%。因此,对欧盟投资的下降正是这一背景下的具体表现,况且2022年的欧盟深受能源危机和高通胀困扰,投资下滑具有成本收益考量的内在逻辑。第二个因素则是欧盟日益收紧的投资规则。自2020年10月正式实施以来,《欧盟外国直接投资审查条例》对外商直接投资进行了三年审查。根据欧盟2023年10月发布的《外国直接投资审查年度报告》,2022年通过交易者自主提交的和成员国审查机构主动发起的交易审查就有1444笔,大约55%的交易进入正式审查流程,这一比例高于2021年(45%),显示其审查趋严的态势。就正式审查的结果而言,获得无条件批准的交易约占86%,附加条件批准的交易占9%,否决的交易占1%,还有4%的交易被撤回。欧盟还致力于推动所有欧盟成员国设立外商直接投资审查机制,并且《欧盟外国补贴审查条例》于2022年底获得欧洲议会和欧盟理事会的通过,于2023年1月正式生效并于7月开始实施,随着欧盟投资规则的进一步收紧,包括中资企业在内的外资企业对欧盟的投资都将受到限制。

三、欧方领导人密集来访,沟通渠道进一步通畅

中欧双方在2023年逐步恢复线下的正式交流机制,为中欧经贸关系的健康发展提供沟通保障,并释放积极信号。

首先,欧盟多位领导人来访。2023年4月,欧盟委员会主席冯德莱恩来访,他表示与中国"脱钩"不符合欧盟利益,欧盟独立自主地决定对华政策,愿同中方重启欧中经贸高层对话。同年7月,欧委会副主席兼气候问题首席谈判代表蒂默曼斯来华,参加了第四次中欧环境与气候高层对话,对话聚焦双方在推动《联合国气候变化框架公约》及《巴黎协定》和"昆明—蒙特利尔全球生物多样性框架"(以下简称"昆蒙框架")实施方面的合作途径,并确认循环经济、生物多样性、化学品管理、塑料污染、国家碳市场、气候适应、甲烷排放管控和清洁能源转型为重点合作领域。9月,欧委会执行副主席兼欧盟贸易专员东布罗夫斯基斯访华,参加了第十次中欧经贸高层对话。双方同意加强宏观经济政策协调,保持双向开放并改善营商环境,推进世界贸易组织的必要改革,构建稳定互信的产业链供应链,建立出口管制领域对话机制等。10月,欧盟外交与安全政策高级代表博雷利来访,参加了第十二轮中欧高级别战略对话,双方就经贸关系、营商环境、乌克兰危机、巴以冲突等问题交换意见,博雷利强调希望中国将欧盟视作一支独立的国际力量。[①]12月,欧洲理事会主席米歇尔和欧盟委员会主席冯德莱恩来访,明确表示不希望同中国脱钩,期待同中国发展长期稳定、可预测、可持续发展的关系,希望双方继续加强经贸、绿色、数字等领域对话与合作,共同努力维护供应链产业链稳定安全,并就气候变化、人工智能等问题加强对话,寻求合作。

---

① 简军波. 欧盟对华政策回暖能持续多久? 取决于三个因素[EB/OL]. (2024-01-06) [2024-03-30]. https://www.thepaper.cn/newsDetail_forward_26028773.

2023年，欧盟层面领导人访华的密集程度显著高于2022年，双方正式交流机制的稳步恢复不仅有助于中欧经贸关系的稳定发展，而且有助于为具体的合作路径明确方向。

其次，法国总统等成员国领导人来访。2023年4月，法国总统马克龙率团对我国进行国事访问，随行团组包括多位法国政府高级官员、20多位法国文化界人士及60多位法国企业家，他们来自阿尔斯通、法国电力公司等企业。访问期间双方形成了长达51项条款、几乎涵盖所有领域的联合声明。此次访问在经贸领域的成果尤为突出，中法36家企业一共签署了18项合作协议，包括欧洲空客公司与中国航空器材集团签署的160架总值200亿美元空客飞机的批量采购出售协议；中国船舶集团与法国达飞海运集团签订的总造价达210多亿元的16艘超大型集装箱船建造协议等。中国海洋石油天然气公司向法国出售的液化天然气采用人民币支付的协议，使法国成为第一个签署以中国货币支付贸易协议的西方大国。此外，中法还在5G、化妆品、农业、农食产品等领域进行交流，批准15家猪肉出口机构在华注册。此外，两国其他层级官方交流也成为财经热点。

其他欧盟成员国领导人也相继访华。2023年3月，西班牙首相桑切斯来访，提出希望深化双边互利合作，特别是电动汽车、绿色能源、数字经济等领域合作。10月，匈牙利总理欧尔班率团进行为期近一周的访问，其间出席了在北京举行的第三届"一带一路"国际合作高峰论坛。11月，希腊总理米佐塔基斯率团来访，表示希腊愿成为中欧合作的桥梁，部分访华人员还参加了在上海举行的第六届进博会。德国在总理朔尔茨于2022年底访华后，在2023年3月、11月、12月又由其他官员来华访问，并展开其他层级的合作交流。

我国高层领导也对欧方进行了正式访问。双方还签署了创新、先进制造、职业教育、应对气候变化等领域多项双边合作文件。

随着中欧交流管道的进一步畅通，以及双方领导人的积极互动，中欧之间夯实经贸联系、管控经贸分歧的共识得以明确，为中欧经贸关系的行稳致远提供了保障。

第七章
日韩经济:地缘冲突中累积下行压力

日本经济从疫情创伤中艰难复苏,增长速度明显趋缓,国际经济地位趋于下降。韩国经济受半导体出口大幅下滑拖累及地缘局势紧张等的影响出现负增长。出口面临下行压力,制造业投资减少,影响韩国经济增长预期。日本、韩国持续推进经济的低碳转型,实现经济增长与碳排放的脱钩。中日、中韩经贸关系密切,中国经济增长低于预期,市场需求趋于疲软,高技术产业链重构等成为中日、中韩经贸面临的重要挑战。

第一节 日本经济:增速趋缓动力趋弱

2023年,日本经济保持增长,物价持续上涨抑制支出,消费增长动力减弱,私人投资增速趋缓,就业形势向好,但人口老龄化等结构问题依然严峻,贸易增长回归常态。日本采取措施"保护国民生活免受物价影响",支持中小企业提升其增长韧性,在美日同盟关系下强化半导体供应链合作,并且积极应对气候变暖,努力构建经济低碳增长新动能。

一、日本经济形势

2022年第四季度,得益于边境管制的放宽,以及日元贬值,旅游业快速恢复,日本实际GDP环比增长3.5%,同比增长0.3%。①全年日本经济比2021年增长1.0%。这是日本2020年以来第二年实现经济增长,但增长幅度大幅度小于2021年(2.1%)。日本经济在2022年的增长速度不仅低于3.0%的世界平均水平,也低于发达经济体(2.6%)的平均增长速度。②2023年第一季度至第四季度,日本实际GDP分

---

① 分季度GDP速报[DB/OL].(2024-02-15)[2024-02-20].https://www.esri.cao.go.jp/jp/sna/sokuhou/sokuhou_top.html.
② World Economic Outlook:Navigating Global Divergences[DB/OL].(2023-10-10)[2023-12-20].https://www.imf.org/en/Publications/WEO/lssues/2023/10/10/world-economic-outlook-october-2023.

别同比增长2.6%、2.3%、1.7%和1.0%,增长速度呈现放缓的趋势,2023年全年实际GDP增长1.9%。①全球经济前景的不确定性和通胀压力影响日本经济从疫情创伤中复苏的步伐。根据IMF的预测,日本经济的增长速度在未来两年将进一步下降,实际GDP在2024年将降至0.9%,2025年将进一步降至0.8%,低于发达经济体的平均水平。②由于日元持续贬值,按美元计算的名义GDP在2023年被德国超越,日本从世界经济第三位滑落至世界第四位,并可能在2026年被印度超越。③

（一）消费增长持续性减弱

2022年日本个人消费比2021年增长2.1%,高于2020年的增长速度,但消费规模仍然低于2019年的水平。消费的增长速度在2022年第四季度大幅度下降,同比仅增长了0.6%。2023年个人消费增长态势难以持续的情况进一步凸显。个人消费在2023年第一季度同比增长速度达到3.1%,在第二、第三季度连续大幅度下降,同比增长速度分别为0.3%和0。④

日本的消费信心恢复遭遇物价上涨预期的阻力。根据"日本消费动向调查"结果,2022年12月,日本消费者信心指数为30.2,环比增长1.3,比2019年12月的数值低8.4;对2022年12月消费者信心的基本判断是"趋弱态势"。消费者信心缓慢恢复,在2023年7月达到最高点的37.1后出现回落。2023年11月,日本消费者信心指数在连续两个月的下降后恢复增长至36.1,仍然低于2019年12月的水平。构成日本消费者信心指数的"生活经济状况""雇用环境"和"耐用消费品的购买时机判断"三项指标比上个月有所改善,而"收入增长状况"和"资产价值"两项指标比10月份有所下降。对物价上涨的预期可能是影响消费者信心恢复的重要因素。在有关"2023年11月一年后物价的预期"调查中,91.6%的被调查者认为"物价将上涨",其中,44.6%的被调查者认为上涨幅度将超过5%。⑤

旅游消费快速恢复,核废水排海影响其恢复势头。2022年,日本国内旅游消费额比2021年增长94.9%,但仍然低于2019年的水平,比2019年下降32.5%。其中,外国游客的旅游消费额比2021年增长8倍,日本居民的国内住宿旅游消费额增

---

① ④ Quarterly Estimates of GDP: July-September 2023 (The First Preliminary) [DB/OL]. (2023-11) [2023-12-10]. https://www.esri.cao.go.jp/jp/sna/data/data_list/sokuhou/files/2023/qe233/pdf/jikei_1.pdf.
② World Economic Outlook Update, January [DB/OL]. (2024-02-30) [2024-03-10]. https://www.imf.org/en/Publications/WEO/Issues/2024/01/30/world-economic-outlook-update-january-2024.
③ World Economy Outlook: Navigating Global Divergences [DB/OL]. (2023-10-10) [2024-2-20]. https://www.imf.org/en/Publications/WEO/Issues/2023/10/10/world-economic-outlook-october-2023.
⑤ 消费动向调查 [DB/OL]. (2023-11-30) [2023-12-10]. https://www.esri.cao.go.jp/jp/stat/shouhi/menu_shouhi.html.

长96.7%,当日往返旅游消费额增长56.9%。日本居民国内旅游人次比2021年增长55.8%,但仍然低于2019年的水平,比2019年下降28.8%。其中住宿旅游人次同比增长64.0%,当日往返的旅游人次同比增长46.6%。日本居民国内旅游的人均消费额已经超过2019年的水平。2022年,日本居民国内旅游的人均消费额比2021年增长20.2%,比2019年增长10.1%。其中,日本居民国内住宿旅游的人均消费额比2021年增长20.0%,比2019年增长7.5%。当日往返旅游的人均消费额比2021年增长7.0%,比2019年增长7.0%。2023年日本居民国内旅游消费增长速度趋缓,第一季度至第三季度分别同比增长82.2%、27.9%和15.7%,低于2019年同期的水平。2023年第一季度和第二季度外国游客旅游消费分别比2019年下降12.3%和2.8%,在第三季度超过2019年的水平,比2019年增长17.7%。中国游客在日本的旅游消费由于日本核污水排放等影响,仍然低于2019年的水平,在2023年第一季度、第二季度和第三季度分别比2019年同期下降77.2%、66.8%和42.6%。①

（二）私人投资增长速度趋缓

2022年,日本私人投资在库存投资大幅增长的带动下实现增长,比2021年增长2.4%。从私人投资的构成来看,私人住宅投资下降3.5%,私人非住宅投资下降1.9%,库存投资大幅增长121.4%,是2009年以来的最高水平。日本私人投资尚未恢复至2020年前的水平,比2019年下降2.8%。其中,库存投资已经超过2020年前的水平,比2019年增长了98.3%。2023年第一季度至第三季度,日本私人投资保持增长态势,但是增长速度逐渐放缓。2023年前三季度日本私人投资比2022年同期增长1.8%,第一季度和第二季度,私人投资分别同比增长4.6%和2.5%,第三季度则同比下降1.8%。从私人投资的构成来看,2023年第一季度至第三季度,私人住宅投资和非住宅投资均实现增长,分别比2022年同期增长1.4%和2.0%,而库存投资则出现下降,比2022年同期下降4.0%。②

日本酒店成为海外投资者投资的热点。稳定的市场加上旅游业复苏推高对住宿的需求,日元贬值至历史低位以及低利率水平,使日本成为全球少数房地产资产收益超过借贷成本的市场,理想的酒店投资环境也对全球投资者具有吸引力。2023年以来,海外投资者正以近10年来从未见过的规模收购日本酒店。根据MSCI Real Assets的数据,2023年上半年,日本成为亚洲最活跃的商业地产投资市场,交易额达

---

① 旅游、观光消费动向调查[DB/OL]. (2023-11-15) [2023-12-10]. https://www.mlit.go.jp/kankocho/siryou/toukei/shouhidoukou.html#cp3.
② 国民经济统计[DB/OL]. (2023-12-08) [2023-12-15]. https://www.esri.cao.go.jp/jp/sna/data/data_list/sokuhou/files/2023/qe233_2/gdemenuja.html.

到163亿美元。在截至2023年5月30日的过去12个月内完成的4 943亿日元酒店交易中,海外买家占47%,这是自2014年以来的最高比例。在此之前,酒店一直是日本房地产市场的小众领域,酒店交易约占日本房地产交易的10%,海外投资者更倾向于投资住宅或商业地产。

(三)就业形势明显改善

就业人数增加的同时,失业人数减少。2022年,日本就业人数达到6 713万人,比2021年增加10万人。从性别来看,男性就业人数减少而女性就业人数大幅增加。2022年,男性就业人数比2021年减少12万人,而女性就业人数则比2021年增加22万人。从就业性质来看,非公职就业人数比2021年增加27万人。其中正式就业人数比2021年增长1万人,连续8年实现增长;非正式就业人数比2021年增长26万人,3年以来首次实现增长。另一方面,从失业情况来看,2022年失业人数为198万人,比2021年减少16万人,其中,男性失业人数为113万人,比2021年减少10万人,女性失业人数为85万人,比2021年减少7万人。[1]

2023年,日本就业形势继续向好。2023年第一季度至第三季度,日本就业人数分别为6 676万人、6 747万人和6 768万人,比2022年同期分别增长24万人、32万人和43万人。从性别来看,2023年第一季度至第三季度延续男性就业人数减少而女性就业人数增加的趋势。男性就业人数比2022年同期减少14万人,而女性就业人数则比2022年同期增加76万人。从就业性质来看,非公职就业人数比2022年同期增加115万人。其中正式就业人数比2022年同期增加57万人;非正式就业人数连续7个季度保持增长,比2022年同期增加58万人。另一方面,从失业人数来看,2023年第一季度至第三季度,失业人数呈现从减少到增加的逆转。2023年第一季度,日本失业人数为196万人。比2022年同期减少6万人,第二季度和第三季度失业人数分别为209万人和203万人,比2022年同期分别增加2万人和4万人。[2]

大学等高校毕业生的就业明显改善。根据日本文部科学省和厚生劳动省2023年5月发布的数据,2022年3月大学等高校毕业生截至2023年4月1日的就业率为97.5%,比2022年同期提高1.4个百分点。这是在2021年、2022年连续两年下降后再次实现增长。其中,大学(包括国立大学、公立大学和私立大学)毕业生的就业率为97.3%,比2022年同期提高1.5个百分点,短期大学毕业生的就业率为98.1%,

---

[1] 劳动力调查-2022年平均结果 [DB/OL].(2023-02-14)[2023-12-10]. https://www.e-stat.go.jp/stat-search/files?page=1&toukei=00200531&tstat=000000110001.
[2] 劳动力调查 [DB/OL].(2023-11-10)[2023-12-10]. https://www.e-stat.go.jp/stat-search/files?page=1&layout=datalist&toukei=00200531&tstat=000000110001&cycle=2&year=20230&month=23070900&tclass1=000001040286&tclass2=000001040287&result_back=1&tclass3val=0.

比2022年同期提高0.3个百分点。高等专门学校和专修学校毕业生的就业率分别为99.2%和95.7%,分别比2022年同期提高0.1个百分点和1.0个百分点。从大学毕业生的男女就业率来看,男性毕业生就业率为97.3%,比2022年同期提高2.7个百分点;女性毕业生就业率也是97.3%,比2022年同期提高0.2个百分点。从文科、理科大学毕业生的就业率来看,理科毕业生的就业率为97.1%,比2022年同期提高1.7个百分点;文科毕业生的就业率为98.1%,比2022年同期提高0.7个百分点。①

大学毕业生的就业持续向好。根据"就职研究所"的调查,2024年春季毕业的大学毕业生,截至2023年12月1日,就职签约率达到95.1%,比上一年同期增加1.1个百分点。其中,理科毕业生的就职签约率为98.1%,高于文科毕业生的94.0%;男性毕业生的就职签约率为95.3%,高于女性的95.0%。②

(四)贸易从快速增长回归常态

日本对外贸易在2022年保持快速增长势头,贸易逆差进一步扩大。2022年,日本进口额为118.5万亿日元,比2021年增长39.6%,出口额为98.2万亿日元,比2021年增长18.2%。贸易逆差达到20.3万亿日元,比2021年增长了10.4倍。从贸易伙伴来看,中国是日本的最大贸易伙伴国,也是日本贸易逆差的主要来源。2022年,日本对中国出口额为19.0万亿日元,比2021年增长5.7%,对中国进口额为24.8万亿日元,占日本进出口贸易总额的比例为20.2%,比2021年下降1.8%。日本对中国贸易逆差进一步扩大,在2022年达到5.8万亿日元。美国是日本的第二大贸易伙伴,是日本贸易顺差的主要来源。2022年,日本对美国出口额为18.3万亿日元,比2021年增长23.1%,对美国进口额为11.8万亿日元,比2021年增长31.9%,占日本贸易总额的比例为13.9%,贸易顺差额6.5万亿日元。

2023年,日本对外贸易从2022年的历史高位回归,并出现负增长,贸易逆差则大幅减少。2023年第一季度至第三季度,日本对外贸易出口额分别同比增长4.8%、1.6%和1.1%,进口额分别同比增长10.8%、-8.8%和-16.1%,进出口贸易在第二季度出现4.1%的负增长,第三季度进出口贸易额进一步萎缩,负增长8.5%。日本贸易逆差的规模逐渐减少,第一季度至第三季度,贸易逆差额分别5.2万亿日元、1.8万亿日元和0.9万亿日元,在第一季度同比增长49.0%,而在第二季度和第三季度分

---

① "大学生等毕业生就职情况调查"由日本厚生劳动省和文部科学省从1996开始实施。2022年大学等毕业生调查的对象高校包括21所国立大学、3所公立大学、38所私立大学、20所短期大学、10所高等专门学校和20所专修学校共112所高校,调查的对象学生包括大学、短期大学、高等专门学校的毕业生5 690人和专修大学的毕业生560人。数据来源:2022年大学等毕业生的就职情况调查[DB/OL].(2023-05-26)[2023-12-10]. https://www.mhlw.go.jp/stf/houdou/0000184815_00039.html.

② 就职进展调查(2024年毕业):截至2023年12月1日的签约情况[DB/OL].(2023-12-12)[2023-12-15]. https://shushokumirai.recruit.co.jp/research_article/20231212001/.

别下降62.1%和85.3%。日本进口的减少主要是化石燃料进口的减少。2023年上半年,日本化石燃料进口额占日本进口总额的22.8%,进口同比下降32.4%。2023年10月份,日本出口贸易额为9.1471万亿日元,同比增长1.6%,是1979年以来10月出口额的最高纪录;日本进口贸易额为9.8096万亿日元,同比下降12.5%,连续7个月低于上年同期。①

日本高端制造业在全球具有很强的竞争力。2022年日本出口半导体设备占全球市场份额的23.5%,全球十大半导体设备公司中有四家是日本公司,分别是东京电子、迪恩士、爱德万测试和日立高新。日本佳能和尼康在中高端光刻机领域的竞争力仅次于荷兰的阿斯麦。在19种半导体关键材料中,日本有14种材料的全球市场占有率超过一半。日本是全球第一大工业机器人制造国,占全球供应量的45%。根据日本机器人工业会的数据,2022年,日本工业机器人订单额同比增加3.1%至1.1万亿日元,连续三年增长,订单额连续两年突破1万亿日元大关,创历史新高。日本工业机器人的出口数量占其出货量的81.5%,出口金额占其出货金额的77.8%。

(五)物价持续上涨

消费者物价指数大幅上涨。2022年,消费者物价综合指数上涨2.5,达到102.3,时隔3年首次出现上涨,比2021年和2019年分别上涨2.3。不包括生鲜食品的消费者物价综合指数为102.1,比2021年上涨2.3;不包括生鲜食品和能源的消费者物价综合指数为100.5,比2021年下降1.1。从消费者物价指数的构成来看,"光、热及水"的物价指数上涨幅度最大,比2021年上涨14.8,其次是"食品(不包括生鲜食品)",物价指数比2021年上涨4.5,"交通、通信"和"保健、医疗"的物价指数下降幅度最大,分别比2021年下降1.5和0.3。②

2023年,消费者物价仍然呈现上涨态势。2023年1月至11月,消费者物价综合指数进一步上涨至105.5,比2022年同期上涨3.4,不包括生鲜食品的消费者物价综合指数为105.1,比2022年同期上涨3.2,不包括生鲜食品和能源的消费者物价综合指数为104.4,比2022年同期上涨4.0。其中,"光、热及水"的物价指数大幅下降,比2021年同期下降7.0,"食品(不包括生鲜食品)",物价指数比2021年同期上涨8.5。③

---

① 贸易统计[DB/OL].(2023-11-09)[2023-12-10]. https://www.customs.go.jp/toukei/shinbun/trade-st/2023/202310d.xml.
② 2020年的物价指数为100。数据来源:消费者物价指数(CPI)[DB/OL].(2023-03-31)[2023-12-12]. https://www.e-stat.go.jp/stat-search/files?page=1&toukei=00200573&tstat=000001150147。
③ 2020年的物价指数为100。数据来源:消费者物价指数(CPI)[DB/OL].(2023-12-22)[2023-12-10]. https://www.e-stat.go.jp/stat-search/files?page=1&toukei=00200573&tstat=000001150147。

企业物价水平创新高。根据日本银行公布的数据,2022年,日本企业物价指数平均为117.0,比2021年上升10.0,创下有记录(1981年)以来的最高值。其主要原因是俄乌冲突加速了国际资源升值,以及日元贬值,导致日本进口原材料价格上涨。2022年12月,月度同比涨幅达到10.6%,是有记录以来的最大单月涨幅。从构成来看,电力、城市燃气、自来水大幅上涨了37.6%,钢铁上涨23.8%,金属制品上涨12.1%,非铁金属上涨了10.2%。出口物价指数和进口物价指数分别比2021年上涨了15.0%和33.2%[1]。

进入2023年,日本企业物价指数涨幅趋缓。2023年第一季度至第三季度,日本企业物价指数分别比2021年同期上涨了8.3%、5.0%和3.0%,增长速度明显低于2022年同期。2023年第一季度至第三季度出口物价指数分别比2021年同期上涨了8.5%、1.5%和2.1%,进口物价指数分别上涨了13.7%、-7.1%和-13.6%。进口物价指数自2023年4月出现同比下降以来,已连续8个月持续同比下降。[2]

二、经济提振政策

经济提振政策主要从应对物价高涨、提升中小企业的增长韧性、强化半导体供应链的同盟合作入手。

(一)应对物价高涨

2022年下半年开始,日本的经济对策转变为应对物价高涨带来的负面影响。日本将这一轮的物价高涨视作"摆脱通缩"的重要契机,通过减税、对低收入家庭的补助等措施来保护国民免受物价的影响。

2022年10月28日,日本政府公布"克服高物价、重振经济的综合经济对策",规模约39万亿日元,以应对通胀、日元贬值等问题。如加上与政府财政支出配套的民间投资等,这次经济对策在应对物价上涨方面规模总计达71.6万亿日元,主要包括对抑制电费、城市燃气费、油费等价格上涨的补助,支持减少食物损耗,食品银行和儿童家庭餐服务等方面。

2023年11月2日,日本政府通过了一项包括减税在内的"完全摆脱通缩的综合经济对策",总额约17万亿日元。若包括国家、地方自治体及民间投资,经济对策的规模将达到37.4万亿日元左右。日本首相岸田文雄强调,"这是旨在彻底摆脱通缩

---

[1] 2020年的物价指数为100。数据来源:企业物价指数[DB/OL].(2023-12-12)[2023-01-10]. https://www.boj.or.jp/statistics/pi/cgpi_release/cgpi2311.pdf.

[2] 2020年的物价指数为100。数据来源:企业物价指数[DB/OL].(2023-04-12)[2023-12-12]. https://www.boj.or.jp/statistics/pi/cgpi_release/cgpi2303.pdf.

的经济对策","如果不彻底打破削减成本—经济规模收缩的恶性循环,日本经济不可能重回增长的轨道",如此,方有望"在明年夏季通过工资上涨和所得税减税的结合,切实创造收入增长超过物价上涨的态势"。经济刺激计划由五大支柱组成,包括保护国民生活免受高物价影响,持续提高工资、提高收入和实现地方经济增长,促进国内投资,克服人口减少和确保国民的安全和安心。作为综合经济对策的重要支撑,日本政府计划制定本年度财政补充预算案,总规模约为37.4万亿日元,其中一般会计总额约为13.1万亿日元。

"保护国民生活免受物价影响"是综合经济对策的第一支柱。日本物价高涨影响家庭实际收入及消费。截至2023年9月,日本CPI涨幅已连续18个月超过日本央行2%的调控目标。截至2023年8月,扣除物价上涨因素后,日本实际工资收入连续17个月同比减少,实际家庭消费连续6个月同比下滑。为了减轻国民因物价上涨高于工资收入增长带来的负担,日本采取临时措施,将对2024年度的所得税和个人居民税进行减税。对于纳税人及包括纳税人配偶在内的一名受抚养家庭成员按2024年每人所得税减税3万日元,个人居民税减税1万日元的标准进行减税。为了提高减税效果,如果所得税减税额超过该纳税年度的所得税减税额,则剩余金额可以从2025年的居民税中扣除。此外,对免征居民税的低收入家庭按户增加7万日元的补助,抑制油价的补贴以及减轻电费和煤气费负担的措施将延长至2024年4月底。①

(二)提升中小企业的增长韧性

中小企业高占比是日本产业的结构性特征。日本中小企业是经济活力的主要来源,也是制造业竞争力的重要基础,在大企业主导的产业链分工中占据重要环节,对支持就业和促进地方经济发展发挥着重要作用。中小企业为大企业生产高质量的零部件,成为产业链的重要一环。截至2021年6月,日本中小企业数占企业总数的99.7%,就业人员占69.7%。②日本中小企业受疫情及高物价的影响严重,根据日本中小企业厅的"中小企业景气判断指数"的调查结果,2020年,日本中小企业经济景气判断指数平均为-37.4,比2019年低20.3,之后缓慢恢复,2021年和2022年分别为-26.7和-21.3,低于2019年的水平。2023年为-14.1,高于2019年的水平。③

---

① 完全摆脱通缩的综合经济对策[EB/OL].(2023-11-02)[2023-12-10]. https://www5.cao.go.jp/keizai1/keizaitaisaku/keizaitaisaku.html.
② 中小企业的企业数、事务所数[DB/OL].(2023-12-13)[2023-12-15]. https://www.chusho.meti.go.jp/koukai/chousa/chu_kigyocnt/index.htm.
③ 日本"中小企业景气判断指数"的调查由日本中小企业厅和独立行政法人中小企业基础整备机构每季度开展。"中小企业景气判断指数"由调查样本企业中乐观判断(增加、上升、好转)的企业数减悲观判断(减少、下降、恶化)的企业数所得。年度景气判断指数是季度数值平均所得。数据来源:中小企业景气调查报告书[EB/OL].(2023-12-12)[2023-12-15]. https://www.chusho.meti.go.jp/koukai/chousa/keikyo/index.htm.

日本政府采取一系列措施支持中小企业应对高物价等的冲击。一是紧急状态补助，2021年1月至3月宣布进入紧急状态后，中小企业和个体经营者销售额减少50%以上的，可分别获得最高60万日元和30万日元的补助金。根据申请，日本政府向约55万家中小企业和个体经营者提供了约2 221亿日元的补助金。2021年4月至10月宣布进入紧急状态后，向因此导致销售额减少50%以上的中小企业提供每月最高20万日元的补助金，向个体经营者提供每月最高10万日元的补助金。根据申请，日本政府向约234万家中小企业和个体经营者提供了约3 047亿日元的补助金。在2020年11月至2022年3月期间的任何一个月，根据企业规模，向因新冠疫情导致销售额减少50%以上或30%以上但不足50%的中小企业提供最高250万日元的补助金，向个体经营者提供最高50万日元的补助金。向根据申请向约230万家中小企业和个体经营者发放了约17 030亿日元的补助金。

二是融资支持。日本政策金融公库和商工中金银行（危机应对贷款）向因新冠疫情使经营状况恶化的中小企业和小企业提供融资支持，包括"新型冠状病毒感染特别贷款"和"新型冠状病毒对策资本附属贷款"。从2021年1月末开始至2022年12月末，提供相关贷款约111万笔，金额约为21万亿日元。同时通过"中小企业基础整备机构"采取措施，使新型冠状病毒感染特别贷款等贷款在实际上实现无息化。

三是减轻企业负担。企业缴纳国税地税存在困难的，可向税务局申请延期缴纳，免除滞纳金；2020年2至10月间销售额与2019年同期相比下降20%—50%的减免1/2固定资产税，销售下降50%以上的全部减免；应缴的社保费经批准可延期6个月缴纳；政府请求电力和燃气运营商灵活应对企业因新冠疫情难以支付费用的情况，或允许其延期缴费。

（三）强化半导体供应链的同盟合作

半导体产业是全球主要国家争夺的战略高地，也是经济、科技的战略支柱产业之一。日本将"供应链韧性"提高至国家安全的高度，将促进下一代半导体的开发、制造、网点布局，强化供应链韧性，以作为保障经济安全的重要措施。

日本将与"志同道合"的国家和地区携手合作视为强化半导体供应链韧性和促进研发的重要路径。在日美关系背景下，半导体的合作正在不断强化。2022年5月4日，日本前经济产业大臣萩生田光一与美国商务部部长雷蒙多就两国"半导体合作基本原则"达成一致。5月23日，在日美领导人峰会上，两国宣布将基于"半导体合作基本原则"设立下一代半导体研发的联合工作组。同年7月29日，日、美两国召开首次经济版"2+2"部长级会议，计划成立半导体联合研究中心，以开发和保护关键和新兴技术。作为日本方面的一项举措，日本政府宣布设立前沿半导体技术研发机构。

2022年11月,日、美双方宣布该机构的名称为"技术研究协会尖端半导体技术中心(LSTC)"。2022年12月,该组织作为技术研究联盟获准成立,主要探讨与有意利用该组织的国家开展合作,等等。

日本跟随美国收紧对中国的半导体相关产品的出口限制。日本经济产业省在2023年5月23日公布基于外汇法的货物等的修订,增加对23个品类的尖端半导体制造设备的出口管制。该措施设置2个月的公告期,从2023年7月23日开始正式实施。23种产品包括半导体电路精细加工所需要的极紫外(EUV)光刻相关制造设备,以及在基板上加工薄膜来制作电路的蚀刻设备等。除了美国等42个与日本友好国家和地区,这些出口限制的设备在出口时,需要获得经济产业省的许可。中国属于需要申请获得许可的国家。

三、日本的碳中和之路

日本是全球较早采取措施应对气候变暖的国家之一,在2013年其碳排放达到峰值,实现碳排放与GDP增长的脱钩。根据日本国立环境研究所的数据,2022年日本温室气体排放量为11.4亿吨二氧化碳当量,比2021年减少2.7%,比2013年减少19.3%。[①]

日本积极采取措施实现《京都议定书》目标。1997年6月,日本经济团体联合会发布"环境自主行动计划",制造业以及能源、流通、运输、金融、建筑和贸易等37个行业制订环境自主行动计划,日本经济团体联合会设定整体的减排目标,即"努力在2010财政年度之前将产业部门和能源转换部门的碳排放量控制在低于1990年水平"。日本经济团体联合会1998年发布"环境自主行动计划"的跟踪结果,并每年对其进展进行跟踪。1998年,日本通过《地球变暖对策推进法》。这是日本第一部专门以应对地球变暖为目的的法律,也是应对地球变暖系列行动的第一步,明确国家、地方政府、企业和国民在应对全球变暖方面的责任,构建国家、地方政府、企业和国民共同应对气候变暖的基本框架。该法经过多次修订,目前仍处于有效适用的状态。《京都议定书》生效后的2005年4月,日本通过《京都议定书目标实现计划》,旨在实现温室气体排放比1990年的水平至少减少6%的目标,并确保实现《京都议定书》承诺的努力与中长期努力一致,促进中长期低碳技术的开发和推广,实现经济的可持续发展。基于此目的,明确国家、地方政府、企业和国民的责任,并从

---

① 日本温室气体排放量数据[DB/OL]. (2023-12-20)[2023-12-22]. https://www.nies.go.jp/gio/archive/ghgdata/index.html.

温室气体排放和吸收两个层面设定目标及应采取的具体措施。在《京都议定书》第一承诺期满的 2012 年,日本温室气体排放规模达到 13.4 亿吨二氧化碳当量,比 1990 年增加了 6.5%。①

日本参与国际气候治理的态度出现变化。日本受美国退出《京都议定书》的影响,加上其减排效果未能达到预期,明确拒绝就《京都议定书》第二期承诺减排目标,但也表示"2013 年以后将自主采取应对行动"。2010 年 10 月,日本通过《地球变暖对策基本法案》,指出控制温室气体排放的前提是建立一个公平且有效的国际框架,并在所有主要国家之间达成一致的目标协议,明确日本的减排目标,即到 2020 年,将在 1990 年的基础上减少 25% 的排放量,到 2050 年,将在 1990 年的基础上减少 80% 的排放量;在再生能源供应量方面,到 2020 年再生能源占一次能源供应量的比例达到 10%,增加再生能源利用,并实现可持续能源供应。此外,日本提出要在核电、交通运输、技术开发、国际合作等方面采取措施推动碳减排。②2012 年,日本公布"革新的能源、环境战略",通过三大支柱推动能源和环境领域的革新:一是构建不依赖核能的社会,加强核能安全措施,并逐步减少对核能的依赖,争取在 21 世纪 30 年代实现零核能发电。二是实现绿色能源革命,积极推进"绿色增长战略",促进绿色能源的普及和扩大,确立绿色能源作为社会基础能源,提高其稳定性。三是能源的稳定供应,通过火力发电、"热电联产"的高效利用、新一代能源相关技术开发,以及稳定低价的化石能源等确保能源的稳定供应。③

日本认同共同参与自主贡献的国际气候治理新框架,积极参与《巴黎协定》的谈判,并在 2016 年 11 月向联合国提交了正式加入《巴黎协定》的批准文书。2020 年 10 月,日本在第 203 届国会特别会议上宣布"到 2050 年将温室气体总排放量减少到零,实现碳中和";在 2021 年 4 月气候峰会上提出,根据 2050 年碳中和目标,明确在 2030 年温室气体排放量比 2013 年减少 46% 的减排目标,并努力实现 50% 的上限减排目标。2021 年 6 月,日本经济产业省公布《2050 碳中和绿色增长战略》,对其在 2020 年 12 月公布的《绿色成长战略》进行具体化,指出到 2050 年日本电力需求将比目前增加 30%—50%,其中 50%—60% 由可再生能源提供。日本政府利用预算、税制、金融、监管、国际合作 5 个政策工具,从产业政策和能源政策两个方面,为海上风电、氢能、核能、新一代住宅、商业建筑和太阳能等 14 个有望实现增长的关键领域制

---

① 2012 年"京都议定书目标完成计划进展情况检查"[EB/OL]. (2014-07-01) [2023-12-12]. https://www.env.go.jp/earth/ondanka/kptap/progress.html.
② 国会通过《地球变暖对策基本法案》[EB/OL]. (2010-10-08) [2023-12-22]. https://www.env.go.jp/press/13017.html.
③ 革新的能源、环境战略 [EB/OL]. (2012-09-14) [2023-12-22]. https://www.cas.go.jp/jp/seisaku/npu/policy09/pdf/20120914/20120914_1.pdf.

订行动计划,并设定较高的国家目标。根据模型预测,日本实施绿色增长战略,预计在2050年之前将每年为日本创造190万亿日元的经济效益。[①]

在地方政府层面,日本早在2012年制定了《都市低碳化促进法》,旨在推动城市的低碳化进程,减少温室气体排放,实现可持续城市发展。主要内容包括要求每个城市制定并实施低碳城市规划,规划应包括减少温室气体排放的目标、具体措施以及可再生能源的引入计划,推动城市能源效率提高,促进可持续交通系统的建设和普及低碳交通方式等。[②]在企业方面,日本主要采取碳排放限额、环境税、财政补贴支持企业优化能源管理等手段激励企业自主采取碳减排措施,实现企业低碳发展。日本经济产业省2021年3月设立2万亿日元的"绿色创新基金",旨在促进企业在低碳研发和设备方面的投入,推动产业结构低碳化转型。该基金共设立降低海上风电成本、新型太阳能蓄电池研发、构筑大规模液化氢供应链、"绿氢"制造等18个项目,面向低碳研发的实体公开招标。2022年3月,日本经济团体联合会公布"经济团体联合会碳中和行动计划",明确能源转化部门、制造业部门、运输部门及服务部门基本行动计划,以实现2050年碳中和目标。[③]

第二节　韩国经济:内外压力下出现负增长

2023年韩国经济在外部经济不确定性和内部结构性问题下面临重大压力,出口贸易受半导体出口大幅下滑拖累及地缘局势紧张的影响出现负增长,制造业增长乏力,经济增长速度降至3年来的最低水平。全球的高通胀、高利率等因素影响韩国出口恢复预期,导致制造业投资减少,加剧韩国经济困境。

一、韩国经济形势

2023年,韩国经济没有延续2021年以来的强劲复苏势头,内需持续疲软、出口大幅下挫、制造业投资减少等不利因素叠加物价、利率等方面的挑战,经济增长动力颓势渐显。据韩国银行(央行)2024年1月25日公布的统计数据,进入2023年,韩国的经济增长速度明显放缓,从下半年开始在IT行业周期性回弹的带动下,经济逐渐改善,第一季度至第四季度实际GDP同比增长速度分别为0.9%、0.9%、1.4%和

---

① 2050日本碳中和绿色成长战略颁布[EB/OL].(2021-06-18)[2023-12-22]. https://www.meti.go.jp/press/2021/06/20210618005/20210618005.html.
② 都市低碳化促进法[DB/OL].(2012-09-05)[2023-12-22]. https://www.mlit.go.jp/toshi/city_plan/eco-machi.html.
③ 经济团体联合会碳中和行动计划[EB/OL].(2022-03-30)[2023-12-22]. https://www.keidanren.or.jp/policy/2021/102.html.

2.2%,均低于 2022 年的季度增长水平。2023 年全年经济增长率降至 1.4%,①这是韩国自 2020 年经济收缩 0.7% 以来的最低水平,也是 25 年来首次低于日本的经济增长率。这与韩国银行的预期相近,韩国银行在 2022 年 11 月发布 2023 年的经济展望时就指出,受全球主要经济体增长疲软的影响,预计韩国 2023 年的经济增长将低于潜在水平,实际 GDP 将增长 1.7%。②

韩国银行预测,2024 年全球经济将面临通货膨胀加剧和利率上升的局势,同时地缘政治不确定性的加剧仍然对经济增长构成威胁。韩国国内消费支出和建筑投资等需求的复苏势头将有所减弱,但受益于超预期的出口增长,以疲软需求减弱核心通胀压力,消费者物价上涨趋势将趋于平缓,预计韩国经济将适度改善,实际 GDP 在 2024 年将增长 2.1%,与先前的预测保持一致。③根据 IMF 2024 年 2 月的预测,韩国实际 GDP 将在 2024 年增长 2.4%,2025 年将保持与 2024 年相同的增长速度。韩国在未来两年的经济增长速度将低于发展中经济体的平均水平,也低于全球平均水平,但高于发达经济体的平均水平。④

(一)消费者和企业对经济前景趋于谨慎,消费和投资增长速度大幅下滑

2022 年下半年,韩国消费者和企业对经济前景的判断趋于谨慎。2022 年下半年,韩国的经济情绪指数(ESI)再次出现低于 100 的情况。ESI 是一个综合性指标,用于衡量消费者和企业对经济状况和未来展望的整体情绪和信心水平。若 ESI 大于 100,说明消费者和企业等经济参与者对经济状况和未来持乐观态度,并表现出更高的消费意愿、投资意愿和信心。若 ESI 小于 100,则表示经济参与者对经济状况和未来持悲观态度,并表现出更谨慎的消费意愿、投资意愿。韩国的 ESI 在 2022 年 7 月再次低于 100,为 98.2。ESI 低于 100 的情况持续到 2023 年 12 月,且出现下降的趋势,2023 年 12 月降至 91.4。⑤

韩国的消费和投资受消费者及企业对经济前景谨慎预期的影响,增长速度大幅下滑。韩国私人消费在 2023 年第二季度出现下降态势,同比增长率从第一季度的 4.6% 降至 1.6%,第三季度进一步下挫至 0.2%,第四季度反弹至 1.0%。政府部门的

---

① Real Gross Domestic Product: Fourth Quarter and Annual 2023 [DB/OL]. (2024-01-25) [2024-02-05]. https://www.bok.or.kr/eng/bbs/E0000634/list.do?menuNo=400069&pageIndex=3.
② Economic Outlook (November 2022) [DB/OL]. (2022-11-24) [2024-03-02]. http://www.bok.or.kr/eng/bbs/E0000634/view.do?nttId=10074011&menuNo=400069&pageIndex=1%E3%80%82.
③ Economic Outlook (February 2024) [DB/OL]. (2024-02-22) [2024-03-02]. https://www.bok.or.kr/eng/bbs/E0000634/list.do?menuNo=400069&pageIndex=1.
④ World Economic Outlook Update, January, 2024 [DB/OL]. (2024-02-30) [2024-3-10]. https://www.imf.org/en/Publications/WEO/Issues/2024/01/30/world-economic-outlook-update-january-2024.
⑤ Economy and Market [DB/OL]. (2024-02-21) [2024-03-12]. https://kosis.kr/eng/statisticsList/statisticsListIndex.do?parentId=J1.1&menuId=M_01_01&vwcd=MT_ETITLE&parmTabId=M_01_01#content-group.

消费也从第二季度开始下降,同比增长率从第一季度的4.0%降至1.0%,第三季度小幅提升至1.1%,而在第四季度大幅下挫,出现1.0%的负增长。投资的下降出现在2023年下半年。2023年第一季度和第二季度,韩国"固定资本形成"仍然保持较高的增长率,分别同比增长了3.2%和3.0%,而在第三季度增长率降至0.4%,并在第四季度出现1.6%的负增长。投资的下降主要是受到设备投资下降的影响。在2023年第三季度和第四季度,设备投资分别下降了4.2%和3.8%。[1] 2023年,韩国设备投资预估指数(EIEI)大幅下降,比2022年下降5.4%,也低于2021年的水平。[2] EIEI表示企业或经济体在未来一段时间对设备投资的预估情况,用于衡量设备投资的预期水平或趋势。

(二)物价走高,韩元贬值

物价涨幅收窄但仍处于高位。2023年12月,韩国CPI为112.71(2020年为基期,基准指数为100)。该指数与前一个月相比基本保持不变,并比上年同期上升了3.2%。除食品和能源外的消费者物价指数在2023年12月为109.60,比上一个月上升了0.2%,比上年同期上升了2.8%。2023年全年,消费者物价指数为111.59,比2022年上涨3.6%。CPI涨幅虽然比2022年(5.0%)收窄,但与2021年(2.5%)相比仍处于高位。消费者物价指数涨幅在2016—2018年一直低于2%,2019年降至0.4%。从具体分类来看,2023年水电煤的物价上涨速度明显放缓,物价指数同比上涨2.7%,大幅度低于2022年的水平(6.9%),交通的物价指数同比下降0.2%。这两项在消费者物价指数中所占权重较高,分别为17.2%和10.1%,其上涨幅度的收窄有效抑制了消费者物价指数整体的上涨速度。食品和非酒精饮料的物价指数同比上涨6.2%,是消费者物价指数构成中上涨幅度最高的分类,且其所占权重较高,达到14.2%,这是推高2023年消费者物价指数的重要因素。[3]

2023年,韩国生产者物价指数为120.7(基期为2020年,基准指数为100),比2022年上涨1.6%,大幅度低于2022年的上涨速度(8.4%),但仍然处于高位。2023年生产者物价指数比2021年上涨了10.1%,比2020年上涨了17.2%。其中水电煤的上涨幅度最大,比2022年上涨了16.1%,而制成品价格指数则比2022年下降了0.9%。由于制成品在生产者物价指数中所占的权重最高,达到50.9%,其价格下降

---

[1] Real Gross Domestic Product:Fourth Quarter and Annual 2023 [DB/OL]. (2024-02-21) [2024-03-12]. https://www.bok.or.kr/eng/bbs/E0000634/list.do?menuNo=400069&pageIndex=3.
[2] Estimated Index of Equipment Investment [DB/OL]. [2024-03-12]. https://kosis.kr/statHtml/statHtml.do?orgId=101&tblId=DT_1F70011&vw_cd=MT_ETITLE&list_id=J1_6&scrId=&language=en&seqNo=&lang_mode=en&obj_var_id=&itm_id=&conn_path=MT_ETITLE&path=%252Feng%252FstatisticsList%252FstatisticsListIndex.do.
[3] Consumer Price Index in December 2023 [DB/OL]. (2023-12-19) [2024-03-12]. https://kosis.kr/eng/bulletinBoard/press-ReleasesList.do.

是抑制生产者物价指数整体上涨的重要因素。①

韩元持续贬值。 2023年韩元兑美元贬值1.8%,连续第3年贬值,在过去3年美元对韩元升值了15.86%,美元对韩元汇率2021年4月29日跌至最低点的1 107.63韩元,在2022年10月24日达到最高峰的1 444.60韩元。韩国的汇率受多种因素影响,包括韩国和美国之间存在显著的利率差异,韩国货物贸易逆差自2021年末以来持续存在等。

(三)贸易大幅下挫,逆差明显减少

2022年韩国出口贸易再创新高,贸易额同比增长6.1%,达到6 836亿美元,是有记录以来的最高水平,进口贸易额同比增长18.9%,达到7 314亿美元。2023年韩国贸易并没有延续2022年的高速增长趋势,反而大幅下挫,出口和进口分别比2022年下降7.5%和12.1%。但得益于原油、天然气和煤炭进口减少,逆差规模明显缩小,为103.5亿美元,2022年的逆差规模达到477.8亿美元。在2023年12月,韩国贸易形势明显改善,出口额为577亿美元,同比增长5.1%,达到年度最高水平,进口额为532亿美元,同比下降10.8%,贸易实现顺差,顺差规模为45亿美元。从产品结构来看,由于内存芯片价格从第四季度开始持续上涨,半导体出口在2023年12月同比增长21.8%,达到2023年最高水平的110亿美元。汽车出口得益于高附加值环保汽车和SUV销售的增加,在12月同比增长17.9%,连续第18个月实现增长。通用机械得益于美国、拉丁美洲和其他战略市场需求的持续增长,在12月同比增长2.2%,连续第9个月实现增长。从贸易伙伴来看,2023年12月,得益于汽车、通用机械和二次电池的需求增长,韩国对美国的出口同比增长20.8%,达到113亿美元。而对中国的出口受到钢铁出口放缓的影响,同比下降2.9%,降至109亿美元。②这是韩国20年来对美国的出口首次超过对中国的出口,表明在全球经济安全和科技竞争加剧的局势下,中国、韩国和美国三国的产业链分工模式及经贸模式正在发生变化。

二、经济提振政策

经济提振政策主要围绕物价体系、税制改革和人工智能三方面展开。

(一)启动"稳定物价特别机制",建立跨部门的特别物价稳定体系

2023年韩国物价上涨幅度虽然比2022年明显收窄,但仍然处于高位,高于政府

---

① Producer Price Index-December 2023(preliminary) [DB/OL]. (2024-1-23) [2024-03-12]. http://www.bok.or.kr/eng/bbs/E0000634/list.do?menuNo=400069&pageIndex=3.
② Korea's exports grow 5.1% in December [EB/OL]. (2024-01-02) [2024-03-12]. http://english.motie.go.kr/eng/13/topics/2/view?pageIndex=6&ctgCdN=2&bbsCdN=2&bbsSeqN=1631.

的通货膨胀目标，也高于 2020 年以前的水平。物价高企降低家庭的实际购买能力，尤其是低收入群体的购买力，抑制居民消费意愿，影响经济发展、居民生活。韩国政府为了应对通货膨胀和物价上涨的压力，加强价格管控，确保物价稳定，保障民众的生活水平，维护民生和经济发展的平衡，在 2023 年 11 月 9 日正式启动"稳定物价特别机制"，指定各部门次官级（副部级）官员为稳物价负责人，强化政府对价格稳定的管理和监督，提升主要商品价格的稳定性。

"稳定物价特别机制"改变以前由单一部门负责的方式，明确各部门次官负责所分管品目的价格和供需，权责清晰。农林畜产食品部将面包、牛奶、咖啡、方便面等 9 种消费者可直接感受到价格变动的商品定为重点管理对象。企划财政部负责鸡蛋、大葱、白菜等农畜产品，产业部负责石油类，农食品部和海水部负责主要食品和外出餐饮的价格。

(二) 修订税法，提升经济活力

韩国企划财政部在 2022 年 7 月发布《2023 年税法修正案》，同年 12 月在国会通过。《2023 年税法修正案》的主要目的是通过引进外国投资和人才、简化国际交易程序、绿色发展和创新等，促进韩国经济增长，提升国际竞争力。

《2023 年税法修改案》主要包括降低法人税、减免外国就业人员所得税等方面的内容。一是逐步降低法人税。韩国企业的法人税率将逐步按照目前的税收标准区间递减 1%。这有利于吸引国内外企业在韩国设立企业、扩大投资，并刺激创新和就业机会的增加。韩国政府希望通过鼓励更多的投资和企业发展，增强经济活力。

二是外国就业人员所得税优惠。外国劳动者的税收优惠期限从 5 年延长到 20 年。这意味着外国劳动者从在韩国开始工作的日期起，可以连续 20 年享受 19% 的单一税率特例。外国技术人员的所得税减免期限从 5 年延长到 10 年，外国技术人员或研究人员在韩国提供劳务所得可以在连续 10 年内享受 50% 的减免。这旨在吸引更多海外专业人才，促进技术开发等。

三是简化国际交易程序。修正案新增的关于国际交易的豁免要求和税收特例，旨在简化相关程序，减少企业在国际交易中的行政负担。这有利于提高韩国的商业环境，吸引更多的国际贸易和投资。

四是促进绿色发展和创新。修正案明确加速折旧特例适用于节能设施，以促进绿色发展和环保产业的发展。推动韩国经济低碳转型。

五是暂缓征收金融投资所得税。金融投资所得税是新引进的税种，对通过金融投资商品的所得予以合计征税。由于该税种涉及股市的国内外条件、投资者保护制度的完善等因素，政府暂缓开征金融投资所得税，自 2025 年 1 月 1 日起开征。根据原来的金融投资所得税开征时间表,主板及科斯达克市场上市股份的证券交易税税率自2023年起由现行法规定的0.23%下调为0.15%,但由于金融投资所得税暂缓开征,预计证券交易税税率也将从2023年的0.2%进行阶段性下调,自2025年开始适用0.15%的税率。

六是推行家族产业继承的继承税缓缴制度。对于继承符合家族产业继承税前扣除条件的中小企业,继承人可以在家族产业继承税前扣除和缓缴继承税两种方式之间进行选择。而根据之前税法的规定,继承人需要对继承财产全额缴纳继承税,并提供纳税担保和负担额外的利息。修订税法在缓缴制度方面适用较为宽松的事后管理要件,且不设上限金额。继承人可以根据经营环境选择有利于自己的纳税方式,有助于中小企业顺利实现家族产业继承。

此外还包括引入从海外子公司的股息中排除非计入利益,统一就业税额扣除、统一投资税额扣除率的调整,区域外交易账簿等备案和保管期限的延长等方面的内容。

(三)战略支持人工智能发展,构筑经济发展新动力

人工智能是目前世界上最具创新性的技术领域之一,在各行业和领域都具有广泛的应用潜力。人工智能的广泛应用可以提高生产效率、降低成本、改善产品和服务质量等,成为经济发展的新动力。韩国政府一直以来非常重视人工智能的发展,将人工智能产业作为战略性新兴产业,推出了多项政策和发展规划等促进人工智能领域的创新与发展,希望通过发展人工智能产业保持韩国在技术和创新方面的竞争优势。

2019年12月,韩国发布《人工智能国家战略》,提出"从IT强国向AI强国发展"的愿景,计划通过该战略实现到2030年创造455万亿韩元的经济效益,国家数字竞争力排世界第三、韩国在经合组织的生活质量排名提升至第十的三大目标。提出"构建引领世界的人工智能生态系统""成为人工智能应用领先国家""实现以人为本的人工智能技术"三大领域的9项战略和100个课题。在人工智能生态系统构建方面,扩充人工智能产业的数据、计算资源等核心基础设施;掌握全球领先国家水平的技术和产业竞争力;打造充满想象与挑战的制度环境;构建人人都能创业成长的核心生态系统。具体包括政府将全面开放公共数据,到2024年在光州建立人工智能园区,到2029年为新一代存算一体AI芯片研发投入1.0096万亿韩元,还将为AI初创企业发展提供放松管制、完善法律、成立投资基金等全方位支持,等等。在成为人工智能应用领先国家方面,培养世界顶尖人工智能专业人才,建立全民人工智能教育体系;将人工智能导入整个产业,提高韩国经济活力;成为新一代智能型政府,优先考虑国民需求。在实现以人为中心的人工智能技术方面,提前应对就业岗位变化,使所有人享受到人工智能带来的实惠;通过应对负面效应与制定人工智能伦理规范,打造安全的人工智能使用环境。

2023年3月,韩国制定《国家战略技术培育特别法》,就国家战略技术培育基本规划、战略技术的选定与管理、战略技术培育责任机构等做了规定。在人工智能方面,路线图制定了高效学习和人工智能平台优化、高级建模和决策、产业和创新AI、安全和可信任AI 4个重点技术任务。同年11月,韩国举行第四次国家战略技术特别委员会会议,审议通过了人工智能领域"以任务为中心的战略路线图",确立了至2030年发展人工智能的国家任务,明确核心技术目标以及投资和政策方向。路线图中的任务和目标将作为韩国政府研发投入和评价的主要标准,并将依技术和产业趋势适时调整。

2023年4月,韩国科学技术信息通信部(科技部)公布"巨型人工智能(AI)竞争力提升方案",指出巨型人工智能应用将决定产业竞争力,韩国将拓展非英语圈的全球市场,争取韩文巨型人工智能成为全球人工智能领域的领头羊。以政府计划、民间企业主导、政府提供扶持的方式构建巨型人工智能合作生态圈,发展医疗、法律、咨询等领域的人工智能应用服务,到2026年培育1万家作为人工智能生态系统核心的软件服务企业。政府以打造数据经济生态系统为目标,计划构建交通、安全、能源、城市四个重大领域相连的数字孪生,并分阶段扩至医疗、环境、行政等所有领域。从2020年开始至2027年在研究生院培养6.5万名人才,以扩大人工智能专业人才规模,同时面向100万名国民提供巨型人工智能应用方法指南教育。

2023年9月,韩国公布"人工智能跃进计划",促进人工智能的产业应用,提升国家在人工智能领域的国际竞争力。根据该计划,韩国政府将在2024年投入9 090亿韩元,推进人工智能在日常生活、产业及公共管理等领域的应用,以拓展人工智能的大规模商业需求,构筑产业发展动力,为数字化国家建设奠定基础。推动与美国、加拿大及欧盟等高校的联合研究,通过建立人工智能实验室等措施,加快专业人才的培育,推动硕士、博士交流,助推韩国人工智能迈向世界最高水平。成立"超大型人工智能促进会",制定人工智能法律和政策,强化AI伦理规范和可信赖性,预防AI技术发展带来的潜在风险等。探索制定"数字权利法案",建立"纽约倡议""巴黎倡议"所提出的数字新秩序及规范基础。

三、韩国的碳中和之路

韩国在《京都议定书》框架下没有量化的减排目标,但韩国仍然采取一系列措施促进经济的低碳转型。

早在1999年,韩国就公布了第一个"建筑节能标准"(KECDS),这个版本的标准主要关注建筑物的能源效率,包括建筑外墙、屋顶、窗户、采光、通风、空调等方面的要求等。之后又在2014年、2019年、2022年等多次更新了建筑节能标准,不断细化并提高建筑物的能源效率和节能要求,并引入更多的技术和措施,促进建筑行业的可持续发展和低碳化转型。

2008年8月,韩国政府公布《国家能源基本计划》,计划在2030年之前能源消费中化石原料的比重从83%降至61%,太阳能、风能、地热能等新再生能源的比重从2.4%提升至11%,达到2008年的4.6倍,核能增加到27.8%,GDP单位能源消费降低46%。同年9月,韩国政府推出《绿色能源产业发展战略》,确定绿色经济产业发展战略中优先增长九大重点领域,包括光伏、风力、高效照明、电力IT、氢燃料电池、清洁燃料等,同时推进阶段性增长的六大领域:热泵、小型热电联产、核能、节能型建筑等。

2009年1月,韩国提出"绿色工程"计划,该计划也称为"绿色新政",提出在未来4年内投资50万亿韩元在基础设施建设、低碳技术开发及创建绿色生活工作环境3个领域推进36个生态工程,创造大约96万个工作岗位,以拉动国内经济,为韩国未来的发展提供新的增长动力,同时确立低碳增长战略,促进经济低碳化发展。

2009年7月,韩国发布《绿色增长国家战略及5年计划》,计划从实现能源自立、创造新的绿色发展动力和发展绿色国土和绿色交通,改变生活模式几个方面推进国家战略,使韩国实现在2020年成为世界第七大"绿色强国",到2050年成为世界第五大"绿色强国"的目标,并制定实现路径及具体措施。

2010年1月,韩国政府颁布《低碳绿色增长基本法》,同年4月开始推行,明确到2020年以前将温室气体排放量减少到"温室气体排放预计量(BAU)"的30%。主要内容包括制定绿色增长国家战略,制定绿色经济产业、气候变化、能源等项目以及各机构和各单位具体的实行计划,构筑温室气体综合信息管理体制及建立低碳交通体系等。该法令构建了绿色增长的基本框架,是韩国全面推行低碳绿色增长的重要依据。

韩国从2009年着手推进全国碳市场建设,2015年1月,韩国正式启动全国性碳排放权交易市场(KETS)。韩国碳市场覆盖了钢铁、水泥、石油化工、炼油、能源、建筑、废弃物处理和航空业八大行业。韩国碳市场交易分2015—2017年、2018—2020年和2021—2025年三个阶段进行,三个阶段的配额从免费分配过渡到以免费分配为主、有偿拍卖为辅的方式。从2021年开始,KETS纳入了新的行业并增加了限额,覆盖实体从62个行业、589个企业扩大到69个行业、685个企业,排放总量覆盖达到73.5%,排放许可总量从第二期的年均5.92亿吨增加到6.09亿吨。[①]

在一系列绿色低碳减排的政策规制的支持下,韩国温室气体排放持续增长的趋势得到明显抑制。韩国2000年的温室气体排放规模比1990年增长了72.1%,2001年以后碳排放规模增长速度明显放慢,2010年比2000年增长了30.5%,在2018年温室气体排放实现达峰。2019年温室气体排放总量为7.012亿吨二氧化碳当量,同比下降3.5%,GDP同比上升2.0%,温室气体排放与经济增长初步脱钩,二者之间关系不断弱化。

2015年,韩国根据《巴黎协定》的要求,提出国家自主贡献减排目标,即到2030年,温室气体排放量将在2010年的基础上削减37%。2020年10月,韩国总统宣布韩国将在2050年前实现碳中和,是继中国、日本之后,第三个明确碳中和目标的亚洲国家。2020年,韩国政府制定《2050碳中和方案》,旨在加快能源转型,发展可再生能源等绿色技术,到2050年实现碳中和目标。2021年10月,韩国政府确定国家温室气体减排目标,力争在2030年前将国家温室气体排放量减到较2018年少40%。尹锡悦政府以此为基础,2023年制定了更为详细的减排规划,即"国家碳中和绿色增长基本规划",在未来20年内,将每5年制定一次。

韩国在2023年4月制订首个"国家碳中和绿色增长计划",该计划由总统直属的"2050碳中和绿色增长委员会"和环境部制订,是韩国政府最上位的法定规划。根据该规划,到2030年,韩国将努力将国家温室气体排放量降至4.366亿吨,在2018年7.276亿吨的水平上减少40%,并对工业、能源转换、氢能三个部分的减排目标进行了调整。具体来看,韩国政府考虑现实情况,将工业领域减排目标由此前的14.5%(2.226亿吨)调整至11.4%(2.307亿吨);能源转换领域减排目标由44.4%(1.499亿吨)上调至45.9%(1.459亿吨);氢能领域2030年前的排放量有望从760吨增至840吨。韩国政府到2027年将向研发碳中和产业核心技术、零碳能源和绿色转型升级、电动汽车和氢能汽车补贴等方面投入89.9万亿韩元。

第三节 中国与日韩经贸关系

中日、中韩经贸联系密切,但在应对近年来全球高技术产业链重构、经济增长低

---

① 王瑜,毛倩.韩国绿色金融发展现状与中韩绿色金融合作展望[EB/OL].(2021-12-25)[2024-03-12]. https://iigf.cufe.edu.cn/info/1012/4541.htm.

于预期等挑战中,中日、中韩之间的贸易、投资增长动力不足。不过,中国不断扩大中产阶级支撑的国内市场为中日、中韩的贸易投资等提供了良好的发展前景。

一、中国与日本的经贸关系

以下从双边贸易、直接投资等方面展开论述。

(一)双边贸易

中国和日本的双边贸易在2020年后逆势增长,但在2023年反而出现明显下滑。2023年中国与日本双边进出口贸易总额为3 179.99亿美元,比2022年下降10.7%。其中,中国对日本出口额为1 575.24亿美元,比2022年下降8.4%;中国自日本进口额1 604.75亿美元,比2022年下降12.9%。从月度来看,中国与日本的进口、出口贸易额均在3月份达到峰值,但仍低于2022年的水平。2023年,中国对日本的贸易逆差规模大幅减少,约为29.5亿美元,比2022年下降74.49%。①

(二)直接投资

2022年日本对华直接投资46.1亿美元,比2021年增长17.9%,自2014年以来再次超过40亿美元。近年来,日本对华直接投资持续处于相对较低的水平,约是2012年峰值73.5亿美元的一半。②截至2023年5月,日本累计在华投资设立企业55 805家,实际使用金额1 300亿美元,在我国利用外资总额国别中排名第二。③但日本在华投资企业的盈利连续两年出现下降,不容乐观。日本贸易振兴机构2023年11月发布的"2023年度海外投资日资企业情况调查"的结果显示,在中国的日资企业中,对2023年度利润的问题,回答"盈利"的企业占60.3%,比2022年下降4.6个百分点,连续两年出现下降情况。④

中国对日本直接投资规模相对较小,且呈下降趋势。2022年,中国对日本直接投资为4.0亿美元,比2021年下降47.37%。⑤截至2022年底,我国对日本直接投资累计约50亿美元,主要涉及制造业、金融服务、电气、通信、软件等领域。⑥

---

① 2023年12月进出口商品主要国别(地区)总值表(美元)[DB/OL].(2024-01-12)[2024-03-12]. http://www.customs.gov.cn/customs/302249/zfxxgk/2799825/302274/302275/5624373/index.html.
② 中国实际利用外商直接投资[EB/OL].[2024-03-12]. https://data.stats.gov.cn/easyquery.htm?cn=C01.
③ 中国同日本的关系[EB/OL].(2024-12-06)[2024-03-12]. https://www.mfa.gov.cn/web/gjhdq_676201/gj_676203/yz_676205/1206_676836/sbgx_676840/.
④ 2023年度海外投资日资企业情况调查(中国篇)[EB/OL].(2024-02)[2024-03-12]. https://www.jetro.go.jp/ext_images/china/20230307china.pdf.
⑤ 2022年中国—日本经贸合作简况[DB/OL].(2023-12-28)[2024-03-12]. http://yzs.mofcom.gov.cn/article/t/202312/20231203463462.shtml.
⑥ 中国同日本的关系[EB/OL].(2024-12-06)[2024-03-12]. https://www.mfa.gov.cn/web/gjhdq_676201/gj_676203/yz_676205/1206_676836/sbgx_676840/.

（三）中国和日本经贸关系面临的挑战与机遇

中国和日本经贸关系面临严峻挑战。世界经济增速放缓，中国经济增长低于预期，市场需求趋于疲软。中国面临严峻的产业海外转移压力，根据中国国家外汇管理局公布的数据，2023年中国国际收支中的直接投资负债增加330亿美元，该数据记录与在华外资实体相关的货币流量，与2022年相比下降了82%，达到1993年以来的最低水平。同时全球技术竞争深化，日本作为美国的同盟国，跟随美国对中国的进口限制等措施通过产业链扩张效应影响中日贸易。中国针对日本核污水排海这一行为，从8月24日起全面停止日本水产品的进口，中国从日本进口包括水产品在内的食品类进口额下降超过20%。

同时，中国和日本的双边贸易仍有可预期的发展前景。世界经济发展仍然存在多重不确定性，区域供应链的重要性更加凸显，RCEP的签署和生效为中日经贸合作拓展了空间。日本是中国重要的外商直接投资来源国，日本在中国的累计利用外资来源国中排名第一。2023年8月，国务院印发《关于进一步优化外商投资环境加大吸引外商投资力度的意见》，共计59项措施，截至2024年1月下旬，超六成政策举措已经落实或者已经取得积极进展。这将进一步提升中国对外商直接投资的吸引力。中国是日本最大贸易伙伴和最大出口市场，中日贸易占日本对外贸易总额的1/5以上。中、日两国在产业结构上有较强的互补性，通过分工合作可形成高度契合的产业链。中国在纺织品、粮食类消费品、家具和家居用品等对日贸易处于顺差状态，而在机械设备、电子产品、汽车及零部件、钢铁产品、化工产品等则对日贸易处于逆差状态，中国在这些品类的高端产品上对日本有较高的进口依赖程度。半导体领域的经贸联系是中国和日本产业互补互惠合作的代表性例证。中国是日本半导体制造设备的第一大出口目的地，日本对中国半导体制造设备的出口额是美国的近两倍。中国和日本半导体产业合作及其深化符合中日双方的经济利益。

二、中国与韩国的经贸关系

以下从双边贸易、直接投资等方面论述。

（一）双边贸易

2023年中国与韩国的进出口贸易总额为3 107.37亿美元，同比下降13.5%。中国对韩国出口1 489.87亿美元，同比下降7.2%；中国从韩国进口1 617.50亿美元，同比下降18.7%。在中国的统计口径下，韩国对华贸易逆差总额达127.6亿美元。[①]

[①] 2023年12月进出口商品主要国别（地区）总值表（美元）[EB/OL]．(2024-01-12) [2024-03-12]. http://www.customs.gov.cn/customs/302249/zfxxgk/2799825/302274/302275/5624373/index.html.

自1992年韩国和中国建交以来,除了在当年出现10亿美元的贸易逆差之外,韩国均处于顺差地位。韩国对中国贸易逆差的端倪在2022年已经显现,2022年10月开始,韩国对华贸易连续出现单月逆差,但2022年全年仍然维持在顺差状态,只是顺差规模明显下降。中国制造业的发展提高中间材料自给率,对韩国产中间材料的进口产生负面影响。中美技术竞争的加剧及韩国政府跟随美国的态度,影响韩国许多消费品在中国市场的人气,导致这些产品从韩国的进口下降。另一方面,韩国在动力电池产业核心原材料上严重依赖中国进口。据韩国贸易协会统计,2023年上半年氢氧化锂、硫酸镍、硫酸钴等动力电池主要原材料对中国的依赖度分别达到82.3%、72.1%和100%。2023年韩国在动力电池和氢氧化锂两项对中国的贸易逆差超过100亿美元。

(二)直接投资

韩国对中国贸易出现贸易逆差的同时,韩国对中国投资在快速增长。2022年,韩国对中国直接投资66.0亿美元,比2021年增长63.1%,自2004年以来再次超过60亿美元。中国对韩国直接投资5.4亿美元,比2021年增长14.9%。[1]截至2022年6月底,韩国对中国直接投资累计930.8亿美元,中国对韩国直接投资累计66亿美元。韩国是中国第二大外资来源国,中国是韩国第二大投资对象国。[2]

(三)中韩经贸关系面临的挑战与机遇

中国和韩国经贸关系面临严峻挑战。出口贸易是韩国经济发展的重要推动力之一,2023年韩国对中国出口大幅下降,贸易出现逆差,这为韩国经济带来压力。随着中国制造业的竞争力不断提升,中间品自给率逐渐提高,中国和韩国之间结构性的产业竞争日益凸显,对产业发展构成挑战。这影响韩国在推进经贸合作方面的动力。中美之间的供应链矛盾影响中国、韩国在东亚产业链分工中的位置,2023年12月,韩国对美国的出口20年来首次超过对中国的出口,影响中国和韩国的经贸联系。

同时,中国和韩国经贸关系发展也有诸多有利条件。中国作为全球最大的消费市场之一,拥有庞大的人口和不断增长的中产阶级,为韩国对中国投资提供良好的发展前景。韩国一些中间品和高附加值产品对中国制造业发展来说具有难以替代的需求,这为韩国提供更多的出口机会。中韩自由贸易协定的签署为两国企业提供更加

---

[1] 2022年中国—韩国经贸合作简况 [EB/OL]. (2023-12-28) [2024-03-12]. http://yzs.mofcom.gov.cn/article/t/202312/20231203463463.shtml.
[2] 中国同韩国的关系 [EB/OL]. (2023-12) [2024-03-12]. https://www.mfa.gov.cn/web/gjhdq_676201/gj_676203/yz_676205/1206_676524/sbgx_676528/.

便利的贸易环境和更低的关税壁垒。中韩政府加强了在知识产权保护、投资保护等方面的合作,为韩国企业在中国投资提供了更加稳定和可靠的法律保障。

三、中国国际进博会为日韩开拓中国市场提供新平台

以下分日本和韩国展开论述。

(一)日本

日本企业将中国进博会作为了解中国市场需求的重要平台,借助进博会开拓中国市场,与中国企业建立合作关系。

首届中国国际进博会,日本超过400家企业参加,参展面积超过2万平方米,是仅次于中国的第二大参展国。日本馆以"共创未来"为主题,重点展示了日本在人工智能、机器人、医疗、环保等领域的最新技术和产品。

2023年进博会共吸引了350家日本企业参展,占参展企业总数的10%以上。展品涉及汽车、能源、化学材料、电子零部件、食品饮料、化妆品以及保险金融服务等多个领域。松下连续六年参加进博会,本届进博会以1 000平方米的展出面积亮相消费品展区,围绕"绿智造 创未来"的环境口号和"关护无界 身心如悦"的生活愿景,带来多款助力中国实现"双碳"目标和给消费者生活加分的产品。东芝在本届进博会为了响应中国"双碳"目标,以"为了人类和地球的文明"的理念参展,展示在半导体、工业制造、减碳、能源、医疗、数字化六大领域的14项先进技术和解决方案,包括有效应对全球变暖的CCU/CCS二氧化碳分离回收技术、清洁能源大型抽水蓄能机组等"绿科技"。

日本贸易振兴机构(JETRO)上海代表处作为进博会的组展机构,每届都组织数百家日本企业参展,在多个展区设置JETRO展团,将高品质的产品和日式的生活方式介绍给中国消费者。每年进博会的JETRO展区也是一窥日中经贸关系、日本品牌在华事业动向的风向标。2023年是JETRO第6次参加进博会,共组织了150家日本中小企业和650种以上的日本产品进驻,分设"食品馆"和"消费品区"2个展区,其中食品馆的日本酒展台准备了清酒、烧酒、威士忌、梅酒等170款以上酒品,数量是2022年的3倍。在消费品区,不仅有美妆和营养品等品牌,户外主题特色凸显,户外品牌参展数从2022年的3家增加到了12家,包括顶级户外品牌雪峰(Snow Peak)等。

(二)韩国

韩国企业将中国国际进博会作为进军中国市场的重要平台。2018年2月首届中国国际进博会的推介会在首尔举行。在推介会上,韩国产业通商资源部表示将进

口博览会作为当年参展的最重要的国际博览会,并指定韩国贸易协会为官方组展机构开展相关工作。韩国两百多家企业参加首届中国进博会,覆盖生活用品、农水产食品、家用电器、美妆产品等多种行业,既有三星等韩国的大型企业,也有中小企业参展。从首届进博会开始,韩国贸易协会每年都组织韩国企业参展。

2023年第六届中国进博会共有近300家韩国企业参加,参展企业数量创历届之最,仅次于中国香港地区和日本、美国。现代汽车集团连续6届参与进博会,在第六届进博会上,现代汽车集团设立氢能、电动化、N品牌和进口车帕里斯帝四大展区,集中展现现代汽车集团构建的绿色和谐美好未来出行的新图景。LG商用洗烘首次参加进博会,亮相技术装备展区,展示LG商用洗涤在各行业、领域领先的解决方案与王牌洗烘产品,传递"高效、智能、安全、环保"理念,打造商用洗涤标牌。

韩国中小企业振兴公团首次参加第六届进博会,展出50余款产品,包含面膜类、牙膏类等日化用品,其中很多产品在韩国家喻户晓,但还未在中国上市。韩国中小企业振兴公团与上海市闵行区经济委员会、闵行区吴泾镇人民政府签订战略合作协议,为韩国中小企业开拓中国市场提供更多机会,拓展销售渠道,提升品牌知名度,促进韩国与中国在经贸领域的互利共赢。

第八章
东盟经济:打造"增长的中心"

2022—2023年,面对全球经济的超预期放缓和地缘经济分裂风险的加剧,东盟(ASEAN)不仅在迎来自身成立55周年之际,开启"共同应对挑战"的大幕,努力打造"增长的中心",还在《区域全面经济伙伴关系协定》(RCEP)的正式实施与全面生效中展现出自身作为主导者的担当与信心,继续以其为引领,加快自身的区域经济一体化进程。中国—东盟也在全面战略伙伴关系开启之际继续推进"可持续发展合作",并在迎来共建"一带一路"倡议和建设更为紧密的中国—东盟命运共同体提出10周年之时,进一步聚焦"农业发展和粮食安全合作",展开中国—东盟自由贸易区(FTA)3.0版谈判,双方的经济合作进一步加强。

第一节 2022—2023年东盟经济的主要表现

2022—2023年,面对俄乌冲突的持续影响、全球金融环境的持续收紧和国际货物贸易的疲软、地缘经济分裂风险的加剧,东盟经济增速在全球经济超预期放缓中,超预期提升后回调,一体化亦在RCEP实施效应的持续释放中不断加快,数字化、低碳化转型更是取得积极进展。

一、经济增速在超预期提升后回调

2022年,在强劲的内部消费和扩大的贸易与投资的有力推动下,东盟实际GDP同比增长5.6%,不但比2021年的增速进一步提升1.8个百分点(见表8-1),而且比全球平均增速快2.1个百分点。具体到各成员国,东盟老六国——马来西亚、菲律宾、印度尼西亚、新加坡、泰国、文莱分别实现8.7%、7.6%、5.3%、3.6%、2.6%、-1.6%的增长,东盟新四国——柬埔寨、老挝、缅甸、越南分别实现5.2%、2.3%、2.0%、8.0%的增长,仅有老六国中的泰国、文莱的增速低于2022年10月国际货币基金组织(IMF)报告的预测。

表 8-1 东盟经济增长一览 (单位:%)

经济体		2005—2014 年	2020 年	2021 年	2022 年	2023 年（预测）	2024 年（预测）	2028 年（预测）
	东盟	—	−3.7	3.8	5.6	4.3	4.7	—
老六国	文莱	0.4	1.1	−1.6	−1.6 (1.2)	−0.8	3.5	3.2
	印度尼西亚	5.9	−2.1	3.7	5.3 (5.3)	5.0	5.0	5.0
	马来西亚	4.9	−5.5	3.3	8.7 (5.4)	4.0	4.3	3.9
	菲律宾	5.4	−9.5	5.7	7.6 (6.5)	5.3	5.9	6.4
	新加坡	6.1	−3.9	8.9	3.6 (3.0)	1.0	2.1	2.5
	泰国	3.5	−6.1	1.5	2.6 (2.8)	2.7	3.2	3.0
新四国	柬埔寨	7.5	−3.1	3.0	5.2 (5.1)	5.6	6.1	6.3
	老挝	7.8	−0.4	2.1	2.3 (2.2)	4.0	4.0	4.5
	缅甸	8.4	3.2	−17.9	2.0 (2.0)	2.6	2.6	3.4
	越南	6.3	2.9	2.6	8.0 (7.0)	4.7	5.8	6.8

• 资料来源：东盟数据来自东盟秘书处，东盟成员国数据根据 IMF《世界经济展望》(2023 年 10 月、2022 年 10 月)整理而成。2022 年括号内数据为 2022 年 10 月的预测值。

2023 年，在内部需求和国际游客所促进的包括住宿、餐饮与交通在内的服务业复苏的推动下，东盟实际 GDP 有望同比增长 4.3%，虽然较 2022 年的增速低 1.3 个百分点，但依然比 2023 年 10 月 IMF 预测的 3.0% 的全球平均增速高 1.3 个百分点、4.0% 的新兴市场与发展中经济体平均增速高 0.3 个百分点。

印度尼西亚中央统计局的数据显示，2023 年第一、二、三、四季度 GDP 分别同比增长 5.04%、5.17%、4.94%、5.04%，第三季度为 9 个季度以来首次低于 5%。全年 GDP 同比增长 5.05%，较 2022 年的增速下降 0.26 个百分点，未能达成 5.3% 的政府既定目标。所有工业均实现增长，增速最快的运输与仓储为 13.96%，紧随其后的其他服务、住宿与餐饮服务增速也分别有 10.52%、10.01%，但制造业增速仅为 4.64%。

马来西亚统计局的数据显示，2023 年第一、二、三、四季度 GDP 分别同比增长 5.6%、2.9%、3.3%、3.0%。全年同比增长 3.7%，比 2022 年的增速下降 5.0 个百分点。供给方面主要由服务业、建筑业所驱动，需求方面主要由私人最终消费支出所拉动。第一、二、三、四季度，服务业分别同比增长 7.3%、4.7%、5.0%、4.2%，建筑业分别同比增长7.4%、6.2%、7.2%、3.6%,私人最终消费分别同比增长5.9%、4.3%、4.6%、4.2%。

菲律宾统计署的数据显示,2023年第一、二、三、四季度GDP分别同比增长6.4%、4.3%、5.9%、5.6%。全年同比增长5.6%,与2022年的增速相比下降2.0个百分点,同样未能实现政府6%至7%的目标。其中,第一、二、三、四季度,家庭最终消费支出分别同比增长6.4%、5.5%、5.0%、5.3%,建筑业分别同比增长14.6%、2.4%、12.4%、8.5%。前三季度,菲律宾政府基础设施支出同比增长19.1%,已超过全年5.3%的既定目标。[1]

新加坡贸工部的数据显示,2023年第一、二、三、四季度GDP分别同比增长0.5%、0.5%、1.0%、2.2%,且经季节性调整,第二、三、四季度分别环比增长0.4%、1.0%、1.2%,已扭转第一季度环比下降0.5%的萎缩态势。全年GDP同比增长1.1%。其中,第一、二、三、四季度,建筑业分别同比增长5.8%、6.4%、3.7%、5.2%,与国际旅游强劲复苏相关的住宿业分别同比增长22.5%、15.1%、12.6%、1.5%,食品与饮料服务业也分别同比增长10.9%、4.9%、2.9%、-1.5%,信息与通信业分别同比增长7.0%、5.3%、6.0%、4.7%。全年四者分别同比增长5.2%、12.1%、4.1%、5.7%,与2022年的增速相比,前两者分别提高0.6、9.9个百分点,而后两者分别下降11.3、2.4个百分点。

泰国国家经济和社会发展委员会的数据显示,2023年第一、二、三、四季度GDP分别同比增长2.6%、1.8%、1.4%、1.7%,但第四季度低于2.5%的预测值,且经季节调整环比减少0.6%。全年GDP同比增长1.9%,同样未能实现预期目标。第一、二、三、四季度,服务业分别同比增长5.2%、4.0%、4.0%、3.9%,其中运输与仓储分别同比增长12.5%、7.4%、7.1%、6.7%,住宿与餐饮服务分别同比增长34.4%、15.3%、15.0%、10.0%,全年三者同比增长4.3%、8.4%、18.0%,为经济增长的重要支撑。私人最终消费支出表现稳健,第一、二、三、四季度分别同比增长5.9%、7.3%、7.9%、7.4%,全年同比增长7.1%。

越南统计总局的数据显示,2023年第一、二、三、四季度GDP分别同比增长3.41%、4.25%、5.47%、6.72%。全年增长5.05%,比创下25年来新高的2022年下降近3个百分点,不但未能实现政府设定的6.5%的经济增长目标,而且在2011年至2023年间仅高于2020年、2021年的增长率。出口疲软与房地产行业的不景气是

---

[1] 菲政府已超额实现2023年基础设施支出目标[EB/OL].(2023-11-20)[2023-12-16]. http://ph.mofcom.gov.cn/article/jmxw/202311/20231103455180.shtml.

经济增速不及预期的重要原因。其中,农林渔、工业与建筑、服务部门全年分别增长 3.83%、3.74%、6.82%,对经济增长的贡献率分别为 8.84%、28.87%、62.29%。旅游业保持高速增长,国内消费需求也在延长增值税减税等利好政策下复苏,第三、四季度经济展现出积极态势。

二、货物贸易在增速放缓后大幅萎缩

2022 年,东盟货物贸易进出口、出口、进口总额(见图 8-1)分别同比增长 14.9%、14.1%、15.8%,尽管增速比 2021 年相应放缓 10.4、9.0、12.0 个百分点,还是以强劲表现处于相对快速的攀升轨道中。具体到各成员国,根据东盟秘书处的统计,东盟老六国——文莱、印度尼西亚、马来西亚、新加坡、泰国、菲律宾进出口总额分别同比增长 24.9%、23.7%、21.8%、14.8%、9.6%、7.4%,其中出口额分别同比增长 22.3%、26.0%、19.2%、12.7%、5.8%、5.8%;东盟新四国——老挝、缅甸、柬埔寨、越南进出口总额分别同比增长 26.5%、21.2%、19.6%、9.5%,其中出口额同比增长 24.2%、20.7%、22.4%、10.5%。

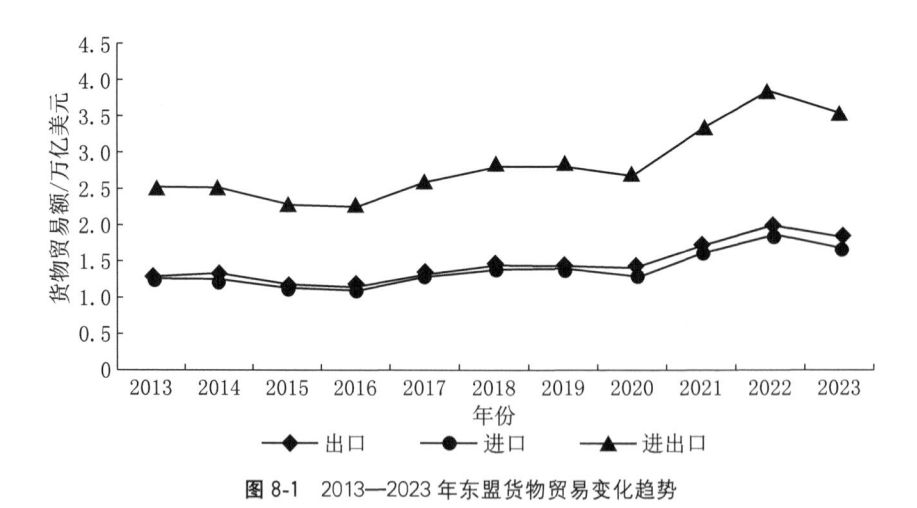

图 8-1　2013—2023 年东盟货物贸易变化趋势

· 资料来源:根据东盟秘书处的统计数据绘制而成。

2023 年,面对全球货物贸易的低迷和半导体需求的疲软,对外货物贸易深受区域外部影响,初步数据显示,东盟全年进出口、出口、进口总额分别同比减少 7.4%、5.9%、9.0%;第一、二、三、四季度,进出口额分别同比减少 2.1%、14.6%、11.9%、0,出口额分别同比增长 2.2%、−13.6%、−10.7%、−0.6%,进口额分别同比增长 −6.6%、−15.7%、−13.1%、0.7%。

根据印度尼西亚中央统计局的数据,2023 年印度尼西亚货物贸易出口、进口总额分别同比减少11.33%、6.55%。其中,非油气出口、进口分别同比减少11.96%、5.57%,制成品出口同比减少9.26%,中间产品进口同比减少11.09%。专门制定出口增长政策措施、加强政府与企业合作的"国家促进出口特别工作组",已于2023年9月成立。①

根据马来西亚统计局的数据,2023年马来西亚货物贸易进出口、出口、进口总额分别同比减少7.3%、8.0%、6.4%。占有85.4%出口份额、83.7%进口份额的制成品,出口、进口分别同比减少6.7%、5.7%。在制成品中占有47.3%出口份额、35.1%进口份额的电子电器产品,出口、进口分别同比减少3.0%、9.5%。中间品进口更是同比减少12.1%。

根据新加坡企业发展局的数据,2023年新加坡货物贸易进出口、出口、进口总额分别同比减少11.7%、10.1%、13.4%。由于油价的下跌和全球电子商品需求的低迷,新加坡无论石油还是非石油本地出口都处于下降中,分别同比减少14.2%、13.1%。

根据菲律宾统计署的数据,2023年菲律宾货物贸易进出口、出口、进口总额分别同比减少8.0%、7.6%、8.2%。其中,占有出口总额57.0%、进口总额21.1%的电子产品,出口、进口分别同比减少9.2%、18.7%。

根据泰国商业部的数据,2023年泰国货物贸易进出口同比下降2.4%至5743.16亿美元,其中出口同比下降1.0%至2845.62亿美元,进口同比下降3.7%至2897.54亿美元,但截至12月进出口、出口总额已分别连续3个月、5个月同比增长。

根据越南统计总局的数据,2023年越南货物贸易进出口、出口、进口总额分别同比减少6.6%、4.4%、8.9%,继2009年之后进出口总额再次出现萎缩。贸易顺差达280亿美元,不但已连续8年顺差,而且创历史新高。农、林、水产品出口成为亮点,果蔬、大米出口额均创新高。第四季度出口、进口总额更是分别同比增长8.8%、8.0%,环比增长3.2%、6.3%,显示出明显的复苏迹象。

三、外商直接投资重要目的地地位强化

2022年,尽管全球FDI流量同比萎缩12%,②东盟吸收的FDI还是在2021年大幅增长后的高基数上继续同比增长6.0%,达到2257.94亿美元(见图8-2),创历史

---

① 曹师韵.印尼经济保持平稳增长态势[N].人民日报,2023-12-14(12).
② UNCTAD. World Investment Report 2023: Investing in Sustainable Energy for All [M]. New York: United Nations Publications, 2023:3.

新高。其中,老六国同比增长4.7%,新四国也一改2021年的萎缩态势,同比增长18.3%;前者除文莱外、后者除老挝外,或多或少都有所增加。根据联合国贸发会议(UNCTAD)《世界投资报告2023》的数据,流入东盟的FDI占全球FDI流入量的17.2%,比2021年提升2.8个百分点,连续两年超越中国,位居美国之后,成为世界第二大FDI目的地。具体到各成员国,新加坡吸引的FDI同比增长7.7%至1 411.87亿美元,占流入东盟FDI的62.5%,依然为流入东盟FDI的最大目的地,并上升1位成为全球仅次于美国、中国的第三大FDI目的国。[1]马来西亚吸引的FDI同比增长40.8%至170.96亿美元,创历史新高。越南、印度尼西亚吸引的FDI分别同比增长14.3%至179.00亿美元、4.7%至221.16亿美元,印度尼西亚还上升3位,成为全球第十七大FDI目的国。但2021年创下历史引资纪录的菲律宾,其吸引的FDI同比下降21.8%至93.66亿美元。

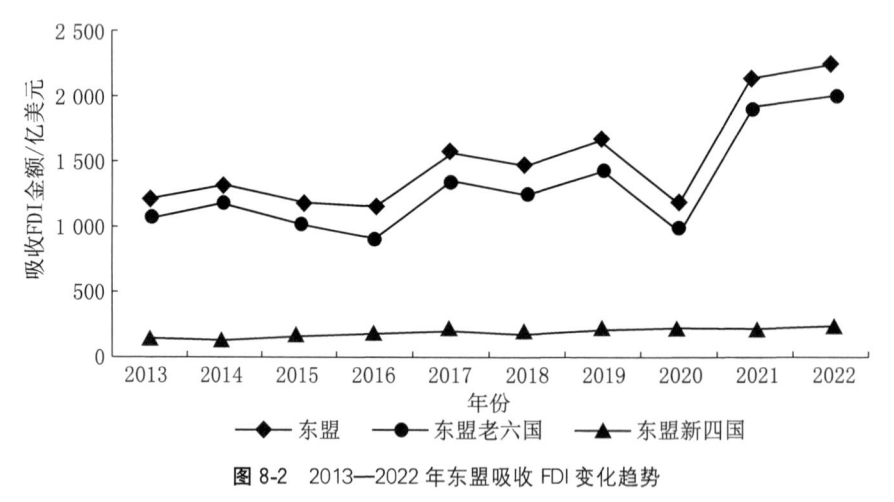

图8-2 2013—2022年东盟吸收FDI变化趋势

· 资料来源:根据东盟秘书处的统计数据绘制而成。

2023年,面对全球FDI持续存在的下行压力,东盟初步的统计数据显示,上半年流入的FDI同比下降11.5%至995亿美元,东盟内部FDI更是大幅收缩33.7%至104亿美元,但数字经济领域的科技公司和初创公司完成的交易同比增长41%,以再生能源为中心的行业也因对新能源需求的不断增加而展现出持续的吸引力。[2]

印度尼西亚投资协调委员会的数据显示,2023年第一、二、三、四季度,印度尼西亚落实的FDI分别为119.60亿美元、125.88亿美元、132.60亿美元、124.59亿美元;全年约503亿美元,已超2022年落实的FDI金额。

---

[1] UNCTAD. World Investment Report 2023: Investing in Sustainable Energy for All [M]. New York: United Nations Publications, 2023:8.

[2] ASEAN Secretariat. ASEAN Economic Integration Brief No.14 [M]. Jakarta: ASEAN Secretariat, 2023:4.

马来西亚投资发展局的数据显示,2023年马来西亚批准的外资达到410.38亿美元,同比增长11.1%。制造业批准的外资更是同比增长87.3%,达到279.82亿美元;电子电器产品依然是其中批准外资最多的部门,同比增长185.0%至179.57亿美元,占有64.2%的份额,比2022年进一步提升22.0个百分点。

菲律宾统计署的数据显示,2023年前3个季度,菲律宾投资促进机构共批准外商投资4 946.19亿比索,是2022年同期的7.2倍;第四季度批准的外商投资更是同比增长127.2%,达到3 944.5亿比索。其中绝大部分资金来自欧洲,且主要流向可再生能源行业。但根据菲律宾中央银行的统计,2023年菲律宾FDI净流入量同比下降6.6%至89亿美元。[1]通胀加剧和利率上升是外资减少的主要原因。

泰国投资促进委员会的数据显示,2023年共批准FDI项目1 350个,同比增长68.1%,合计5 590.09亿泰铢,同比增长78.1%。其中:电器及电子工业共受理240个项目,合计3 403.40亿泰铢;批准201个项目,合计2 674.01亿泰铢。机械及车辆工业共受理305个项目,合计847.10亿泰铢;批准257个项目,合计805.22亿泰铢。

越南计划投资部的数据显示,截至2023年12月20日,越南吸引的FDI同比增长32.1%至366.1亿美元。其中,新注册资金、新签投资项目分别同比增长62.2%、56.6%,相应达201.9亿美元、3 188个。实际利用FDI同比增长3.5%至231.8亿美元,创历史新高。加工制造业依然是FDI的重要目标行业,外资注册资金额同比增长39.9%至235亿美元,占全国外资注册资金总额的64.2%。

四、RCEP全面实施,经济转型和一体化持续推进

随着2022年1月正式实施的RCEP相继于2023年1月2日对印度尼西亚、6月2日对菲律宾正式生效,其已在全部15个签署国之间全面实施。2023年8月举行的RCEP第二次部长级会议,除了各方承诺高水平履行相应义务之外,还为促进和协调RCEP的全面实施,通过《RCEP秘书机构职责范围》《RCEP秘书机构筹资安排》、要求确保RCEP秘书机构在2024年开始运作。RCEP联合委员会关于加入程序的讨论亦已取得进展,RCEP第二次部长级会议鼓励其继续进行讨论以及时完成加入程序。[2]根据东盟秘书处的统计,东盟对RCEP其他成员的货物贸易进出口、出口、进口总额,2022年分别同比增长14.7%、14.5%、14.8%,相应占有东盟货物贸易总额

---

[1] Bangko Sentral ng Pilipinas. FDI Net Inflows Rise to US＄826 Million in December 2023; Full-Year 2023 Level Reaches US＄8.9 Billion [EB/OL]. (2024-03-11)[2024-03-16]. https://www.bsp.gov.ph/SitePages/MediaAndResearch/MediaDisp.aspx?ItemId=7026.

[2] 《区域全面经济伙伴关系协定》(RCEP)第二次部长级会议联合新闻声明[EB/OL]. (2023-08-31)[2023-09-11], http://gjs.mofcom.gov.cn/article/fta/asia/202308/20230803436838.shtml.

56.8%、51.8%、62.1%的份额;2023年分别同比减少7.6%、5.1%、9.8%,比整体的平均降速分别慢-0.2、0.8、-0.8个百分点,所占份额比2022年相应提升-0.1、0.5、-0.7个百分点。RCEP的贸易创造效应仍有待进一步释放。

东盟数字经济、绿色经济转型持续推进。2023年,除东盟峰会分别就"发展数字经济框架协议""发展区域电动汽车生态系统"发布领导人声明/宣言外,《东盟数字经济框架协议》谈判已于9月正式启动,力争在2025年前完成磋商,2030年将东盟数字经济的潜在价值提升至2万亿美元。《电动汽车生态系统发展研究》也已在2023年11月完成,致力于将东盟打造成电动汽车的全球生产中心。东盟领导人关于"建立东盟乡村网络"的联合声明也已发布,确定持续利用海洋资源合作范围及相关活动的《东盟蓝色经济框架》亦获通过。东盟经济共同体理事会还在9月通过《东盟碳中和战略》,为加速区域低碳转型指明道路,并利用区域优势和成员互补性以补充各自的国家自主贡献目标。①

东盟内外经济一体化持续推进。2023年,东盟以"东盟要旨:增长的中心"为主题。继2022年原则上同意接纳东帝汶为第11个成员国后,东盟再进一步通过《东帝汶成为东盟正式成员路线图》及其附件,重申为东帝汶提供能力建设援助和其他必要的相关支持。东盟峰会还分别就"加强东盟能力与机构有效性""推动区域支付互联互通与促进本币交易""加强粮食安全与营养以应对危机"发布领导人声明/宣言。《关于东盟作为增长中心的东盟领导人宣言》更是明确,要灵活主动地利用新的增长动力——全球供应链、数字转型、绿色经济、蓝色经济、创新经济、包容经济,释放地区增长潜力。2022年3月启动的《东盟货物贸易协定》升级谈判也已步入基于文本的磋商阶段,《东盟全面投资框架协定第五修订议定书》亦已实质性达成,《东盟服务便利化框架》更是于2023年8月完成。《建立东盟—澳大利亚—新西兰自由贸易区协定第二修订议定书》也已于2023年8月启动签署工作。根据东盟秘书处的数据,东盟内部货物贸易进出口、出口、进口总额,2022年分别同比增长20.3%、20.9%、19.6%,相应占有22.3%、22.9%、21.6%的东盟货物贸易份额;2023年分别同比下降10.1%、8.7%、11.7%,所占份额相应为21.6%、22.3%、20.9%。

第二节　影响2022—2023年东盟经济的主要因素

2022—2023年,全球金融环境的持续收紧,尤其是主要发达经济体的利率维持高位,使相对依赖出口和FDI、极易受外部需求减少影响的东盟成员国的制造业同样低

---

① ASEAN Secretariat. ASEAN Economic Integration Brief No.14 [M]. Jakarta: ASEAN Secretariat, 2023:7.

迷,通货膨胀总体面临较大压力。而地缘经济分裂风险的加剧,在对国际贸易和全球供应链的稳定构成挑战的同时,也使东盟成员国经济增长所面对的复杂性相应增加。

一、全球金融环境持续收紧与东盟通胀整体压力变化

美联储始自2022年3月的11次加息、欧洲央行始自2022年7月的10次加息、英国央行始自2021年12月的14次加息,已使其累计加息幅度分别达到525、450、515个基点。主要发达经济体的利率快速攀升并维持高位,全球货币政策呈现紧缩态势。亚洲开发银行的数据显示,包括东盟成员国、东帝汶在内的东南亚地区的通货膨胀率2022年为5.1%,2023年预计为4.2%。虽然通胀已因全球大宗商品市场压力的缓解而有所回落,但还是高于2020年前的水平。

具体到各成员国,表现也各有不同。根据东盟秘书处及各成员国相关统计机构的数据,印度尼西亚2022年、2023年的全年通胀率分别为5.51%、2.61%,已降至其央行设定的2%—4%目标范围内。印度尼西亚央行为稳定汇率、遏制输入性通胀,在2023年10月将基准利率自同年1月以来首次上调25个基点至6%。菲律宾2022年、2023年的全年通胀率分别为5.8%、6.0%,但2023年12月的通胀率回落为3.9%,自2022年3月以来首次降至其央行设定的2%—4%目标范围内,比2023年1月的8.7%已大幅降低。为遏制通胀,菲律宾央行在2023年2月、3月、10月将主要政策利率分别上调50、25、25个基点,基准利率已升至6.5%。新加坡2022年的全年通胀率为6.1%,2023年已降至4.8%,但2023年12月CPI环比小幅上涨0.4%。越南2022年的全年通胀率为3.15%,2023年12月CPI同比增长3.58%,全年CPI同比上涨3.25%。马来西亚2022年的全年通胀率为3.3%,2023年已回落为2.5%;2023年11月、12月均仅为1.5%,降至2021年2月以来最低水平。泰国2022年的全年通胀率为6.1%,2023年12月CPI同比下降0.83%,不但已连续3个月下降,而且已降至34个月以来的最低值。全年CPI同比上涨1.23%。泰国央行从2022年8月至2023年10月已连续9次加息25个基点,仅2023年就连续加息5次,基准利率已提高至2013年10月以来的最高点2.5%。

此外,根据亚洲开发银行2023年9月的报告,2023年文莱、柬埔寨、缅甸、老挝的通胀率分别预计为1.5%、3.0%、14.0%、28.0%,前三者相应比2022年下降2.2、2.3、4.4个百分点,但老挝提升5.0个百分点,[1]而本币贬值是缅甸、老挝通胀维持高

---

[1] Asian Development Bank. Asian Development Outlook September 2023[EB/OL]. (2023-09-20)[2023-12-20]. https://www.adb.org/sites/default/files/publication/908126/asian-development-outlook-september-2023.pdf.

位的重要原因。

二、全球制造业的持续低迷与东盟采购经理指数的分化表现

根据中国物流与采购联合会公布的数据，2023年全球制造业采购经理指数（PMI）由1月的49.2%降至12月的48.0%，已连续15个月位于50%的荣枯线下。而全球制造业的持续低迷也意味着东盟的外部需求减弱。

具体到各成员国的制造业PMI表现，则是明显分化。根据亚洲开发银行的数据，2023年前10个月，大宗商品生产国、以内需为主的印度尼西亚，其制造业PMI相对稳定，且均在荣枯线上，已由1月的51.3%小幅升至51.5%，最高的8月曾达到53.9%。外需为主的马来西亚，其制造业PMI同样稳定，但均在荣枯线下，由1月的46.5%小幅升至10月的46.8%，最高的3月、4月也仅为48.8%，且已连续14个月在荣枯线下。旅游业占重要位置、以内需为主的菲律宾，其制造业PMI仅有8月在荣枯线下，但由1月的53.5%降至10月的52.4%。严重依赖进出口的新加坡，其制造业PMI总体处于回升状态，已由1月的49.8%升至10月的50.2%，几乎自2022年9月起连续12个月在荣枯线下，仅有2023年9月、10月在荣枯线上。同样依赖进出口的越南，其制造业PMI虽然也是总体处于回升态势，由1月的47.4%升至10月的49.6%，但仅有2月、8月在荣枯线上，分别为51.2%、50.5%。同样旅游业占重要位置的东南亚最大汽车制造国泰国，其制造业PMI则是总体处于下降态势，由1月的54.5%大幅降至10月的47.5%，已连续3个月在荣枯线下，且从最高的4月60.4%开始一路下滑。

三、地缘经济分裂风险加剧与东盟区域经济合作的中心地位

正努力打造经济增长中心、持续维护区域经济合作主导地位的东盟，既受益于全球产业链、供应链的加速重构，也因地缘经济分裂风险的加剧而不得不面对相应的挑战与不确定性。美国2022年5月正式宣布启动并积极主导推进的"印太经济框架"（IPEF），致力于印太地区以价值观同盟为基础的"可信赖"供应链的构建和"共同价值观"盟友关系的促进，已于2023年11月就其"供应链"支柱正式签署协议，"清洁经济""公平经济"支柱的磋商也已实质性完成。IPEF不但包括《全面与进步跨太平洋伙伴关系协定》（CPTPP）的东盟成员国新加坡、马来西亚、文莱、越南，而且进一步将东盟老六国中的印度尼西亚、泰国、菲律宾纳入其中，仅有东盟新四国中的柬埔寨、老挝、缅甸被排除在外，对东盟主导的既有区域经济一体化或多或少形成一定的冲击，与东盟维护以其自身为中心的地区架构的初衷与努力更是差异明显。世界贸易组织的研究显示，贸易、FDI沿地缘政治的方向加以重新调整的初步迹象已

经显现。①2023年前7个月,不包括中国的亚洲其他贸易伙伴占美国零部件贸易的份额下降至27.0%,分别比2022年、2019年同期减少4.0、0.5个百分点。②根据东盟秘书处的统计,2023年东盟对美国出口同比下降5.7%。

2023年的东盟峰会,不仅强调东盟仍旧是印太地区的增长中心,还重申维护以东盟为中心的地区架构的重要性,进一步明确加强自身在更广泛的亚太和印度洋区域的活动,通过东盟主导的现有机制推进印太地区合作。在东盟主导机制下切实推进《东盟印太展望》(AOIP)四大优先领域——海上合作、互联互通、联合国2030可持续发展目标、经济和其他可能领域合作的落地实施,也因此成为东盟峰会及东盟未来发展的重要任务。东盟还分别与中国、韩国、美国专门就AOIP合作发表联合声明。

第三节 中国—东盟经贸关系

2022年、2023年分别被确定为中国—东盟"可持续发展合作年""农业发展和粮食安全合作年"。双方不仅分别就关于AOIP互利合作、深化农业合作发表联合声明,还推出"农业绿色发展行动计划(2023—2027)",加强电子商务合作,共同推进实施科技创新提升计划,并签署《技术合作协议》,积极推进中国—东盟FTA 3.0版谈判,持续加强互联互通,切实深化产业链、供应链合作。中国—东盟"携手打造经济增长中心",经贸制度型开放的水平全面提升,增长的内生动力加速释放,高质量共建"一带一路"亦不断取得标志性成果。③

一、东盟跃升为中国最大货物贸易出口目的地

根据中国海关的统计,中国—东盟货物贸易进出口、出口、进口总额2022年分别同比增长11.2%、17.7%、3.3%,相应占有中国对外货物贸易总额的15.5%、15.8%、15.0%,比2021年分别提升1.0、1.4、0.3个百分点。东盟秘书处的数据显示,东盟对华货物贸易进出口、出口、进口总额2022年分别同比增长7.7%、3.2%、11.0%,相应占有18.8%、14.8%、22.9%的份额,比2021年分别下降1.2、1.6、1.0个百分点,贸易逆差比2021年扩大339.41亿美元。中国继续作为东盟仅次于自身的最大货物贸易伙伴和超越自身的最大进口来源地,但中国自2011年起连续11年

---

① WTO. World Trade Report 2023: Re-globalization for a secure, inclusive and sustainable future [M]. Geneva: WTO, 2023: 32.
② WTO. Global Trade Outlook and Statistics-Update: October 2023[M]. Geneva: WTO, 2023:11.
③ 李强.在第26次中国—东盟领导人会议上的讲话[N].人民日报,2023-09-07(2).

的东盟除自身外的最大出口市场地位被美国以 1.98 亿美元之差所超越,下降 1 位成为东盟第二大出口目的地。

2023 年,中国对东盟货物贸易进出口、出口、进口总额(见图 8-3)分别同比下降 4.9%、5.0%、4.8%,比中国整体的对外货物贸易进出口、进口降速相应慢 0.1、0.7 个百分点,但比中国整体的对外货物贸易出口降速快 0.4 个百分点。在中国前三大货物贸易伙伴中进出口降速最慢,比欧盟、美国分别慢 2.2、6.7 个百分点。东盟占中国对外货物贸易进出口、出口、进口总额的比重分别为 15.4%、15.5%、15.2%,依然为中国的最大货物贸易伙伴、进口来源地,并继 2022 年超越欧盟后又超越美国成为中国的最大出口目的地。越南、马来西亚依然为中国在东盟的前两大货物贸易伙伴,2023 年进出口总额分别同比下降 0.5%、5.2%。中国对老挝的货物贸易进出口、出口、进口总额全部上扬,分别同比增长 26.6%、48.4%、11.9%。中国从柬埔寨、越南的进口也分别同比增长 12.6%、4.8%。根据东盟秘书处的数据,2023 年东盟对华货物贸易进出口、进口总额分别同比减少 2.7%、5.1%,但出口总额同比微增 0.8%,相应占有 19.7%、23.9%、15.9%的份额,均比 2022 年有所提升,中国超越美国重回东盟最大出口市场位置。

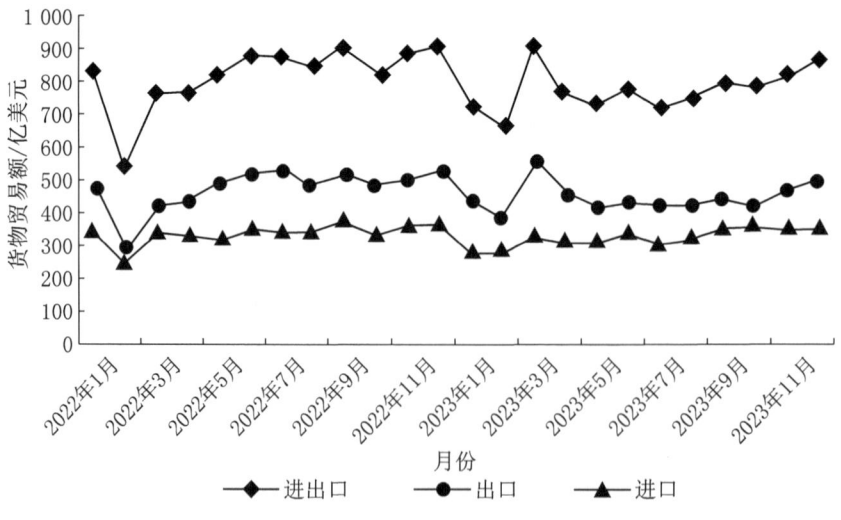

图 8-3 中国对东盟货物贸易变化趋势(2022 年 1 月—2023 年 11 月)

• 资料来源:根据中国海关统计数据绘制而成。

二、东盟在中国对外直接投资中的地位上升

截至 2023 年 7 月,中国与东盟的双向投资已累计超 3 800 亿美元。[①]中国商务部的统计显示,中国对东盟的直接投资流量 2022 年同比下降 5.5%至 186.5 亿美元,存量

---

① 杨啸林.中国与东盟高质量合作空间广阔[N].经济日报,2023-09-08(8).

为1 546.6亿美元,占中国对外直接投资流量、存量的比重较2021年分别提升0.4个百分点至11.4%、0.6个百分点至5.6%,比中国整体的对外直接投资流量降速慢3.3个百分点;东盟依然为中国的第二大对外直接投资目的地,新加坡、印度尼西亚、越南、马来西亚、泰国、柬埔寨6个成员国居于中国对外直接投资流量前20位国家(地区)之列,分别列第3、6、13、15、16、19位。中国在东盟设立的直接投资企业2022年末超6 500家,雇用的外方员工逾66万人。根据东盟秘书处的统计,东盟吸收的中国直接投资2022年同比下降7.9%至155.39亿美元,占东盟吸收FDI的比重减少1.0个百分点至6.9%,中国依然为东盟除自身外仅次于美国、日本、欧盟的第四大FDI来源地。

中国对东盟制造业的直接投资流量,虽然2022年同比下降4.7%至82.15亿美元,但比对东盟整体降速慢0.8个百分点,占有的份额更是比2021年提升0.3个百分点至44.0%,依然为第一大目标行业(见表8-2),印度尼西亚、越南、新加坡、马来西亚为主要目的地。中国对东盟的制造业直接投资流量占中国制造业对外直接投资流量总额的比重,2022年为30.2%,比2021年减少1.9个百分点。中国对东盟采矿业的直接投资流量,2022年同比增长235.5%至18.15亿美元,占有的份额比2021年提升7.0个百分点至9.7%,一跃而为第三大目标行业。2023年前7个月,新加坡、印度尼西亚、越南、马来西亚、泰国、柬埔寨、老挝七个成员国位列中国企业对"一带一路"共建国家非金融类直接投资的前10位。①

表8-2 中国对东盟直接投资前10位的行业

行业	流量				存量			
	金额/亿美元		比重/%		金额/亿美元		比重/%	
	2021年	2022年	2021年	2022年	2021年	2022年	2021年	2022年
制造业	86.20	82.15	43.7	44.0	417.65	492.84	29.8	31.9
批发和零售	31.73	42.00	16.1	22.5	205.61	247.68	14.6	16.0
采矿业	5.41	18.15	2.7	9.7	40.68	57.33	2.9	3.7
电力/热力/燃气及水的生产和供应业	14.53	15.78	7.4	8.5	141.78	144.83	10.1	9.4
金融业	6.50	9.36	3.3	5.0	76.30	80.81	5.4	5.2
租赁和商务服务业	21.45	6.01	10.9	3.2	224.41	224.85	16.0	14.5
信息传输/软件和信息技术服务业	4.02	4.13	2.0	2.2	24.97	34.12	1.8	2.2
教育		2.17		1.2		3.81		0.2
居民服务/修理与其他服务业	6.03	1.99	3.1	1.1	13.43	14.19	0.9	0.9
建筑业	5.85	1.59	3.0	0.9	100.76	95.09	7.2	6.1

• 资料来源:根据2021、2022年度《中国对外直接投资统计公报》整理而成,以2022年的流量为序。

---

① 2023年1—7月我对"一带一路"沿线国家投资合作情况[EB/OL].(2023-08-24)[2023-12-30]. http://www.mofcom.gov.cn/article/tongjiziliao/dgzz/202308/20230803436091.shtml.

三、中国—东盟农业发展和粮食安全合作进展积极

2023年，中国—东盟"农业发展和粮食安全合作年"于4月正式启动，同年9月，《中国—东盟农业发展和粮食安全合作年事实清单》发布，致力于完善农业合作机制，深化农业产业链、供应链合作，大力发展农产品加工业，畅通农产品贸易渠道，推进农产品跨境电商发展，扩大农产品贸易规模，提升绿色农产品生产能力，将农业打造成双方合作的新增长极。①2022—2023年，中国与东盟成员国相关机构共签署31份农产品输华议定书，允许符合要求的相关产品进口，涉及柬埔寨的鲜食龙眼、胡椒和鲜食椰子，缅甸的玉米和香蕉，老挝的屠宰用肉牛、腰果和鲜食芒果，越南的鲜食榴梿、香蕉和西瓜，菲律宾的鲜食榴梿，马来西亚的鲜食菠萝蜜，泰国的鲜食西番莲，印度尼西亚的魔芋干片、鲜食菠萝和魔芋粉。

根据中国商务部的数据，2022年，中国从东盟进口的农产品达到369.80亿美元，同比增长17.5%，占农产品进口总额的15.6%，比中国整体的农产品进口增速快10.1个百分点；其中，从文莱、缅甸、老挝、越南的进口额，分别同比增长253.9%、114.9%、92.5%、50.3%。2023年，中国从东盟进口的农产品在高基数上同比减少1.8%至363.32亿美元，东盟超越美国成为中国农产品的第二大进口来源地。越南、泰国、缅甸为中国进口"稻谷和大米"的前三大市场，而2022年还仅有泰国位居前三大市场之列，中国从越南的进口额更是同比增长24.2%。泰国依然为中国进口"鸡肉及其副产品"的第三大市场，进口额同比增长34.7%。越南依然为中国进口"饲料用鱼粉"的第二大市场，进口额同比增长47.8%。泰国、越南依然分别为中国进口"鲜、干水果及坚果"的第一、第三大市场，进口额相应同比增长11.6%、104.2%。印度尼西亚、马来西亚、泰国依然分别为中国进口"棕榈油"的前三大市场。中国从印度尼西亚的进口额继续同比增长11.4%。习近平主席在2021年11月表示，愿进口更多东盟优质产品，包括力争未来5年进口1500亿美元农产品。②截至2023年9月初，中国从东盟进口的优质农产品就已逾550亿美元，超出预计的进度。③

四、高质量共建"一带一路"再获标志性成果

全线采用中国技术与标准、于2018年6月全面开工建设的印度尼西亚雅万高

---

① 中国—东盟关于深化农业合作的联合声明[EB/OL].(2023-09-06)[2023-12-31]. https://www.mfa.gov.cn/web/gjhdq_676201/gjhdqzz_681964/lhg_682518/zywj_682530/202309/t20230906_11139348.shtml.
② 习近平.命运与共 共建家园——在中国—东盟建立对话关系30周年纪念峰会上的讲话[N].人民日报，2021-11-23(2).
③ 李强.在第26次中国—东盟领导人会议上的讲话[N].人民日报，2023-09-07(2).

铁,在2023年3月31日完成全线轨道铺设、5月22日开始联调联试、10月17日正式开通运营。作为东盟的首条高速铁路和中国高速铁路的首次海外全系统、全要素、全产业链落地,雅万高铁线路全长142.3千米,共13座隧道、56座桥梁,铺轨总长度308.3千米,设有4座车站,列车最高运营时速为350千米,两地最快通行时间从3.5小时缩短至46分钟。截至2023年12月24日,仅仅两个月的时间就已累计发送旅客逾100万人次。①建设中,中方大量采购印度尼西亚生产的钢材、水泥等原材料,累计带来5.1万人次的当地就业,培训印度尼西亚员工4.5万人次。通车后,在有效缓解通勤交通压力的同时,预计可为印度尼西亚创造包括客运服务、设备检修、相关配套产业延伸服务在内的3万个就业岗位。印度尼西亚总统佐科称雅万高铁为印度尼西亚"运输业进一步现代化的标志"。②

中老铁路在2023年7月通过"澜湄蓉欧快线"于成都国际铁路港的首发,首次实现与中欧班列的联线贯通。不但东南亚至欧洲的铁路实现贯通,而且仅需办理一次转关就可完成所有手续,物流运输时间因此最快可缩短至15天,比传统的海运节约逾50%的时间。③2023年12月,中老铁路通过"中欧+澜湄快线"货运专列在磨憨站的首发,使中老铁路黄金大通道和中欧班列国际物流大通道有效衔接,铁路亚欧大通道正式打通,从俄罗斯莫斯科到泰国曼谷的全程运行时间约为22天,比传统的海运减少约20天。④中老铁路还在2023年4月13日双向对开国际旅客列车,中国昆明、老挝万象两地因此可当日通达,旅客的出入境通关时间亦由此前各需约1.5个小时缩短为各需约1个小时。截至11月,该车已累计运送72个国家/地区的跨境旅客9.5万人次。⑤

2023年被马来西亚交通部长视为其东海岸铁路建设的"高峰年"。不但土建施工进入攻坚期,A、B段的21座隧道已全部贯通,而且已正式启动轨道铺设工程,施工从线下工程转向线上工程。截至2023年11月,整体工程进展已超56%。⑥

---

① 曹师韵.雅万高铁累计发送旅客突破100万人次[N].人民日报,2023-12-26(11).
② 邓旺强.雅万高铁:共建"一带一路"合作的"金字招牌"[N].人民日报海外版,2023-11-30(5).
③ 打通过境通关难点"澜湄蓉欧快线"构建经济、快捷、稳定通道[EB/OL].(2023-07-08)[2023-12-23]. https://news.cctv.com/2023/07/08/ARTIvnVNjzqy0Law9joZV7yX230708.shtml.
④ 缪超."中老铁路+中欧班列"国际铁路运输大通道正式打通[EB/OL].(2023-12-03)[2023-12-30]. https://www.chinanews.com.cn/cj/2023/12-03/10121857.shtml.
⑤ 黄榆等.中老铁路开通2周年跑出加速度[N].工人日报,2023-12-09(3).
⑥ 陈静茹.马东铁路:"一带一路"旗舰工程融入"中国标准"[EB/OL].(2023-08-29)[2023-12-26]. http://news.cjn.cn/hbpd_19912/wh_19927/202308/t4667153.htm;陈悦.马来西亚东海岸铁路开始铺轨[EB/OL].(2023-12-11)[2023-12-26]. https://www.chinanews.com.cn/gj/2023/12-11/10126582.shtml.

五、FTA 3.0 版谈判进展积极,升级持续展开

自 2022 年 11 月正式宣布启动以来,中国—东盟 FTA 3.0 版谈判在 2023 年 2 月、4 月、6 月、10 月相继展开四轮磋商,力争于 2024 年结束。其中,在 2 月以视频方式举行的首轮谈判,就程序规则、组织安排、工作计划等议题展开深入讨论,为后续的磋商制定时间表与路线图。在 4 月于泰国曼谷举行的第二轮谈判,则全面开启各领域磋商。在 10 月于印度尼西亚万隆举行的第四轮谈判,更就"经济技术合作"章节达成一致,"货物贸易""海关程序与贸易便利化""卫生与植物卫生措施""投资""数字经济""绿色经济""供应链互联互通""中小微企业""竞争与消费者保护"等议题磋商亦取得积极进展。

中国—新加坡 FTA 升级后续谈判在 2023 年 4 月 1 日宣布实质性结束,并于同年 12 月 7 日宣布正式签署包括"序言"和 6 个部分文本的进一步升级 FTA 议定书。除"其他条款"和"一般性条款"外,双方还以负面清单模式就"跨境服务贸易""投资"作出开放承诺,并设有"电信服务""数字经济合作"专章。服务贸易与投资的"棘轮"承诺更是意味着相互间"开放的大门将越开越大"。"电信服务"亦在公共电信网络接入与互联互通、携号转网等方面相互给予非歧视待遇。"数字经济合作"则深入推进电子支付、数字身份和数据流动等新兴领域的务实合作。双方正加紧履行各自的国内法律程序,争取使进一步升级议定书早日生效。①

---

① 商务部国际司负责人解读中新自由贸易协定进一步升级议定书[EB/OL].(2023-12-07)[2023-12-30]. http://www.mofcom.gov.cn/article/xwfb/xwsjfzr/202312/20231203458957.shtml.

第九章
印度经济:强劲复苏

2023年印度依靠自身的强劲内需,实现经济增速全球第一。"拼经济"是印度2023年经济政策的核心,私营部门投资强劲和服务支出回升成为印度经济的重要引擎。

第一节 2023年印度经济形势及影响因素分析

根据印度中央统计局的数据,2023年,印度经济从第二季度开始连续3个季度增长率超过8%,分别为8.2%、8.1%和8.4%,远超市场预期。印度经济的强劲增长表明经济需求增加,这也受益于私营部门投资强劲和服务支出回升。

一、经济保持较快增长

按不变价格(2011—2012年)计算,2023—2024财年印度实际GDP预计将达到1 729亿卢比的水平,而2022—2023年GDP为1 607.1亿卢比。印度经济保持弹性,2023—2024财年GDP增长率强劲,达到7.6%,[①]超过2022—2023财年(7%)的增长率。根据IMF的数据统计,从2000年以来,印度经济均保持较快发展,GDP平减指数到2022年高达186.06(见图9-1)。

根据世界银行数据,印度人均GDP呈现持续上升趋势,从2001年0.04万美元增长至2022年0.24万美元,增长幅度较大,且2022年全年在2021年的基础上,增长了近9%(见图9-2)。印度在经济总量层面已超过英国,在人均GDP层面,相比于2022年英国的4.61万美元、中国的1.27万美元仍有不小差距,但可以预见,其经济的快速增长将带来人均GDP差距的不断缩小。

---

① Second Advance Estimates of National Income,2023-24[EB/OL].(2024-02-29)[2024-02-29]. https://pib.gov.in/PressReleasePage.aspx?PRID=2010223.

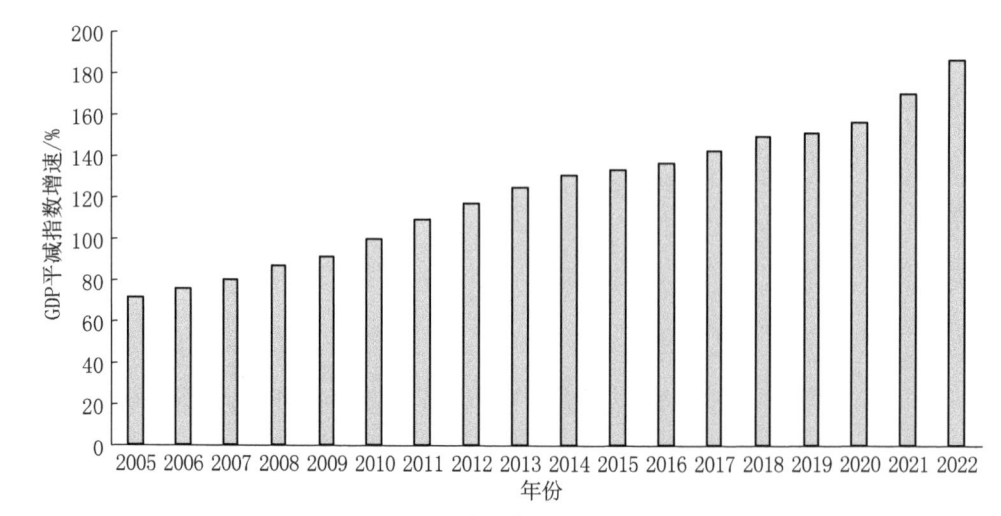

图 9-1　2005 年以来印度的 GDP 平减指数增速

• 资料来源：IMF。

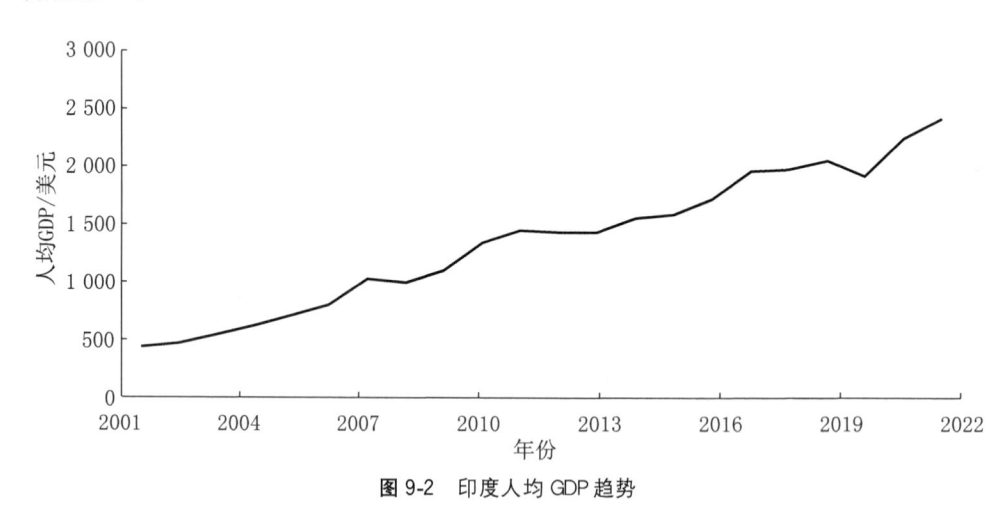

图 9-2　印度人均 GDP 趋势

• 资料来源：IMF。

二、制造业、服务业增长迅速

印度主要是内需驱动型经济体,消费和投资占经济活动的比重很大。印度经济主要以第三产业为主,占比达 58%（见表 9-1）。可以看到,2023 年印度仍以国内需求为驱动,消费和投资的占比远超外需。

表 9-1　2023 年印度经济结构占比

产业	占比/%	需求	占比/%
第一产业	14	消费	67
第二产业	28	投资	36
第三产业	58	出口	22

• 资料来源：Wind 数据库。其中进口为负权重,因此需求总项相加大于 100%。

具体来看,从产业角度,按不变价格(2011—2012年)计算,2023—2024 财年中,建筑业和制造业发展得最快,增速达到 10.7% 和 8.5%。此外,采石、采矿业和金融、房地产和专业服务增速也均超过 8%,达到 8.1% 和 8.2%,全部产业增加值(GVA)增速达到 6.9%,推动了 2023—2024 财年印度 GDP 的增长(见表 9-2)。

表 9-2 印度各财年各产业产值和增长情况

产 业	产值/万卢比			较上年的变化/%	
	2021—2022 财年	2022—2023 财年	2023—2024 财年	2022—2023	2023—2024
1. 农牧业、林业、渔业	217.010 6	227.225 0	228.732 9	4.7	0.7
2. 采石、采矿	30.927 6	31.525 6	34.082 1	1.9	8.1
3. 制造业	256.103 3	250.466 3	271.723 5	−2.2	8.5
4. 电力、燃气、供水及其他公用事业服务	31.796 6	34.797 3	37.412 5	9.4	7.5
5. 建筑业	119.353 2	130.625 6	144.560 3	9.4	10.7
6. 贸易、酒店、交通、通信及与广播相关的服务	248.038 0	277.772 3	295.705 8	12	6.5
7. 金融、房地产和专业服务	312.284 7	340.547 4	368.495 9	9.1	8.2
8. 公共管理、国防和其他服务	172.169 9	187.530 4	202.057 9	8.9	7.7
按基本价格计算的总增加值(GVA)	1 387.684 0	1 480.490 1	1 582.770 8	6.7	6.9

• 资料来源:https://static.pib.gov.in/WriteReadData/specificdocs/documents/2024/feb/doc2024229315601.pdf。

印度在私人消费方面的优势在于其消费者基础规模与不断增长的收入。受益于国内需求的增加、莫迪政府的基建政策,印度第二产业增速也显著加快。印度 2023—2024 财年预算从上年的 7.5 万亿卢比增加到 10 万亿卢比,同比增长了 33%,该预算主要用于增加基础设施和军费方面的支出。在强财政的刺激下,2023—2024 财年,印度服务出口额为 2 479.2 亿美元,实现较快增长。

至于投资部分,凭借其为全球公司提供的运营规模,规模、技能和人才的可用性以及技术和创新能力,印度仍然是一个有吸引力的投资目的地。

印度还被评为最具创新力国家 50 强中第 48 位,在全球创新指数方面,在 132 个经济体中排名从 2015 年的第 81 位上升到 2023 年的第 40 位。

截至 2023 年 10 月 3 日,印度拥有 111 家独角兽企业,总估值达 3 496.7 亿美元。2021 年诞生了 45 家独角兽企业,总估值达 1 023 亿美元,2022 年诞生了 22 家,总估值达 292 亿美元。印度目前拥有全球第三大独角兽基地。印度政府还重点发展可再生能源,目标是到 2030 年实现 40% 的能源来自非化石能源。印度致力于通过五管齐下的战略，达成到2070年实现净零排放的目标。印度在可再生能源国家吸引力指数中排名第三。[①]

此外，印度电子产品的出口依然强劲，其在总出口中的份额从2022财年的3.4%上升至2023财年的7.2%。推动这一增长的是全球数字化的加速以及印度加快实现电子领域自给自足的决心。

制造业和建筑业在政府资本支出增加、新住宅物业需求增加以及投入价格下降的推动下，2023财年同比强劲增长8.5%和10.7%。同时，经济增长的推动力来源之一是服务业，电力、贸易、金融等服务业实现了平均7.4%的增长率。

相比之下，农业部门的增长同比小幅放缓至0.7%。季风的迟到和印度各地的低降雨量影响了6月份的农业产量，进而影响了2023—2024财年的农业增长。农业产出放缓可能会进一步加剧食品通胀，从而给消费者支出和投资带来压力。

到2022—2023财年末，印度估计将拥有7 500万家中小微企业。它们贡献了该国约30%的GDP、43.6%的商品出口以及近1.23亿个就业岗位。凭借微型细分市场的主导地位以及在农村地区的强大影响力，中小微企业能够很好地满足农村和低收入消费者的需求。很大一部分中小微企业从事服务业，占GDP的比重高达57%，为印度基层创收以及产业结构的转型升级发挥了重要的作用。

三、政策有力

多年来，印度政府推出了许多举措来增强国家经济。印度政府有效地制定了政策和计划，不仅有利于金融稳定性，而且有利于经济的整体增长。印度经济的快速增长导致其出口需求大幅增加。除此之外，政府出台了一些旗舰计划，包括"印度制造""初创印度""数字印度""智慧城市使命"以及"阿塔尔复兴和城市转型使命"，旨在为印度创造更多机会。2023财年，政府也为改善国家经济状况采取了一系列举措。政府还启动粮食安全计划，保障粮食安全。

为了通过增加行业投资和生产来增强印度的制造能力，印度政府推出了紧急信贷额度担保（ECLG）计划和生产挂钩激励（PLI）计划。根据印度国家银行的数据，ECLG计划使12%的未偿中小微企业信贷免于陷入不良资产，并避免了1 650万人失业。近176家中小微企业可能是PLI计划的间接受益者，分布在原料药、电信、纺织、医疗器械、白色家电、无人机和食品加工等领域。绿色能源、电动汽

---

① IBEF. About Indian Economy Growth Rate & Statistics[DB/OL].(2024-07)[2024-07-31]. https://www.ibef.org/economy/indian-economy-overview.

车、半导体、食品加工、国防和航天等朝阳行业的崛起也为经济发展带来了新的机遇。

工业和国内贸易促进部(DPIIT)推出了初创企业信用担保计划(CGSS),旨在为初创企业在指定商业银行的协助下得到达到指定限额的信用担保。非银行金融公司和印度证券交易委员会(SEBI)注册了另类投资基金(AIF)。印度维护稳定和实施结构性改革的努力增强了其经济在面对全球挑战时的韧性。对基础设施和联通网络升级的投资,包括巴拉特马拉高速公路计划、萨加马拉港口主导开发项目和智慧城市使命等项目,正在改变该国的面貌,并在该国的经济发展中发挥着关键作用。

印度十多年前启动了国家身份识别计划(Aadhaar),开始为更加数字化的经济奠定坚实的基础,该计划使用生物识别身份技术来建立居住证明。随着科技产业的蓬勃发展,印度已成为创新和技术服务的重要中心,不仅促进了经济增长,而且使印度成为塑造数字经济未来的关键参与者。种种举措推动了国内需求和产业的发展。

第二节 2024年印度经济预测及影响因素分析

2024年,印度经济将继续保持较快增长。2024年是印度大选之年,为保证政绩,政府的转移支付和财政支出将持续推动经济增长。根据彭博预计,2024年印度GDP增速预计为6.6%,固定资产投资增速为8.8%,工业生产同比增长5.4%,CPI同比增长5.4%。

一、通胀压力有所缓解

由于政府积极采取灵活的货币政策,以及全球大宗商品价格下降和供应链紧张的缓解,印度的通胀压力总体上呈下降趋势。根据Statista的估计,印度通胀有望逐渐下降,并预计到2027年下降至4%(见图9-3)。

2021年以来,由于燃料和能源等价格的影响,印度通胀率一度达到6%以上。随着经济逐步开放和复苏,通货膨胀率有所下降。2023年通胀率保持在5.4%左右,稳定且较低的通胀率增加了消费者的实际购买力,也提高了消费者的信心。

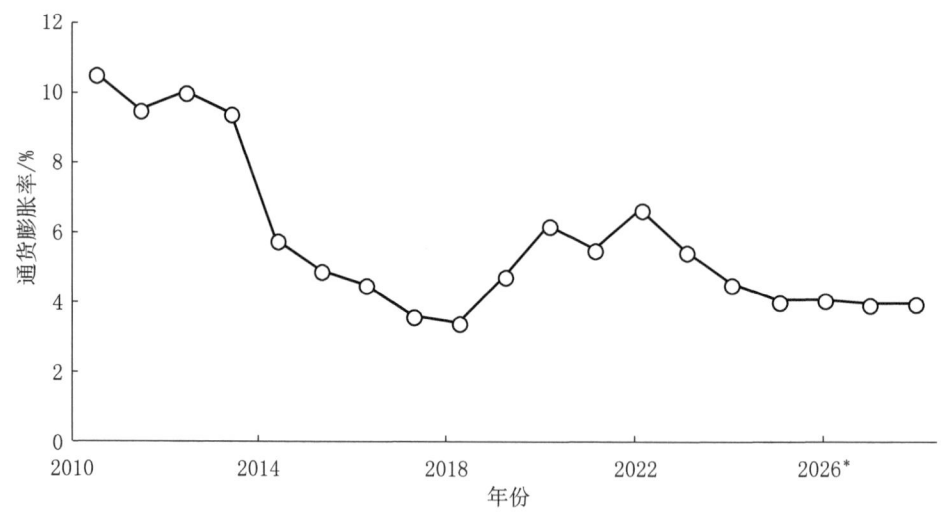

图9-3　印度2010年到2026年通货膨胀率

• 资料来源：https://www.statista.com/statistics/271322/inflation-rate-in-india/。2024年及之后的数据为预测数据。

二、失业率有所下降

印度是世界上劳动年龄人口最多的国家之一，这也为印度制造业和服务业的发展提供了强大的人才储备。失业是继续挑战印度经济格局的一个关键问题。作为世界上人口最多、劳动力多元化的国家，失业率的波动对该国的增长和发展有着深远的影响。

最新数据显示，印度失业率有所下降。根据印度全国抽样调查（NSSO）的数据，2023年1月至3月，城镇15岁及以上人口失业率从一年前的8.2%下降至6.8%。这一积极的发展现状表明，在当前复杂的经济形势下，就业市场可能出现好转。

根据印度国家统计局定期劳动力调查（PLFS）[①]最新的就业—失业指标报告，2023年印度失业率从2022年的3.6%下降至3.1%。报告显示，2023年，地域和性别失业率均显著下降。报告强调，农村地区失业率从2022年的2.8%下降到2023年的2.4%。城镇地区失业率从2022年的5.9%下降至2023年的5.2%。从性别角度来看，女性失业率从2022年的3.3%降至2023年的3%。男性失业率从2022年同期的3.7%降至3.2%。

2024年1月失业率大幅下降。根据独立智库印度经济监测中心（CMIE）最新数据显示，1月份印度失业率为6.8%，失业率一个月内下降了1.9%，2023年12月为

---

① Periodic Labour Force Survey (PLFS) Annual Report 2022—2023 Released[EB/OL].(2023-10-09)[2024-02-27]. https://pib.gov.in/PressReleaseIframePage.aspx?PRID=1966154.

8.7%(见图9-4)。2024年1月的失业率是过去16个月来的最低水平。然而,20至30岁青年的失业率在2023年第四季度有所上升。20至24岁青年的失业率增至44.49%,第三季度为43.65%。同样,2023年第四季度25岁至29岁青年的失业率升至14.33%,第三季度为13.35%。

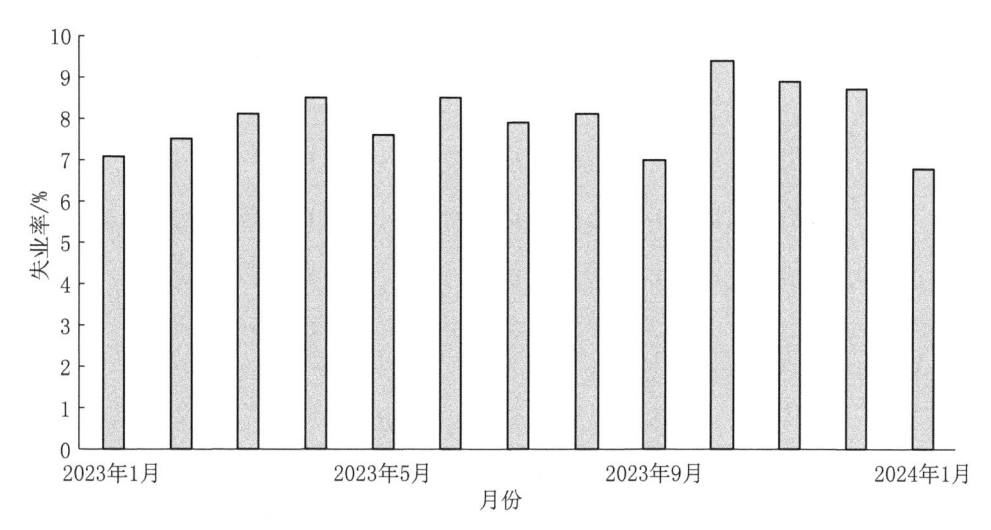

图9-4 印度2023—2024年月度失业率

• 资料来源:https://www.cmie.com/kommon/bin/sr.php?kall=warticle&-dt=20240202185251&-msec=886。

印度劳动力市场面临较为严峻的三个问题:第一个是极低的教育水平,截至2021年,印度未受过教育和职业培训的青少年占比高达28%,女性青少年更是高达44%。第二个是印度是亚洲女性劳动参与率极低的国家之一,截至2021年,印度男性劳动参与率为75.1%,女性劳动参与率仅为27%。第三个是印度青年失业率也是亚洲极高的国家之一,截至2022年,印度青年失业率高达23.2%。未来印度要想将人口数量转化为人口红利,需要更多的教育普及工作以及劳动力市场改革,提高人口素质和女性参与劳动的比例。

截至2022年,印度城镇化率仅有35.9%,仍处于极低水平。根据国际经验来看,全球中等偏上收入国家城镇化率平均为66%、高收入国家平均为81%。印度未来城镇化仍有广阔的增长空间。城镇化的进程将会带来大量的房地产和基础设施建设,这将为未来印度的经济增长提供动能。

三、政府债务高企

印度2020—2021年公共债务的增长速度比2008—2009年全球金融危机期间更快。尽管在经济放缓期间,政府支出的增加是好事,有助于提振经济,但长期的高债务水平将对具有巨大融资需求的长期项目构成重大挑战。由于债务激增可能导致政府支出下降和融资成本上升,印度的企业和消费者将受到负面影响。

此外,2020年世界商品贸易下降了7.4%,全球出口总额为17.6万亿美元,比2019年减少1.4万亿美元。这是自2009年以来的最大年度跌幅。[1]全球供应链调整、保护主义抬头、地缘政治紧张等多种原因,推动全球经济格局的变化。这也使得印度经济复苏面临较大的不确定性。

四、贸易逆差依旧巨大

作为一个发展中经济体,印度经济增长之痛,莫过于长期面临经常账户和财政"双赤字"。据印度商业信息署与印度商务部统计,2022年前10个月,印度对外商品贸易总金额扩大至9 870.6亿美元,同比增长25.9%。其中,出口商品金额为3 787.14亿美元,同比上涨16.7%;进口商品金额为6 083.45亿美元,增长高达32.3%。由于进口商品金额增速接近出口商品金额增长率的2倍,这导致印度前10个月的对外商品贸易逆差已接近2 300亿美元,而去年同期的逆差只有1 350多亿美元,同比增幅接近70%,创下历史新高。

印度是一个发展中经济体,对外贸易处于逆差,意味着该国产品在对外贸易中全球竞争力弱,更表明印度的社会财富在向世界其他国家流出。为了避免财富外流,印度不得不拿自身信用换取外国投资者的财富,以弥补印度贸易逆差造成的自身财富流出大于流入的问题。对外商品贸易逆差对印度GDP的拖累效应很大。按支出法计算,一个国家或地区的GDP由私人消费和投资、官方消费和投资、对外贸易的净出口组成。2022年前10个月,印度外贸逆差再创新高。

与往年相比,"净出口"将成为拉低印度经济增长率的拖累因素。逆差创新高,外汇大量流出,叠加欧元、英镑、日元等多种货币的贬值影响,印度官方的外汇储备也将因此受到重创。截至2022年11月11日,印度央行的外汇储备总规模已降至5 299.94亿美元,与高峰时期的近6 500亿美元相比,损失了1 200亿美元左右。债务违约风险增加。不过,当前的高额逆差并非出口萎缩导致,属于良性。数据显示,2022年前10个月的印度商品出口金额同比扩大了16.7%,这是一个非常高的增长率。但由于进口商品价格上涨幅度更大,推升了逆差。从间接角度来看,外部需求依然较为旺盛,印度多家企业获得的订单仍然较为充裕。特别是在西方国家采取"中国+1"策略影响下,印度获得了规模不小的产业转移投资,制造业实力得到强化。以2021—

---

[1] UNCTAD. Handbook of Statistics 2021[M]. Geneva: United Nations Publications, 2021.

2022 财年为例,印度全社会吸引的外商直接投资规模达到了"创纪录的 836 亿美元",在全球新兴经济体中处于较为靠前的位置。其中,制造业引入的外资为 213.4 亿美元,同比涨幅高达 76%。

第三节　印度的国际经贸关系聚焦点

在充满挑战的全球形势下,印度已成为一个重要的经济和地缘政治大国。

一、经贸网络关系的构建

在参与国际协定方面,印度积极参与多层次国际合作,参与创建南亚自由贸易区(SAFTA)等。印度在亚洲内部建立了 8 个 FTA,涵盖 18 个国家,除韩国、日本外,自由贸易伙伴都是南亚和东南亚国家。具体来看,其加入的协定为印度—斯里兰卡、印度—新加坡、印度—不丹、韩国—印度、印度—马来西亚、印度—日本、东盟—印度自由贸易协定,以及南亚自由贸易协定。

2009 年 8 月,印度与东盟签署了印度—东盟货物自由贸易协定(AITIGA),双方决定削减 4/5 的贸易商品的关税,印度也成为继中国、日本和韩国后第四个与东盟建立自由贸易机制的国家。2014 年,印度与东盟又签署了服务贸易和投资领域的自贸协定。此外,印度还与新加坡、马来西亚分别签订了《全面经济合作协议》,与这两国的市场开放程度超越与东盟的整体水平。另一方面,印度与东盟的经贸关系取得长足进步:自 1993 年到 2008 年,印度和东盟的双边贸易额增长了约 10 倍,占东盟全球总贸易额比重从 1993 年的 0.7% 增长到 2008 年的 2.8%。2010 年 1 月,印度—东盟自由贸易区(IAFTA)正式建立。

2022 年 12 月 29 日,印度与澳大利亚签署的《印度—澳大利亚经济合作与贸易协定》(ECTA)正式生效。这是在过去十年中,印度与发达经济体签订的第一个自由贸易协定。协议为 96.4% 的印度对澳大利亚出口商品和澳大利亚 85% 以上的出口商品提供零关税准入。2023 年 12 月,英国政府高级官员抵达印度,商讨印英自由贸易协定相关事宜。英国商业贸易部和印度贸易部尚未就此事正式发表评论。印英自由贸易协定的谈判目前为止已经进行了 13 轮。对于印度政府来说,印英自由贸易协定的成功达成无疑是迈向"世界第三"的重要一步。

鉴于得天独厚的地理位置,印度不仅是美国"印太战略"的重要支点,也是美国的重点拉拢对象。印度加入了"印太经济框架"和"美印关键和新兴技术倡议"(iCET),此外,美国联手印度、阿联酋和沙特等国宣称,正在推动一项大型交通基础设施项目。

项目将连接中东和波斯湾国家,再通过港口海路延伸至印度。

二、推动多边合作

随着新的全球挑战的出现,各国迫切需要在解决现有的脆弱性方面取得进展,包括脆弱的能源和粮食安全、包容性增长以及日益严重的气候紧急情况。有效的多边合作是世界解决这些相互关联的问题的关键。

2023年对印度来说是具有里程碑意义的一年,因为印度作为G20的主席国,成功举办了G20会议,展现其外交和经济实力。

印度将非洲联盟纳入G20,非盟加入G20不仅将为推动全球治理发出"非洲声音",还将为推动全球多边主义及全球共同发展贡献"非洲力量"。印度启动重要的多利益相关方伙伴关系,致力于促进清洁燃料使用和数字发展,例如全球生物燃料联盟和全球数字健康倡议。生物燃料联盟的工作重点在于生物燃料供应,确保生物燃料生产可持续且价格合理。面对不断加深的气候相关担忧,印度在全球应对气候变化的斗争中也发挥着一定的领导作用。通过启动"环保生活方式"(LiFE),再加上共同推动绿色氢能开发,印度展现了其对绿色经济发展的关注和承诺。

印度关注可再生能源和可持续发展。印度成立了国际太阳能联盟和抗灾基础设施联盟,并提议建立全球可再生能源电网。莫迪总理在迪拜举行的第28次缔约方会议上宣布的一项重要声明是引入绿色信贷倡议作为碳信用额的替代品。

印度强调基于规则的国际秩序,倡导合作解决共同问题,使其成为日益复杂的全球地缘政治格局中的稳定力量。印度维护多边立场,致力推动多边机构改革。印度积极推动联合国可持续发展目标(SDG)的进展、多边开发银行的改革以及数字公共基础设施的扩展,展示其凝聚共识以共同有效应对全球挑战的能力。

三、中印经贸关系展望

中国与印度是长期以来的竞争合作伙伴,尽管双方在部分议题上存在不同看法,但两国作为发展中经济体,同时也是人口大国,都对维护国际多边秩序抱持着同一理念。和平发展仍是双方关系发展的主轴。

中国是印度前三大贸易伙伴之一。根据海关总署在2024年1月中旬公布的数据,2023年中国对印度出口1 176.8亿美元,同比增长0.8%,而2021年和2022年对印度出口的增长比例都在两位数,并在2022年首次突破了1 000亿美元。

印度和中国的政策方面,在双边贸易上达成共识是两国外交和政治关系的基石。受益于过去几十年的全球化政策,印度和中国的经济持续发展,双边贸易大幅增长。[1]此外,根据中国海关公布的贸易数据,2023年,中印双边贸易额1 362.2亿美元,其中中国对印度出口1 176.8亿美元,中国自印度进口185.4亿美元,印度对华逆差接近千亿美元。中印两国经济有很大的互补性,当前中印贸易很大程度上是单向的,印度对华出口中有一部分是高端服务,但大多是基础原材料。中国自印度主要进口商品包括矿产品及原料,而中国对印度主要出口商品为机电产品,其次为化工产品和贱金属及制品等。

消费是推动印度经济增长的重要动力。食品、服装、骑行工具、运动器材、学习用品、消费电子、灯具等中国商品早已与印度老百姓的日常生活绑定。根据一项在2023年底所做的调查,55%的印度人自称在过去12个月内购买了"中国制造"产品,其中小器具和电子类产品位列榜首。考虑到中、印两国的人口、市场规模和快速的经济社会发展状况,中印之间贸易额甚至可以达到3 000亿美元。[2]

但两国的经济摩擦也仍然存在,从1995年至2023年,印度对中国发起的贸易救济案件中,反倾销案336起,占比84.20%,反补贴案11起,占比2.76%,保障措施案42起,占比10.53%,特别保障措施案10起,占比2.51%。1995年至今,印度对中国发起贸易救济原审立案累计400起,其中,2023年共22起,同比增速为46.67%(见图9-5)。

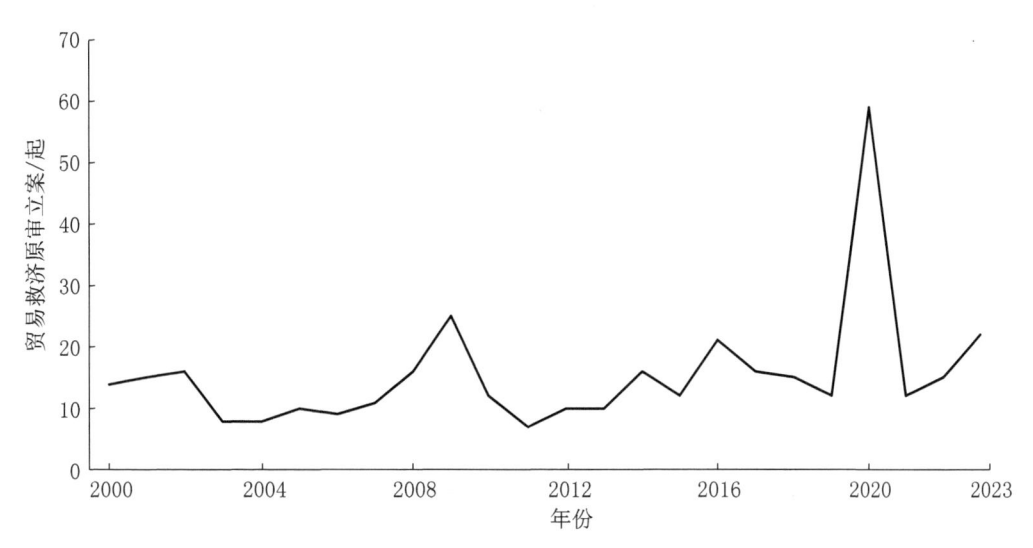

图9-5 2000—2023年印度对中国发起贸易救济原审立案

• 资料来源:https://cacs.mofcom.gov.cn/cacscms/view/statistics/ckajtj。

---

[1] Rakesh Kumar. India-China: Changing bilateral trade and its effect on economic growth[J]. The Singapore Economic Review, doi: 10.1142/S021759081950005X.
[2] 岩读世界│增速趋缓? 捋一捋数据看中印贸易将走向何方[EB/OL].(2024-02-28)[2024-02-29]. https://www.yicai.com/news/102007607.html

统计数据显示，2023年，其他国家和地区对中国共发起87起贸易救济案，排名前三的印度、美国和欧盟以合计43起，占据了其中的近五成。其中印度以22起占了约1/4，成为对中国发起贸易救济调查最多的国家。其中，印度对中国发起的22起贸易救济调查案包括反倾销案20起，反补贴案1起，保障措施案1起。调查涉及的行业中，排名前三的分别为化学原料和制品工业（10起）、金属制品工业（4起）、非金属制品工业（2起）。

印度国内贸易保护主义势力根深蒂固，频繁对外发动贸易摩擦和贸易救济措施。2014年以来，印度贸易救济立案数量在全球范围内仅次于美国。特别是近年来，随着中印之间贸易逆差不断扩大，印度对华贸易摩擦颇有愈演愈烈之势。尽管两国在经济上是互补的，且依赖程度仍在上升，但贸易摩擦的增加也表明了印度的意图：印度不但想要扭转长期以来对中国的巨额贸易逆差，还试图在"印度制造"战略目标驱动下，以各种措施强化对国内产业的保护，因此一直是对中国进行贸易救济调查极多的国家之一。

为减少贸易摩擦，中国要积极采取措施解决中印贸易失衡的问题，适时、适当增加从印度进口商品的种类和数量，逐步平衡中印贸易状况，提高印度在中印贸易中的获得感。

尽管摩擦仍存在，但中、印这两个最大的发展中经济体在关系人类发展的全球气候和能源等议题上保持共识。由于两者存在经济互补性，相信加强沟通交流，将有助于摩擦的减少。在国际事务上，两国合作将有助于维护发展中经济体的共同利益，并推动全球可持续发展事业的发展。如：中印可以在粮食安全领域开展务实合作，在应对气候变化、农业可持续发展、提升农业现代化水平、推动各国农业政策协调、探索构建更加高效稳定的全球粮食体系等方面开展经验交流，共同在包括G20在内的全球多边治理机制内为发展中经济体发声，助推解决粮食危机等全球性议题。中印在国际秩序加速调整、全球治理赤字加剧的背景下加强合作，将有利于在粮食安全、气候治理等重要全球发展议题上发挥更强的建设性作用。

第十章
俄罗斯经济：负重前行中的增长与挑战

2023年，俄罗斯经济在经历乌克兰危机升级和欧美制裁升级等不利因素之后，依靠不断扩大的内需、实力雄厚的制造业、活跃的劳动力市场和有效的宏观调控政策实现了超预期增长。不仅如此，俄罗斯还在国际贸易中突破欧美等国的封锁，一方面大力发展与"友好国家"的贸易往来，另一方面在国际结算中积极推动本币使用。往后看，俄罗斯要实现可持续增长仍然面临诸多风险和挑战，除了外部制裁压力，高素质人才和高新技术是决定俄罗斯经济长期发展水平的两个关键因素。

第一节 2023年俄罗斯经济的主要特征

2023年，乌克兰危机和西方制裁对俄罗斯的影响仍在延续，但俄罗斯经济呈现全面复苏的势头，不仅经济增速超预期，而且按购买力平价计算，经济规模已成为欧洲第一、世界第五。①

一、经济超预期复苏，内需助推经济增长

2023年2月，俄罗斯总统普京发表年度国情咨文，宣布了俄罗斯经济发展和民生保障的重要举措。普京提出，俄经济增长新周期的模式、结构具有与以往截然不同的特征——"不是向境外出口原料，而是生产高附加值商品，俄企将填补西方企业退出后或正在腾出的市场"。从国情咨文中可以看出，俄欲借助内需增长的时机，解决物流、技术、金融、人才等经济领域的结构性问题。从实际经济运行来看，2023年上半年，俄罗斯经济出现剧烈震荡，第一季度实际GDP增速为－1.8%，第二季度快速跃升到4.9%。下半年表现出强劲的复苏态势，第三季度实际GDP增速达到5.5%。根据俄罗斯统计局发布的数据，2023年俄罗斯GDP增速

---

① 俄2023年GDP预计增长超3.5% 普京：俄已成为欧洲第一大经济体[EB/OL].(2024-01-18)[2024-01-21]. https://world.gmw.cn/2024-01/18/content_37096174.htm.

达到3.6%，①这主要得益于俄乌冲突导致的低基数统计数据以及俄罗斯内需的共同推动。

全球经济指标数据库数据显示，俄罗斯的消费者支出从2023年第二季度的1 665 620亿卢布增至2023年第三季度的1 764 170亿卢布。从2003年到2023年，俄罗斯的消费者支出平均为92 278.4亿卢布，在2023年第三季度则创下了历史新高。俄罗斯消费者信心指数在2023年第三季度和第四季度维持在－13.0，高于历史平均水平。1998年至2023年，俄罗斯消费者信心指数的季度均值为－15.6，1998年第四季度曾达到－59.0的历史新低。亚洲经济数据库数据显示，俄罗斯的投资支出保持较为强劲的势头，2023年前三季度投资支出占名义GDP的比重分别为19.1%、22.8%和25.4%，1993年3月至2023年9月期间的季度均值为22.8%。

二、通货膨胀居高不下，外债规模有所缩减

俄罗斯的通货膨胀率从2023年2月11.0%的高位急剧下跌之后，于4月开始逐步抬升，至11月高达7.48%，12月小幅回落至7.40%（见图10-1）。从通胀构成来看，占比较高的蔬菜、水果和燃料价格一直保持上升势头甚至加速上涨，从而推高了通胀。价格上涨的背后则有多种因素，包括国内需求日益超过国家商品和服务扩大生产的能力、快速增长的信贷支出和财政支出。而居民实际收入的增长和贷款的持续增加，在保持强劲的国内需求同时，使得企业能够将不断抬升的生产成本转嫁至物价当中。全球经济指标数据库数据显示，2023年初，俄罗斯央行确定的基准利率为7.5%，并将该利率水平一直维持到2023年6月。为抑制不断走高的通胀率，俄罗斯央行自2023年7月开始逐步加息，9月升至13%，10月升至15%，在12月最后一次会议中将基准利率从15%提高到16%，达到自2022年4月以来的最高水平。俄罗斯央行数据显示，后续俄罗斯央行或将长时间维持高利率，以使通胀回归4%的目标。俄罗斯央行的预测数据表明，2024年的平均基准利率将在12.5%—14.5%之间。

亚洲经济数据库数据显示，截至2023年7月1日，俄罗斯外债总额为3 477亿美元，较年初减少330亿美元，降幅达到8.7%。根据俄罗斯央行的预测数据，至2023年12月31日，俄罗斯外债总额继续降至3 266亿美元，与2022年同期相比减少57亿美元，缩减幅度为14.9%。②外债下降的主要原因是贷款部门债务尤其是直接投资负债

---

① 普京:2023年俄罗斯经济增长高于预期[EB/OL].(2024-02-12)[2024-02-28]. http://www.news.cn/world/20240212/d444651bce114c53a724bcecf71029fb/c.html.
② Bank of Russia. Estimate of External Debt of the Russian Federation as of December 31, 2023[EB/OL].(2023-12-29)[2024-03-25]. https://cbr.ru/eng/statistics/macro_itm/svs/ext-debt/.

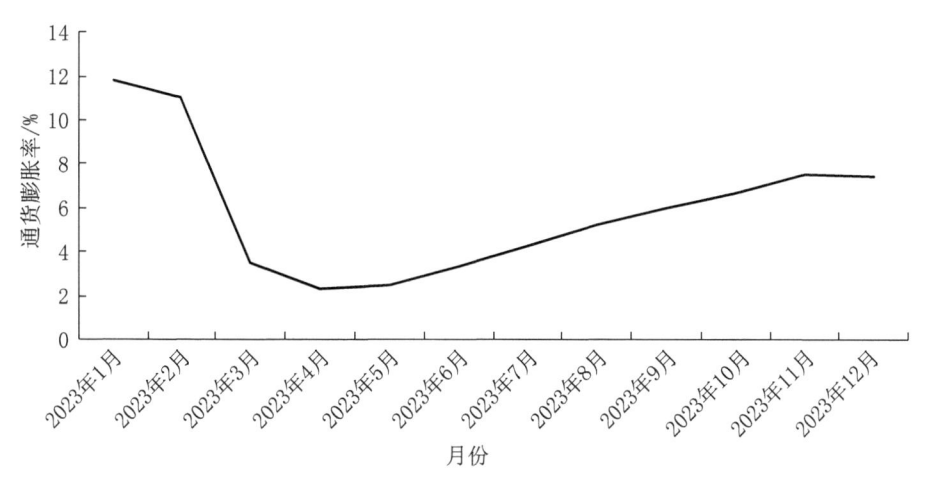

图 10-1 2023 年俄罗斯通货膨胀率

• 资料来源：Statista 数据库。

减少。同时，俄罗斯主权债券国外持有人减持导致政府机构外债明显减少。俄外债下降，既表明了宏观经济的稳定，也表明了金融系统的稳定。

三、制造业 PMI 保持景气，银行业净利润上升

Wind 数据库数据显示，2023 年，俄罗斯工业产值同比大幅增长 3.5%，远高于 2022 年 0.6%的增幅，连续 3 年实现正增长。其中，计算机、电子和光学，金属制品，其他运输和设备三个行业产值增幅分别高达 32.8%、27.8%、25.5%；家具、汽车、化工、皮毛、食品等行业增幅均超 5%。标普全球的数据显示，2023 年全年，俄罗斯制造业采购经理人指数(PMI)保持在 50 以上，随着俄罗斯 12 月制造业活动扩张速度进一步提升，PMI 达到 54.6，为 2017 年 1 月以来的最高值(见图 10-2)。制造业景气主要归因于客户数量的增长、新产品的发布以及销售产品质量的提高。尤其值得一提的是，俄罗斯的军工产业快速发展，该产业成为促进俄经济增长的重要支撑。Wind 数据库数据显示，俄罗斯非制造业也保持了增长势头，服务业商务活动指数从 11 月的 52.2 上升到 12 月的 56.2。但在制造业持续扩张的同时，俄罗斯新出口订单持续收缩，客户需求更多地集中在俄罗斯国内市场，而出口市场客户的需求连续减少。

俄罗斯银行业在 2023 年获利颇丰，主要源于存款利率的抬升导致银行存款吸引力增强，居民手中的现金逐步流回银行，已有存款则从活期变为定期。2023 年 10 月，俄罗斯银行业实现 2 560 亿卢布的净利润，自年初以来的净利润总额则高达 2.9 万亿卢布，大大高于 2017—2022 年的相关指标。[1]良好的财务状况使银行部门能够

---

[1] Bank of Russia. Talking Trends Economy and Markets [EB/OL]. (2023-12-08) [2024-01-25]. https://cbr.ru/Collection/Collection/File/46647/bulletin_23-08_e.pdf.

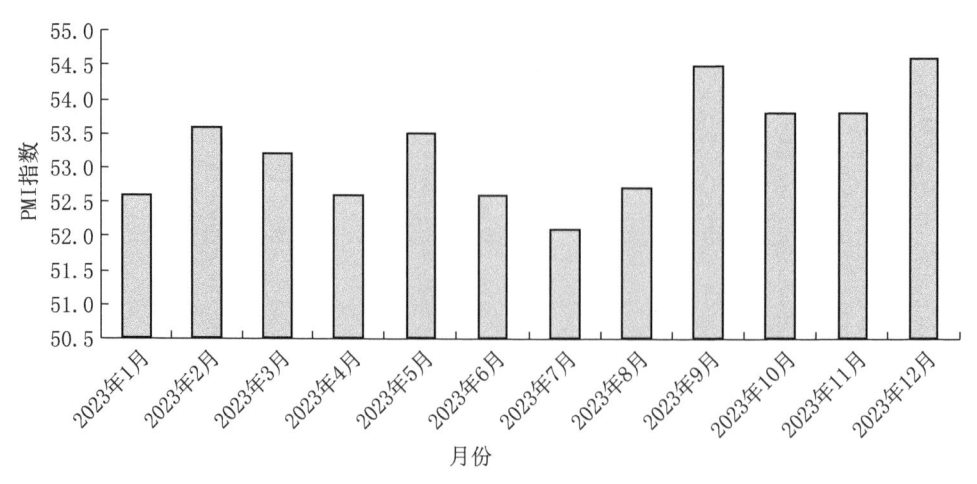

图 10-2　2023 年俄罗斯制造业 PMI 指数

• 资料来源：标普全球数据库。

形成巨大的贷款扩张潜力，支撑强劲的贷款组合增长。根据俄罗斯央行的数据，从 2023 年 4 月 1 日到 2023 年 10 月 1 日，银行业的年资产回报率从 1.1％上升到 2.6％，资本回报率从 10.7％上升到 26.5％。[①]虽然随着贷款组合的扩大，银行的资本充足率略有下降，但仍接近 12％。[②]

四、劳动力紧缺或将长期拖累经济

2023 年以来，俄罗斯的失业率持续走低，10 月至 12 月则一直维持在 2.9％的水平，见图 10-3。乌克兰危机之前，俄罗斯就一直缺乏熟练劳动力，随着适龄劳动人口外流和储备人员的动员，俄罗斯的劳动力进一步减少，用工短缺成为俄罗斯各行业的普遍现象。2023 年俄罗斯劳动力短缺约 480 万人，俄罗斯央行对 1.3 万家企业进行的调查表明，有 50％左右的企业难以找到足够的员工，每个失业者对应有 2.5 个职位空缺。[③]在俄罗斯经济维持一定韧性的情形之下，企业的用工需求增加，劳动力短缺倒逼了工资上涨。图 10-3 同步显示，自 2023 年初以来，俄罗斯的实际工资水平总体保持上升势头。

往后看，俄罗斯央行指出，制约 2024 年俄罗斯经济增长的最大因素就是劳动力短缺，随着俄罗斯向军队注入财政和物质等资源，将导致劳动力严重短缺，其中工人、工程师、医生、教师等职业的空缺尤其难以填补。[④]

---

①② Bank of Russia. Financial Stability Review (Q2-Q3 2023) [EB/OL]. (2023-11-30)[2024-01-28]. https://cbr.ru/Collection/Collection/File/46629/en_2_3_q_2023.pdf.
③ 俄罗斯 2023 年劳动力短缺 450 万人，将延续到 2024 年[EB/OL]. (2023-12-25)[2024-01-21]. https://24h.jrj.com.cn/2023/12/25135538870071.shtml.
④ 俄罗斯卫星通讯社. 俄央行行长：俄罗斯经济的主要问题不是缺钱而是劳动力短缺[EB/OL]. (2023-11-10)[2024-01-21]. https://sputniknews.cn/20231110/1054834063.html.

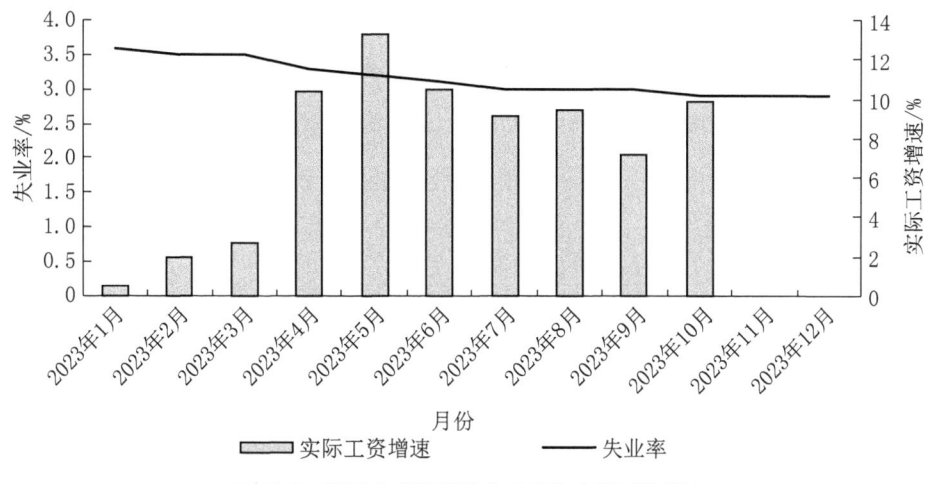

图 10-3　2023 年俄罗斯的失业率和实际工资增速

- 资料来源：Statista 数据库。

五、国防支出急剧增加，财政赤字继续抬升

2023 年 9 月 28 日，俄罗斯财政部公布了关于"2024 年预算、税收和关税政策以及 2025 年和 2026 年规划期的基本方向"的文件，并于 9 月 29 日提交国家杜马批准。根据该文件，俄罗斯 2023 年的预算支出总额预计为 302 660 万亿卢布，其中国防支出为 64 070 亿卢布，在总支出中占比 21%，2024 年占比更是提高到 29%（见表 10-1）。①

表 10-1　2023—2026 年俄罗斯的国防预算

预算内容	2023 年		2024 年		2025 年		2026 年	
	金额/亿卢布	占比/%	金额/亿卢布	占比/%	金额/亿卢布	占比/%	金额/亿卢布	占比/%
国防	64 070	21	107 750	29	85 340	25	74 090	21
总支出	302 660	100	366 610	100	343 830	100	355 870	100

- 资料来源：Russian State Duma, Draft Federal Law no.448554-8.

俄罗斯 2023 年全年的财政收入预计为 291 232 亿卢布，财政支出为 323 640 亿卢布，财政赤字将达到 32 408 亿卢布（见表 10-2），②约占国内生产总值的 1.5%。③财政收入中来源于油气的收入为 88 223 亿卢布，来源于大型能源公司的利润税高达

---

① Julian Cooper. Another Budget for A Country at War: Military Expenditure in Russia's Federal Budget for 2024 and Beyond [EB/OL]. (2023-12-08)[2024-01-25]. https://www.sipri.org/sites/default/files/2023-12/sipriinsights_2312_11_russian_milex_for_2024_0.pdf.
② Russia Finance of Ministry. Brief Annual Information on Federal Budget Execution (bln. rub.) [EB/OL]. (2024-01-17)[2024-01-27]. https://minfin.gov.ru/en/document?id_4=119255-brief_annual_information_on_federal_budget_execution_bln_.rub.
③ 俄罗斯经济增速乐观　财政部将 2023 年赤字占 GDP 比例预期调至 1.5%[EB/OL]. (2023-12-27)[2024-01-25]. https://usstock.jrj.com.cn/2023/12/27022838888494.shtml.

19 186亿卢布。①为应对庞大的财政赤字,俄罗斯财政部不得不采取赤字融资手段,包括发放政府债券、出售国有股份和土地、提取国家福利基金等。《2021—2023年俄罗斯联邦预算草案》的解释性文件中曾指出,为支持国家经济、弥补预算赤字,俄政府大幅增加国债规模,这或将导致2023年底俄国债规模占GDP的比重达到21.3%;国家债务支出约增加一倍,从2020年的9 000亿卢布增加到2023年的1.6万亿卢布。②2023年1月,俄罗斯财政部首次出售国家福利基金中的黄金以弥补赤字,以384.989亿卢布出手了人民币22.742亿元和黄金3 633千克,③往后月份也延续了类似操作。

表10-2 2023年俄罗斯的财政收支 单位:亿卢布

项　　目	2022年(实际数)	2023年(预计数)
财政收入	278 244	291 232
财政支出	311 190	323 640
财政赤字或盈余	−32 950	−32 408
联邦预算赤字融资	32 950	32 408
国内融资	38 217	—
国外融资	−5 267	—

• 资料来源:俄罗斯财政部。

六、持续推进进口替代战略,自给自足特征更加明显

2023年开始,俄罗斯开始推进食品和生产原料的进口替代战略,如种子、婴幼儿食品乳清等。种子供应是俄罗斯目前最困难的领域之一,2023年国产种子占到春小麦和冬小麦的75%,水稻的95%,土豆的9%,以及甜菜的2.5%;预计到2030年,俄罗斯种子在主要农作物的份额中达到75%。④对此,俄罗斯农业部提出自2024年起对"不友好国家"实行进口配额制,以加速实行育种进口替代。在具体实施上,俄农业部根据播种面积计算种子播种量和基础作物种子自给率,对不足部分设置进口配额,同时对进口种子坚持以下基本原则:一是坚持进口祖代种子,或者相反进口可直接播种并收获的商品代种子。原因在于进口父母代种子会拖延进口替代进程,如果外国

---

① Brief Annual Information on Federal Budget Execution (bln. rub.) [EB/OL].(2024-01-17)[2024-01-27]. https://minfin.gov.ru/en/document?id_4=119255-brief_annual_information_on_federal_budget_execution_bln._rub.
② 2023年俄国债规模将达GDP的21.3%[EB/OL].(2023-09-16)[2024-01-27]. http://www.mofcom.gov.cn/article/i/jyjl/e/202009/20200903002489.shtml.
③ 田雅琼,林琳.制裁背景下俄罗斯财政韧性研究与启示[J].地方财政研究,2023(8):98-112.
④ 俄罗斯副总理称2023年谷物产量为1.47亿吨[EB/OL].(2024-01-16)[2024-02-05]. http://c.cnbrewing.com/news/show.php?itemid=351481.

公司突然撤出俄罗斯市场,俄罗斯将一无所获。二是只允许从已制订本地化计划的公司进口种子,公司必须由俄方股东控制,并在科学机构参与下开展工作。

俄罗斯在粮食、能源等方面已完全做到自给自足。不仅如此,2023年俄罗斯还向169个国家出口了粮食,重要的出口伙伴名录包括中国、土耳其、哈萨克斯坦、埃及、白俄罗斯、印度、沙特阿拉伯和乌兹别克斯坦。俄罗斯总统普京在2024年初曾明确表明:俄罗斯在所有方面都已体现出是一个自给自足的国家,强大且不断前进,这是2023年最重要的成果。①

第二节 2023年影响俄罗斯经济的主要因素

2023年,影响俄罗斯经济的因素是多维度的:既有外部的多重制裁压力,也有内部的系列反制裁措施;既有外部的友好贸易往来,又有内部的产业发展动能。在俄乌冲突长期化、西方制裁全面化的格局之中,俄罗斯本土企业已充分意识到欧美公司大规模退出后留出的大量市场空白,开始建构新的产业链、供应链并开拓新的发展路径。

一、欧美制裁加强,俄罗斯经济显出韧性

2023年,美国继续加大对俄罗斯的制裁。在出口管制立法方面,美国通过两次修订《出口管制条例》扩大对俄出口管制物项范围;在经济制裁立法方面,美国共颁布了1次行政命令(Executive Order)、7次决定(Determination)、31次通用许可(General License)。美国在出口管制方面的立法动作呈现出普遍管控与精准打击相结合的监管思路。一方面,通过修订《出口管制条例》对俄罗斯实现从"发动机"到"面包机"的普遍管控,管控力度仅次于全面贸易封锁;另一方面,将美国核心关注的俄罗斯军事国防相关物项明确为"高优先级物项",进行重点管控。②2023年5月,美国商务部与财政部发布联合警报,首次将无线电设备、处理器及控制器、存储器、放大器、集成电路等无人机制造的相关物项清单命名为"高优先级物项"(High Priority Items)。同年10月,美国商务部与欧盟、英国、日本联合发布《常见高优先级物项清单》,将与俄罗斯武器采购相关的45种"高级优先物项"由高到低分为四个优先级,并将在俄罗斯先

---

① 普京:俄在所有方面都已体现出是自给型国家,这是去年最重要的成果[EB/OL].(2024-01-10)[2024-01-20].https://sputniknews.cn/20240110/1056256516.html.
② 贾申,张欣然,将登太行雪满山:2023年度美国对俄罗斯管制制裁措施盘点及展望[EB/OL].(2024-01-16)[2024-01-28].https://weibo.com/ttarticle/p/show?id=2309404990746045579765#_loginLayer_1706409140051.

进精确制导武器系统的生产中发挥关键作用的电子元器件列为最高优先级。同时,美国延续了对俄罗斯的行业制裁政策,进一步扩展俄罗斯被制裁行业范围和制裁力度。2023年2月,美国财政部宣布对俄罗斯金属与采矿行业实施制裁。2023年5月,美国财政部又宣布将俄罗斯建筑、工程、施工、制造、交通行业纳入制裁范围。至此,美国对俄罗斯实施的行业制裁的范围已经覆盖16个主要行业。2023年12月,美国总统拜登签署了第14114号行政命令,根据该行政命令,如果非美国金融机构为在俄罗斯的国防和相关材料、建筑、航空航天或制造行业经营的特别指定国民清单(SDN清单)实体从事的"重大交易"提供支持与服务,或促成任何涉及俄罗斯军事工业基地的"重大交易",均可能受到制裁。

2023年6月,欧盟推出了针对俄罗斯的第11轮制裁措施,此轮制裁包括经济制裁和对个人的限制措施,旨在加强打击俄罗斯规避现有欧盟制裁的行为。针对俄罗斯规避欧盟制裁的问题,欧盟决定进一步加强与第三国的双边和多边合作。但是,如果进行相关努力之后,规避行为仍然是大规模和系统性的,欧盟将限制已被禁止出口俄罗斯的货物和技术(特别是战场使用的产品和技术)向第三国销售、供应、转让或出口。此轮制裁名单中新增了87家实体,欧盟将对其实施更严格的出口限制。至此已有1800家实体(含个人)被纳入欧盟制裁清单。同年12月,欧盟通过了针对俄罗斯的第12轮制裁措施,重点是对俄罗斯实施额外的进出口管制禁令,打击规避制裁行为和修订资产冻结法案等措施。涉及军事、国防、信息技术、媒体、航空等部门的140多个制裁对象被欧盟列入资产冻结措施的个人和实体名单。在进口管制措施方面,新增了针对俄罗斯钻石交易的制裁措施,不仅禁止从俄罗斯购买、进口或转让钻石和含钻石的产品,而且禁止提供相关技术援助和中介服务等;同时将金属制品(如生铁和玻璃钢等)纳入新扩展的管制物品清单。在出口管制措施方面,新增清单,含29家在军民两用和先进技术物品方面要加强限制的实体;加强和延长可能有助于提高俄罗斯工业能力的项目的限制;禁止向俄罗斯政府或俄罗斯境内实体销售、供应、转让、出口或提供企业管理、工业设计等相关软件。

但2023年的俄罗斯经济运行现实证明,俄罗斯经济在欧美的制裁之下仍显出超强的韧性,主要原因在于:一是俄罗斯通过调整出口结构、开拓新的出口渠道等反制措施,缓解了天然气和石油出口受到制裁的影响。2022年12月5日起,欧盟开始对俄罗斯海运原油设置60美元/桶的价格上限政策,七国集团和澳大利亚也遵循了这一限价标准。根据欧盟的指南,一旦原油被提炼,就不再受到价格上限的限制。因此,大量俄罗斯原油出口印度等国被提炼为柴油等燃料后,再出口给欧盟,这大大削减了美欧"极限制裁"的效力。至2023年底,仅15%的俄石油流向西方市场,而85%

俄石油出口到东方。①加之国际油价从2023年6月的68美元/桶飙升至9月底的95美元/桶,上升幅度高达40％,俄罗斯的油气收入开始逐渐恢复。截至2023年底,俄罗斯石油和天然气收入已经恢复至2021年水平。全球经济指标数据库数据显示,燃料和能源综合体出口占俄罗斯GDP的27％,能源出口收入占俄罗斯出口总收入的57％。大量涌入的石油收入无疑有助于减少俄罗斯的预算赤字,为其他行业的发展提供坚实的资金支持,成为俄经济复苏的"基石"。二是俄罗斯央行通过及时加息、实施资本出口管制、提高本币使用份额等反制裁措施,缓解了金融和贸易等领域受到的制裁影响。在俄乌冲突刚刚爆发后的2022年3月初,俄央行不仅果断将基准利率提高到20％,还短暂实施了资本出口管制,由此缓解了制裁带来的第一轮冲击。2023年面对卢布汇率波动,俄罗斯央行从下半年开始以加息、停止外币购买等措施稳定卢布汇率。俄央行不断推进"去美元化"和"去欧元化"进程,一方面持续增加俄罗斯的黄金储备,另一方面与金砖国家积极开展支付系统与本币结算的互动。俄央行数据显示,截至2023年底,俄黄金实物数量增至2350吨,现金价值达1559亿美元。②2023年,俄罗斯与金砖国家贸易中使用本币结算的份额约为85％,两年前这一比例仅为26％。③其他原因还包括:从企业端来看,俄罗斯国有和私营企业均已找到了在制裁面前的生存方法,并开始创造新的销售渠道和供应链。从政府端来看,俄罗斯已建立由各级政府构成的治理体系,该体系在面对各种挑战之时能继续保持有条不紊的运作。另外,从制裁的实际效果来看,每轮制裁措施对俄罗斯造成的负面影响基本呈递减趋势,同时还折射出欧美等经济体尤其是欧盟的内部矛盾,欧盟成员国之间对制裁措施经常存在分歧和争论,因而制裁最终能否达到预期目标往往被质疑。

二、多举维持卢布汇率稳定,国际结算中提升本币份额

根据俄罗斯央行公布的数据,卢布汇率从2023年初开始贬值,持续近一年。2023年1月的平均汇率为1美元兑68.8卢布,4月平均达到80.99卢布,7月平均达到90.7卢布,10月平均达到97.1卢布,11月和12月平均汇率分别为1美元兑90.4卢布和90.7卢布。④为遏制卢布贬值趋势,俄央行从2023年7月开始连续五次宣布提高基准利率,将基准利率从7月的7.5％提高至12月的16％。加息带来明显效果,

---

① 李春辉.俄罗斯经济实现稳定与增长[N].经济日报,2024-02-19(04).
② International Reserves of the Russian Federation (End of Period) [EB/OL]. (2023-12-31)[2024-02-04]. https://cbr.ru/eng/hd_base/mrrf/mrrf_m/.
③ 俄央行行长:俄与金砖国家贸易本币结算比例大幅提升[EB/OL]. (2024-01-30)[2024-02-06]. https://news.cri.cn/20240130/70d840f5-517d-edc9-b0f3-32d0215fb6fb.html.
④ 1USD to RUB [EB/OL]. [2024-02-29]. https://www.xe.com/currencyconverter/convert/?Amount=1&From=USD&To=RUB.

与 2022 年 3 月美元兑卢布汇率曾一度涨破 150 相比,2023 年卢布汇率贬值幅度明显温和。为了稳定卢布汇率,俄罗斯央行曾一度停止在国内市场购买外币,并通过每天售出外币来满足市场需求,该措施有效地减少了投机性交易。为增加外汇收入,俄罗斯政府出台严格调控措施,要求部分出口企业在国内市场结转外汇收入,并加强对相关企业的金融监管,通过调控外汇流动性来减少卢布波动性。为稳定国内市场,从 2023 年 10 月 1 日起,俄罗斯还对大范围商品实行与卢布汇率挂钩的弹性出口关税。根据卢布汇率水平,绝大多数种类商品出口关税税率为 4% 至 7%,但当俄罗斯央行的卢布汇率低于 1 美元兑 80 卢布时,出口关税降为零。①

2023 年,俄罗斯在国际结算中使用美元和欧元的份额显著减少,同时卢布和人民币的份额大大增加。从 2021 年开始,卢布在进出口结算中的份额翻了一番,人民币在俄出口结算中的份额两年来增长 85 倍。截至 2023 年 9 月,卢布在俄罗斯对外贸易结算中所占份额增至 40%,人民币增至 33%,美元与欧元降至 24%。②而在俄罗斯与金砖国家的贸易中,如前所述本币结算的份额则更高,2023 年约为 85%,两年前仅为 26%。③与此同时,俄罗斯与独立国家联合体(独联体)的 8 个国家继续扩大使用本币结算,2023 年 1—10 月,独联体国家间贸易额同比增长 2% 至 837 亿美元。④

三、促进农业发展,提高粮食竞争力

从 2017 年开始,俄罗斯农业发展战略的侧重点开始由进口替代向出口导向转变,即农业发展从满足国内需求、保障国家粮食安全,向提高国际竞争力、完善农业产业链、积极融入国际分工体系转变。⑤为推动战略转型,俄罗斯制定了包括农业发展规划、农村地区发展规划、土地法律规划、农业科技规划在内的一系列规划,以夯实农业发展的基础设施建设,并提升农业的科技发展水平。同时俄罗斯政府通过各种激励政策鼓励增加耕地面积、鼓励建设农业现代化社会、鼓励培养农业生产人才,并利用财政资金鼓励农业生产企业进行创新性重建。如俄罗斯农业部已着手开始在

---

① 俄政府宣布十月起将对大量商品实施与卢布汇率挂钩的弹性出口关税[EB/OL].(2023-09-22)[2024-02-05]. https://sputniknews.cn/20230922/1053547394.html.
② 专家:俄罗斯提升卢布在对外贸易结算中所占的份额对中俄是利好,也有助于加速人民币的国际化趋势[EB/OL].(2023-12-14)[2024-02-03]. https://sputniknews.cn/20231214/1055736492.html.
③ 俄央行行长:俄罗斯与金砖国家 85% 的贸易转为本币结算[EB/OL].(2024-01-30)[2024-02-05]. https://sputniknews.cn/20240130/1056737274.html.
④ 普京:独联体国家将继续扩大本币结算[EB/OL].(2023-12-27)[2024-02-05]. http://world.people.com.cn/n1/2023/1227/c1002-40147543.html.
⑤ 高际香.俄罗斯农业发展战略调整与未来政策方向[J].东北亚学刊,2020(1):86-94.

2025年前恢复利用530万公顷闲置耕地,粮食产量可因此增长690万吨,油料作物可增长140万吨。①又如俄罗斯政府以项目制为依托大力发展农村地区。2023年俄罗斯联邦预算拨款180亿卢布在52个联邦主体重点实施142个项目,项目涉及265个村庄,100万农村居民将由此受益。在142个大项目范围内,将对524个各类设施进行重建或修缮,其中包括241个电信等公共基础设施、206个教育和文化设施、37个体育设施、24个医疗保健类设施及16个多功能综合设施等。②在政府的引导和鼓励之下,俄罗斯的耕地面积显著增加,农业生产效率也明显提升,农业发展转型战略顺利地推进,俄罗斯粮食安全也得到有效保障。根据俄罗斯统计局的数据,2023年俄罗斯的粮食净收成预计达到1.426亿吨,比2022年的最高纪录低9.5%,但仍为历史第二高。③表10-3表明,俄罗斯粮食生产能力在乌克兰危机升级以来保持稳健增长态势。④

表10-3 2022—2024年俄罗斯的粮食生产能力

农作物种类	2018—2022年 5年平均/万吨	2022—2023年/万吨	2023—2024年/万吨	年度同比变化/%
小麦	7 956.1	9 200	9 100	14
大麦	1 926.2	2 150	2 050	6
葵花籽	1 462.2	1 625.4	1 710	17
玉米	1 412.4	1 583.2	1 700	20
大豆	469	599.6	680	45
油菜籽	273.4	430	410	50
稻米	68.5	59.6	71.5	4
小米	34.1	30	44	29

• 资料来源:Foreign Agriculture Service, U.S. Department of Agriculture.。

俄罗斯还积极通过粮食外交来发展对外关系和扩大影响力。2022年8月,俄罗斯政府通过《2030年前俄罗斯联邦农业工业和渔业综合体发展战略》规定,2024年前俄罗斯农产品出口应达到295亿美元,2030年前达410亿美元。俄罗斯粮食外交的途径主要集中在三个层面:一是商业性出口,二是提供粮食援助,三是参与粮食问题全球治理。⑤乌克兰危机全面升级之后,俄罗斯根据实际情况对其粮食外交进行了

---

① 俄罗斯计划在2025年前恢复利用530万公顷闲置耕地[EB/OL].(2021-03-17)[2024-02-05]. http://www.mofcom.gov.cn/article/zwjg/zwxw/zwxwoy/202103/20210303044743.shtml.
② 俄罗斯农业部确定2023年农村地区发展项目[EB/OL].(2022-11-04)[2024-02-05]. https://www.brsn.net/xwzx/wap/news_detail/20221104/10050000000347416675458361652 90327_1.html.
③ 2023年俄罗斯粮食收成创历史第二高[EB/OL].(2023-12-26)[2024-02-05]. https://k.sina.com.cn/article_7203217742_1ad58614e00100zlzj.html.
④ USDA. Russia Crop Production [EB/OL]. (2024-01-24)[2024-01-30]. https://ipad.fas.usda.gov/countrysummary/default.aspx?id=RS.
⑤ 赵玉明.从经济红利到战略工具:俄罗斯粮食外交评析[J].俄罗斯东欧中亚研究,2023(5):61-83.

调整。一是大力兴建粮食、化肥出口设施。俄罗斯从2021年开始在亚速海沿岸的塔曼港建造无须过境乌克兰的氨制品出口设施，贝加尔斯克—满洲里粮食铁路运输货运站则于2022年9月正式启动。作为俄罗斯目前最大的粮食铁路运输货运站，这条"新陆路粮食走廊"的年吞吐量最高可达800万吨，释放了乌拉尔、西伯利亚和远东地区农业增产方面的巨大潜力，打造俄罗斯粮食向东出口的战略。二是粮食、化肥出口重点转向"友好国家"。2022年4月，俄罗斯政府表示将只向"友好国家"供应粮农产品。同年6月，普京强调，在保障本国安全和需求基础上，俄罗斯优先向非洲和中东国家供应粮食，并愿为平衡全球农业市场做出贡献。2022年，俄罗斯向"友好国家"农产品出口比例从2021年的72%增加到了82%。①2023年前11个月，向"友好国家"的农产品出口较之2022年增长了25%，其中向中国的出口增长了58%，向埃及的出口增长了19%，向印度的出口增长了56%。②三是继续向亚非拉国家提供粮食援助。2022年6月，俄罗斯政府表示，尽管有史无前例的制裁压力，但仍将继续向也门、吉尔吉斯斯坦、黎巴嫩、苏丹、塔吉克斯坦等最有需要的国家提供粮食援助。2022年10月，俄罗斯政府再次表示，在土耳其的参与下，未来4个月向全球最贫困国家提供50万吨免费粮食。2023年7月，普京总统在俄罗斯—非洲峰会上承诺，将为非洲面临严重粮食短缺的六个国家免费运送粮食。同年11月和12月，两艘各载有2.5万吨俄罗斯小麦的船只抵达索马里和布基纳法索；③至2024年1月，俄罗斯承诺的20万吨小麦已陆续抵达马里、中非、厄立特里亚和喀麦隆等六国。④

四、推进欧亚经济一体化，致力形成反制裁联盟

欧亚经济联盟成立于2015年，成员国包括俄罗斯、哈萨克斯坦、白俄罗斯、吉尔吉斯斯坦和亚美尼亚，联盟的目标是在2025年前实现联盟内部商品、服务、资本和劳动力自由流动，并推行协调一致的经济政策。该联盟覆盖约1.9亿人口，拥有9300万劳动力市场。⑤根据俄罗斯发布的《欧亚经济一体化报告2022+》，自2015年至2022年间，欧亚经济联盟成员国之间的互惠贸易增长了87%，从445亿美元增至

---

① 俄去年向"友好国家"的农产品出口占比从72%增加到82%[EB/OL].(2023-02-03)[2024-02-05]. https://sputniknews.cn/20230203/1047590393.html.
② Russia is Increasing the Export of Agricultural Products to Friendly Countries[EB/OL].[2024-02-05]. https://logisticos.org/news/2023/12/6431.
③ 普京：俄罗斯向食品匮乏的非洲六国提供粮食[EB/OL].(2023-12-05)[2024-02-05]. https://sputniknews.cn/amp/20231205/1055487555.html.
④ 俄外交部：俄罗斯已向非洲运送承诺的20万吨小麦[EB/OL].(2024-01-31)[2024-02-05]. https://sputniknews.cn/20240131/1056783602.html.
⑤ 欧亚政府间理事会会议在哈萨克斯坦举行[EB/OL].(2024-02-05)[2024-02-05]. http://www.tibet.cn/cn/Instant/expo/202402/t20240205_7569522.html.

833亿美元;对外贸易增长59%,进出口贸易总额接近923亿美元。2022年欧亚经济联盟石油产量居世界第一,天然气产量和矿物肥料产量居世界第二,小麦、马铃薯和畜产品产量居世界第三。①自联盟成立以来,生产总值增长了7.3%(达25 984亿美元),农业生产增长了26%(达1 700亿美元),工业生产增长了16.9%(达16 392亿美元)。②2022年,失业率创历史新低,为4%。③该报告还强调,欧亚经济联盟国家在植物油、粮食、猪肉、羊肉等方面已实现完全自给自足,计划到2023年底实现禽肉和鸡蛋的完全自给自足。④而根据联合国欧洲经济委员会的数据,2020年至2023年期间,欧亚经济联盟的GDP增速为4.1%,达2.2万亿美元;工业产值增长8.3%。其中,制造业产值增长5.7%,农业产值增长11.8%,这些成就主要得益于《2025年前欧亚经济一体化发展战略方向》的制定实施。⑤同时,俄罗斯一直是欧亚经济联盟其他成员国的主要投资国,吸引俄方投资最多的是哈萨克斯坦。2016年到2022年间,俄罗斯对哈累计投资106亿美元,预计到2024年,哈境内的俄哈大型投资项目将达到250个,未来五年将达到800个⑥。

乌克兰危机爆发以来,俄罗斯更大力度地推进欧亚经济联盟一体化进程,在海关监管、关税监管、技术监管、动植物卫生检疫、药品和医疗器械、统一服务市场、统一劳动力市场、交通物流、能源、金融、工业、农业、数字化等领域全面展开一体化合作。如在能源领域,天然气的互惠贸易仍然是欧亚经济联盟能源贸易的主要组成部分,从2015年的322亿立方米增加到2021年的341亿立方米。⑦联盟的目标是在2025年启动天然气、石油和石油产品以及电力资源的共同市场。又如在交通和物流领域,联盟成立以来的货运周转量增长了12.4%,达到6.3万亿吨千米。⑧"欧亚农业快线"联合项目在2022年向中国运送了18 360个集装箱的农业货物。⑨又如在共同金融市场领域,联盟各国正在发展使用本国货币进行互惠贸易的支付和结算,并扩大本国支付系统的使用范围。联盟内部已实现金融市场的统一监管、形成共同的证券交易空间,还成立了欧亚再保险公司。面对欧美制裁,欧亚经济联盟国家进一步推进在成员国贸易中"去美元化",并致力于形成共同的反制裁措施清单,以应对欧美制裁带来的经济压力,从而通过采取协调一致的反制裁措施来维护共同经济利益。当然,

---

①②③⑦⑧⑨ Andrey Tochin, Timur Aliev, Alexey Bezrukov, et.al. EAEU Development 2022+: Strategic Objectives and Demands of the Times [EB/OL]. [2024-02-06]. https://russiancouncil.ru/papers/EAEU-Report84En.pdf.
④ 卫少梅.俄罗斯发布《欧亚经济一体化》信息报告[EB/OL].(2023-09-05)[2024-02-05]. https://www.istis.sh.cn/cms/news/article/87/26312.
⑤ 2020年—2023年欧亚经济联盟GDP增速为4.1%[EB/OL].(2024-01-26)[2024-02-05]. https://investgo.cn/article/gb/tjsj/202401/705445.html.
⑥ 王德禄.俄罗斯央行预计2023年GDP增速接近2.5%,如何看俄经济"新周期"? [EB/OL].(2023-10-31)[2024-01-21]. https://china.cnr.cn/gdgg/20231031/t20231031_526470089.shtml.

欧亚经济联盟也无法实现完全的铁板一块,由于前所未有的制裁压力,各国开始采取措施保护国内市场。除白俄罗斯和古巴外,其他联盟国家都有意识地与俄罗斯的反制裁对外经济政策保持分离,这对欧亚经济一体化无疑是一个巨大的打击。①

2023年12月,欧亚经济委员会最高理事会会议在俄罗斯圣彼得堡举行。在本轮会议上,各方讨论了过去几年欧亚经济联盟的合作成果和未来合作前景,签署关于联盟至2030年和至2045年经济发展规划的宣言、关于联盟2024年国际活动主要方向的文件、关于联盟2024至2025年宏观经济政策主要方针的文件等。会议期间,欧亚经济联盟与伊朗签署了《欧亚经济联盟—伊朗全面自由贸易协定》。根据该协定,约九成产品将被取消进口关税,并将在采矿、能源、教育、医药等领域开展合作。该协议的签署标志着欧亚经济联盟各成员国和伊朗之间实现了完全开放市场,有利于双方进一步密切经贸往来,推动双方经济和贸易关系再上新台阶。②

五、发布《2030年前技术发展构想》,推动技术独立进程

2023年5月,俄罗斯政府发布《2030年前技术发展构想》(以下简称《构想》),旨在通过应用本国研发成果确保俄罗斯实现经济独立和技术主权。《构想》重点关注受美西方国家制裁的技术领域,针对技术独立、人才培养、知识产权、供需刺激、国际合作等方面推出一系列措施,以确保俄罗斯在关键技术领域实现技术主权,并将技术广泛应用于经济社会发展,推动经济向创新驱动转型。③《构想》提出到2030年俄罗斯应实现的三大目标:一是确保国家掌握关键技术和端到端技术。与2022年相比,俄罗斯要将技术依赖度从68.7%降至27.3%,国内研发支出增加45%。二是推动经济增长向创新驱动转型,强化技术在经济社会发展中的作用。与2022年相比,俄罗斯要将企业创新活动水平从11.9%提高至27%;创新活动支出增加50%;创新货物、工程、服务产值提高86%;专利申请数量提高2.4倍;大型科技企业数量增加5倍;小型科技企业数量增加2.3倍,从8 900家增至2万家;俄籍申请人提交的PCT(专利合作条约)专利数量从2.81万件增至6.69万件。三是为生产系统可持续运行和发展提供技术支持。与2022年相比,俄罗斯要将非原料、非能源出口提高50%;制造业企业实施技术创新的比例提高1.6倍;本土生产的高科技工业产品在此类产品中的

---

① 丁瑞华,刘凯予,孟波.从经济制裁看欧亚经济联盟[EB/OL].(2023-03-03)[2024-02-06]. https://www.cssn.cn/skgz/bwyc/202303/t20230303_5601082.shtml.
② 中国WTO研究院.欧亚经济联盟与伊朗签署自由贸易协定[EB/OL].(2024-01-16)[2024-01-20]. http://chinawto.mofcom.gov.cn/article/e/t/20240103466786.shtml.
③ 袁珩.俄罗斯发布《至2030年技术发展概想》,推动经济向创新驱动转型[EB/OL].(2024-02-05)[2024-02-07]. https://www.istic.ac.cn/html/1/539/540/1876511515630299806.html.

比例从56.1%提升至75%;使用现有最佳可行性技术生产产品的比例从2%提升至100%(见表10-4)。

表10-4 俄罗斯端到端技术(技术领域)初步清单

技术领域	细分领域
数据处理和传输技术	人工智能,包括机器学习技术和认知技术
	大数据存储和分析技术
	区块链技术
	神经技术、虚拟和增强现实技术
	量子计算
	量子通信
	新型工业通用系统软件
	地理数据和地理信息技术
	可信交互技术
	现代和未来移动通信网络
能源技术	电力传输和分布式智能能源系统
	储能系统
	氢能开发
新型制造技术	机器人技术和机电一体化组件
	传感器技术
	微电子学和光子学
	新材料和新物质相关技术、建模和开发
生物技术和生命系统技术	控制生物体特性的技术
	生命科学中的分子工程
	医学中的仿生工程
	基因技术
减少人为影响的技术	暂无
空间系统和服务	暂无

• 资料来源:袁珩.俄罗斯发布《至2030年技术发展概想》,推动经济向创新驱动转型[EB/OL].(2024-02-05)[2024-02-07]. https://www.istic.ac.cn/html/1/539/540/1876511515630299806.html。

俄罗斯还于2023年年底批准了新版国家人工智能发展战略。[1]该项战略在2019年10月发布的《2030年前国家人工智能发展战略》基础上做出一系列重大修改,将目标和任务具体化:一是扩大生成式人工智能和大型语言模型领域的基础和应用研究;二是政府、人工智能联盟和俄罗斯科学院共同制定一种机制,确保俄科学家能够访问俄罗斯现有和正在建造的超级计算机;三是对在人工智能领域从事科研和实践活动的高校学生提供使用计算基础设施的特殊优惠政策;四是大力培养人工智能领域的科研人才,增加该领域硕士研究生培养课程,并通过联邦预算增加基础人工智能

---

[1] 普京:将批准新版俄罗斯人工智能发展战略[EB/OL].(2023-11-25)[2024-02-06]. https://m.gmw.cn/2023-11/25/content_1303581681.htm.

课程的大学生入学率;五是改变科研领域的融资结构,并拨付更多资金用于生成式人工智能和大型语言模型的研发。根据俄罗斯政府的预测,运用人工智能技术所产生的经济效应将使俄罗斯国内生产总值增加 11 万亿卢布,这不仅来自技术本身的发明和科学发展,还来自其实际应用。①

第三节 2023 年中俄经贸合作新进展

2023 年,中俄友好互利合作成果丰硕,两国经贸往来再创新高,各领域务实合作蓬勃发展。中俄于 2023 年 3 月签署《中华人民共和国和俄罗斯联邦关于深化新时代全面战略协作伙伴关系的联合声明》。声明指出:双方将巩固双边贸易增长势头,持续优化贸易结构,实施好《中俄货物贸易和服务贸易高质量发展的路线图》。②

一、中俄发布关于在 2030 年前经济合作重点方向发展规划的联合声明

2023 年 3 月,中俄商定将坚定奉行相互尊重和平等互利原则,实现两国长期自主发展,推动中俄经济和贸易合作高质量发展,为全面推进双边合作注入新动力,保持两国货物和服务贸易快速发展势头,致力于 2030 年前使两国贸易额显著提升。③两国共同发布了关于在 2030 年前经济合作重点方向发展规划的联合声明,表示双方将在八个重点方向开展双边经济合作。

一是扩大贸易规模,优化贸易结构。主要包括发展电子商务及其他创新合作模式,深化数字经济、绿色可持续发展领域合作,相互提升贸易投资便利化水平等方面。二是大力发展互联互通物流体系。主要包括保障两国货物和人员通过铁路、公路、航空、河运和海运等交通方式双向便捷往来,分步骤分阶段完善中俄边境基础设施,特别是重点口岸建设等内容。三是提升金融合作水平。主要包括在双边贸易、投资、贷款和其他经贸往来中稳步提升本币结算比重,开展支付领域创新和现代化改造等领域的经验交流,加强两国的金融市场合作,支持两国评级机构和保险公司开展合作等方面。四是巩固全方位能源合作伙伴关系。主要包括加强能源重点领域长期合作,加强能源技术、设备等领域合作,推动实施战略合作项目,共同维护两国和全球能源

---

① 俄副总理:到 2030 年前人工智能技术产生的经济效应将使俄罗斯 GDP 增加 11 万亿卢布[EB/OL]. (2023-12-29)[2024-01-20]. https://sputniknews.cn/20231229/1056053240.html.
② 中华人民共和国和俄罗斯联邦关于深化新时代全面战略协作伙伴关系的联合声明[EB/OL]. (2023-03-22)[2024-01-11]. https://www.mfa.gov.cn/web/wjb_673085/zzjg_673183/xws_674681/xgxw_674683/202303/t20230322_11046188.shtml.
③ 全文来了!中俄元首签署联合声明[EB/OL]. (2023-03-23)[2024-01-21]. https://www.miit.gov.cn/threestrategy/dtzx/zhzx/art/2023/art_369ab1afea2e4d16974555e4eb0d747b.html?qid=ed26ed6600003bcd000000066462ff6b.

安全等内容。五是在市场化原则基础上发展冶金、化肥、化工产品等大宗商品及矿产资源领域长期互惠供应合作。六是促进技术及创新领域的交流和高质量合作,保障两国技术的高水平发展。七是在对接行业标准和技术要求基础上,打造由两国本土工业企业参与的新产业链、供应链。八是深化农产品的贸易合作和投资合作,在确保安全基础上稳步扩大农产品相互准入。

二、中俄双边贸易总额创历史新高

2023年,中俄提前超额完成贸易目标,中国连续14年稳居俄罗斯第一大贸易伙伴国地位,是俄罗斯第一大机电产品进口来源国、第一大牛肉和海产品出口目的国。根据中国商务部发布的统计数据,2023年,双边货物贸易额达到2 401亿美元,比2022年增长26.3%(见图10-4)。其中中国对俄罗斯出口增长46.9%,总额约1 109.7亿美元;俄罗斯商品进口增长12.7%,总额为1 291.4亿美元。①2023年,中俄贸易的主要成果在于高附加值商品的份额增加、物流和金融支付机制得到完善。从双边贸易结构上看,虽然石油和天然气等原材料出口在俄对华出口中占比仍然较高,但高附加值商品在俄对华出口中所占比重大幅增加,包括食品、木材、设备等产品。往后看,在当前全球经贸关系发生重组的背景下,俄罗斯与欧洲脱钩是长期趋势,而中俄在经贸合作方向走近同样是长期趋势。②

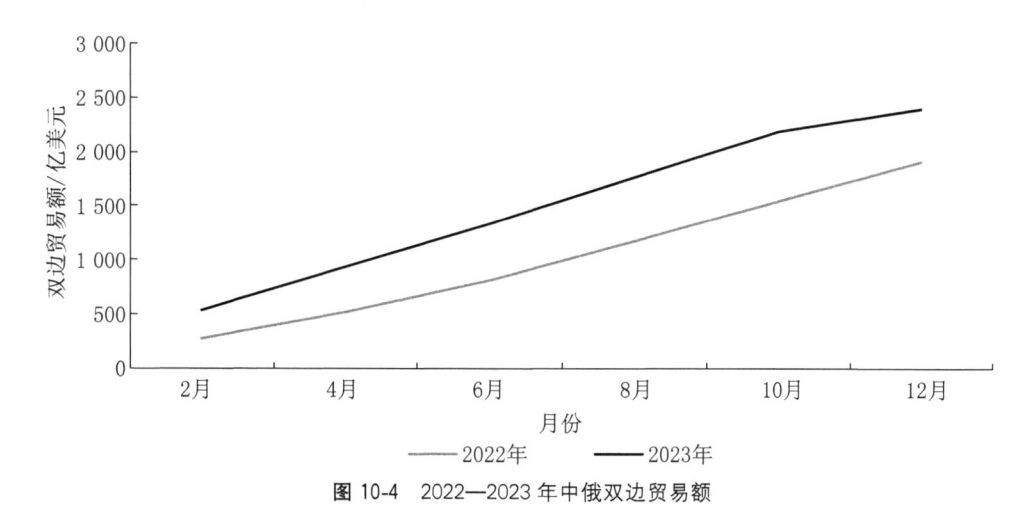

图10-4 2022—2023年中俄双边贸易额

• 资料来源:Wind数据库。

---

① 商务部召开例行新闻发布会(2024年1月18日)[EB/OL].(2024-01-18)[2024-02-06]. http://www.mofcom.gov.cn/xwfbh/20240118.shtml.
② 徐坡岭谈中俄两国经贸合作前景广阔[EB/OL].(2023-12-08)[2024-02-06]. https://sputniknews.cn/20231208/1055586007.html.

三、中俄两国能源合作更为紧密

2023年,中俄能源贸易发挥的"压舱石"作用持续凸显。一方面,中俄能源合作积极稳步推进,实现了双边能源贸易规模持续增长;另一方面,重大合作项目稳步推进,田湾核电站7号、8号机组,徐大堡3号、4号机组等工程建设得到有序实施。天然气作为中俄能源合作的重点领域,实现了量质齐升。一是数量上有所提升。2023年俄对华沿"西伯利亚力量"管道的天然气出口达227亿立方米。这比俄罗斯天然气工业股份公司(以下简称"俄气公司")的合同义务高出7亿立方米,是2022年154亿立方米供应量的近1.5倍。①2023年10月,俄气公司还与中国石油集团签署《东线天然气购销协议附加协议》,以便在2023年底前向中国增加俄罗斯天然气供应量。二是质量上有保障。俄对华能源出口延续稳定性的特点,俄气公司除通过"西伯利亚力量"天然气管道对华出口天然气之外,"远东"路线项目的天然气管道正在设计中。项目达产后,俄罗斯对华管道天然气供气量将增加100亿立方米,每年总计达到480亿立方米。2023年,俄罗斯仍为中国最大原油供应国,对华原油出口额达到606亿美元,较2022年增长3.5%。②俄罗斯石油运输公司发布的数据显示,经由各俄罗斯港口的运输量分别为:新罗西斯克港运输3 000万吨(增长3.1%)、普里莫尔斯克港运输4 440万吨(增长6.5%)、乌斯季卢加港运输3 400万吨(增长9%)、科兹米诺港运输4 280万吨(增长9.4%)。③往后看,中俄将打造更加紧密的能源合作伙伴关系,支持双方企业推进油气、煤炭、电力、核能等能源合作项目,推动落实有助于减少温室气体排放的倡议,包括使用低排放能源和可再生能源。双方还将共同维护包括关键跨境基础设施安全在内的国际能源安全,维护能源产品产业链供应链稳定,促进公平的能源转型和基于技术中立原则的低碳发展,共同为全球能源市场长期健康稳定发展做出贡献。

四、人民币在俄地位持续提升

随着中国经济持续稳定向好和中俄经贸合作量质齐升,人民币逐步成为俄罗斯国家收入、贸易结算和金融投资领域最具吸引力的外币之一。2021年,人民币在俄

---

① Handan Kazanci. Gazprom's natural gas exports to China increase 47.4% in 2023 [EB/OL]. (2024-01-03)[2024-01-11]. https://www.aa.com.tr/en/energy/natural-gas/gazproms-natural-gas-exports-to-china-increase-474-in-2023/40094.
② 中国海关:2023年俄罗斯对华原油、天然气出口分别增长24%和23% [EB/OL]. (2024-01-20)[2024-01-20]. https://sputniknews.cn/20240120/1056519860.html.
③ 2023年俄石油运输公司经科兹米诺港转运的石油量增加9.4% [EB/OL].(2024-01-10)[2024-01-20]. https://sputniknews.cn/20240110/1056260166.html.

罗斯出口结算中的份额为0.4%,2023年的最新数据为34.5%;在进口结算中的份额从4.3%上升到36.4%。①另一方面,人民币已取代美元成为莫斯科交易所交易量最大的外币,2023年莫斯科交易所的人民币交易量达到34.15万亿卢布,占外汇交易总量的42%;美元交易量约为32.49万亿卢布,占比不足40%;欧元交易量为14.6万亿卢布,占比不足18%。而2022年,美元和欧元在莫斯科交易所的交易份额合计为87%,人民币占比仅为13%。②在俄罗斯各银行的自然人人民币储蓄额也快速提升。根据俄罗斯外贸银行的预测,2023年俄罗斯各银行的自然人人民币储蓄量将增加一倍,达到880亿元;人民币占据客户外币储蓄的25%,这一份额至2024年底或将超过45%。③整体而言,人民币汇率稳定的基础牢固,人民币资产具有较好的投资和避险价值,在俄罗斯经济中扮演着越来越重要的角色。

---

① 俄央行行长:人民币在俄出口结算中的份额两年来增长85倍[EB/OL].(2024-01-30)[2024-01-30]. https://sputniknews.cn/20240130/1056730286.html.
② 俄央行行长:人民币在俄罗斯出口结算中份额已达34.5%[EB/OL].(2024-01-30)[2024-02-03]. https://finance.ifeng.com/c/8WlbwRvNtN8.
③ 专家:2025年底人民币将占俄罗斯人外汇储蓄的近65%[EB/OL].(2023-06-20)[2024-02-05]. https://sputniknews.cn/20230620/1051221077.html.

主要参考文献

1. 陈希蒙.德国投资外流趋势难遏[N].经济日报,2023-07-05.
2. 丁瑞华,刘凯予,孟波.从经济制裁看欧亚经济联盟[EB/OL].(2023-03-03)[2024-02-06]. https://www.cssn.cn/skgz/bwyc/202303/t20230303_5601082.shtml.
3. 对外经济贸易大学中国WTO研究院.欧亚经济联盟与伊朗签署自由贸易协定[EB/OL].(2024-01-16)[2024-01-20]. http://chinawto.mofcom.gov.cn/article/e/t/202401/20240103466786.shtml.
4. 范子萌.四大新产品亮相市场 人民币跨境支付服务实体再添利器[EB/OL].(2023-11-23)[2023-12-05]. https://www.cnstock.com/v_news/sns_bwkx/202311/5154484.htm.
5. 方彬楠,赵天舒.全球裁员超6万,银行业的2023不好过[N].北京商报,2023-12-27(8).
6. 高际香.俄罗斯农业发展战略调整与未来政策方向[J].东北亚学刊,2020(1).
7. 高乔.2023全球经济的"忧"与"盼"[EB/OL].(2023-12-29)[2023-01-19]. https://www.cet.com.cn/cjpd/hg/gn/3503173.shtml.
8. 葛佳明.2023年全球十大宏观事件:美欧"战胜通胀" 日本或摆脱"失去30年" 黄金创历史新高[EB/OL].(2023-12-25)[2024-01-15]. https://wallstreetcn.com/articles/3704827?keyword=2023％E5％B9％B4％E5％85％A8％E7％90％83％E5％8D％81％E5％A4％A7％E5％AE％8F％E8％A7％82％E4％BA％8B％E4％BB％B6.
9. 国务院新闻办网站.国务院新闻办就2023年全年进出口情况举行发布会[EB/OL].(2024-03-04). https://www.gov.cn/zhengce/202401/content_6925703.htm.
10. 韩雪萌.34年以来首次突破34 000点 日本股市受到全球关注[EB/OL].(2024-01-11)[2024-01-11]. https://www.financialnews.com.cn/hq/cj/202401/t20240111_285769.html.
11. 贾申,张欣然.将登太行雪满山:2023年度美国对俄罗斯管制制裁措施盘点及展望[EB/OL].(2024-01-16)[2024-01-28]. https://weibo.com/ttarticle/p/show?id=2309404990746045579765#_loginLayer_1706409140051.
12. 李春辉.俄罗斯经济实现稳定与增长[N].经济日报,2024-02-19(4).

13. 林民旺."印太"的建构与亚洲地缘政治的张力[J].外交评论(外交学院学),2018,35(1).

14. 刘芳.波折前行的世界经济:新周期、新平衡、新机遇:2024年世界经济分析报告[J].世界经济研究,2024(1).

15. 刘钻石,张娟.中国商品贸易结构升级了吗:基于贸易品类别、技术附加值和质量水平的分析[J].南方经济,2016(8).

16. 卢晓川."爆雷"! 美国又一家银行倒闭[EB/OL].(2023-07-31)[2024-01-15].https://export.shobserver.com/baijiahao/html/638016.html.

17. 门洪华,王骁.中国国际地位动态研究(2008-2018)[J].太平洋学报,2019,27(7).

18. 莫莉.俄罗斯经济怎么样了? [EB/OL].(2024-03-05)[2024-03-26].https://www.financialnews.com.cn/hq/yw/202403/t20240305_288298.html.

19. 倪浩,林森.英特尔百亿补贴让赴美芯片企业警觉,台媒失望:台积电没在补贴名单中[EB/OL].(2024-02-20).https://3w.huanqiu.com/a/de583b/4GeqRXVgeXz?agt=11.

20. 庞大鹏.从2023国情咨文看普京的安全观和发展观[N].世界知识,2023(6).

21. 苏畅,杜文意."印太经济框架"对中印经济关系的影响及中国应对[J].南亚研究季刊,2023(4).

22. 孙早,陈玉洁.机器人角色、生产分割与生产方式转换[J].中国工业经济,2023(4).

23. 田雅琼,林琳.制裁背景下俄罗斯财政韧性研究与启示[J].地方财政研究,2023(8).

24. 汪彬,阳镇,陈洋毅,等.绿色经济效率影响机制[J].上海经济研究,2022(6).

25. 王德禄.俄罗斯央行预计2023年GDP增速接近2.5%,如何看俄经济"新周期"? [EB/OL].(2023-10-31)[2024-01-21].https://china.cnr.cn/gdgg/20231031/t20231031_526470089.shtml.

26. 王开.全球资配视角看印度股市长牛逻辑[EB/OL].(2023-10-26)[2024-01-14].https://pdf.dfcfw.com/pdf/H3_AP202310261603995553_1.pdf?1698334259000.pdf.

27. 王蕊,潘怡辰,朱思翘.印度对华经济脱钩的动因及影响[J].国际贸易,2020(10).

28. 王孝松.世界经济复苏:阻力盘桓,动力勃发[EB/OL].(2023-12-28)[2024-01-16].http://www.china.com.cn/opinion/think/2023-12/28/content_116907608.shtml.

29. 卫少梅.俄罗斯发布《欧亚经济一体化》信息报告[EB/OL].(2023-09-05)[2024-02-05].https://www.istis.sh.cn/cms/news/article/87/26312.

30. 肖君拥,朱海峰.美国"芯片法案"的历史根源及效果评估[J].人民论坛,2023(6).

31. 徐则荣,韩悦.美国政府债务扩张对世界经济的影响[J].福建论坛(人文社会科学版),2023(9).

32. 严珊珊.12月俄制造业PMI升至7年来最高,订单增长主要来自其国内[EB/OL].(2023-12-29)[2024-01-21]. https://www.guancha.cn/internation/2023_12_29_720741.shtml.

33. 杨思灵.印度大国博弈策略偏好如何影响中印关系[J].学术前沿,2018(1).

34. 姚加权,张锟澎,郭李鹏,等.人工智能如何提升企业生产效率?——基于劳动力技能结构调整的视角[J].管理世界,2024,40(2).

35. 姚铃.全球净零技术制造竞争全面展开[N].经济日报,2023-06-08(4).

36. 叶海林.中国崛起与次要战略方向挑战的应对:以洞朗事件后的中印关系为例[J].世界经济与政治,2018(4).

37. 袁珩.俄罗斯发布《至2030年技术发展概想》,推动经济向创新驱动转型[EB/OL].(2024-02-05)[2024-02-07]. https://www.istic.ac.cn/html/1/539/540/1876511515630299806.html.

38. 袁勋.成就与困境:2023年俄罗斯经济[EB/OL].(2024-01-10)[2024-01-19]. https://j.eastday.com/p/1704851728048108.

39. 张锐.三重矛盾叠加 日本经济增长可持续性堪忧[EB/OL].(2023-12-19)[2024-01-11]. https://www.stcn.com/article/detail/1068048.html.

40. 张宇燕,徐秀军.2023—2024年世界经济形势分析与展望[J].当代世界,2024(1).

41. 赵玉明.从经济红利到战略工具:俄罗斯粮食外交评析[J].俄罗斯东欧中亚研究,2023(5).

42. 中华人民共和国商务部,国家统计局,国家外汇管理局.2021年度中国对外直接投资统计公报[M].北京:中国商务出版社,2022.

43. 中华人民共和国商务部,国家统计局,国家外汇管理局.2022年度中国对外直接投资统计公报[M].北京:中国商务出版社,2023.

44. Andrey Tochin, Timur Aliev, Alexey Bezrukov, et. al. EAEU Development 2022+: Strategic Objectives and Demands of the Times [EB/OL]. [2024-02-06]. https://russiancouncil.ru/papers/EAEU-Report84En.pdf.

45. ASEAN Secretariat. ASEAN Economic Integration Brief No.14 [M]. Jakarta: ASEAN Secretariat, 2023.

46. Asian Development Bank. Asian Development Outlook December 2023 [EB/OL]. (2023-12-13)[2023-12-26]. https://www.adb.org/sites/default/files/publication/931316/ado-december-2023.pdf.

47. Asian Development Bank. Asian Development Outlook September 2023 [EB/OL]. (2023-09-20) [2023-12-20]. https://www.adb.org/sites/default/files/publication/908126/asian-development-outlook-september-2023.pdf.

48. Bank of Japan. Outlook for Economic Activity and Prices [EB/OL]. (2024-01-23) [2024-02-29]. https://www.boj.or.jp/en/mopo/outlook/gor2401a.pdf.

49. Bank of Russia. Financial Stability Review (Q2-Q3 2023) [EB/OL]. (2023-11-30) [2024-01-28]. https://cbr.ru/Collection/Collection/File/46629/en_2_3_q_2023.pdf.

50. Bank of Russia. Talking Trends Economy and Markets [EB/OL]. (2023-12-08) [2024-01-25]. https://cbr.ru/Collection/Collection/File/46647/bulletin_23-08_e.pdf.

51. BEA Gross Domestic Product, Fourth Quarter and Year 2023 (Second Estimate) [EB/OL]. (2024-02-28) [2024-03-27]. https://www.bea.gov/sites/default/files/2024-02/gdp4q23-2nd.pdf.

52. BEA. U.S. international trade in goods and services [EB/OL]. (2024-02-07) [2024-03-04]. https://www.bea.gov/news/2024/us-international-trade-goods-and-services-december-and-annual-2023.

53. EIA. Short-term Energy Outlook [EB/OL]. (2023-11-07) [2023-11-23]. https://www.eia.gov/outlooks/steo/pdf/steo_full.pdf.

54. https://unctad.org/system/files/official-document/ditcinf2023d3.pdf.

55. IFF. 2023年全球金融与发展报告 [EB/OL]. (2023-10-13) [2024-01-19]. http://www.ditan.com/static/upload/file/20231113/1699844140158952.pdf.

56. IMF. World Economic Outlook: Navigating Global Divergences [M]. Washington, DC: IMF Publication Services, 2023.

57. Julian Cooper. Another Budget for A Country at War: Military Expenditure in Russia's Federal Budget for 2024 and Beyond [EB/OL]. (2023-12-08) [2024-01-25]. https://www.sipri.org/sites/default/files/2023-12/sipriinsights_2312_11_russian_milex_for_2024_0.pdf.

58. UNCTAD. Investment Trends Monitor. Jan 2024, https://unctad.org/system/files/official-document/diaeiainf2024d1_en.pdf.

59. UNCTAD. World Investment Report 2023: Investing in Sustainable Energy for All [M]. New York: United Nations Publications, 2023.

60. UNCTAD.GLOBAL TRADE UPDATE[R].(2023-12-12)[2024-03-04].
61. WTO. Global Trade Outlook and Statistics - Update: October 2023 [M]. Geneva: WTO, 2023.
62. WTO. World Trade Report 2023: Re-globalization for a secure, inclusive and sustainable future [M]. Geneva: WTO, 2023.
63. WTO. G20 trade policy direction becoming more restrictive amid continued slow trade growth[EB/OL].(2023-12-18)[2024-03-04]. https://www.wto.org/english/news_e/news23_e/trdev_18dec23_e.htm.

后　记

上海社会科学院世界经济研究所成立于1978年,是全国世界经济研究领域最重要的研究机构之一。世界经济研究所以世界经济与国际关系两大学科为主轴,将世界经济研究与国际关系研究、世界经济研究与中国对外开放研究相结合,注重研究的综合性、整体性,提高研究成果的理论性、战略性与对策性。在学科建设的基础理论方面和对外开放的战略研究方面形成了一批被同行广泛认可的较有影响的成果。

上海社会科学院世界经济研究所曾连续多年出版世界经济形势分析报告,已经在社会上形成了较大影响。2023年,本所组织研究团队进行集体攻关,对2022—2023年的世界经济进行回顾和展望,并对各主要国家、地区的经济形势进行分析。因此,本书是全所多名科研人员在长期积累的基础上共同撰写的一部专著。本书经过全所多次集体讨论,确定书名、主题与内容,其中部分内容由本所的博士研究生方臣和导师合作撰写。

本书的具体分工如下:第一章,赵蓓文、方臣;第二章,王莹、姜云飞;第三章,智艳;第四章,刘芳;第五章,陈陶然;第六章,姜云飞;第七章,唐杰英;第八章,张天桂;第九章,徐乾宇;第十章,王莹。全书由赵蓓文研究员拟定总体框架和写作思路,赵蓓文研究员、王莹研究员负责统稿、删减、补充、调整和最终定稿。崔可琪承担全书的格式整理工作。

本书在撰写过程中得到诸多学术界前辈、同行的支持和帮助,特别是张幼文研究员、权衡研究员两位老所长为本书的最终付梓奠定了重要的研究基础。正是在前辈们的引导下,本所的学科研究能够得到不断绵延,本书还得到所内外各位老师、同仁的指点和帮助,人数众多,无法一一枚举,在此一并予以感谢!点点滴滴,铭记于心!

赵蓓文

2024年5月于上海社会科学院

图书在版编目(CIP)数据

分化加剧的世界经济：新亮点、新困境与新趋势：2022—2023年世界经济分析报告／赵蓓文等著．－－上海：上海社会科学院出版社，2024．－－ISBN 978-7-5520-4539-0

Ⅰ．F11

中国国家版本馆CIP数据核字第20246UF057号

分化加剧的世界经济：新亮点、新困境与新趋势
——2022—2023年世界经济分析报告

著　　者：赵蓓文 等
责任编辑：王　勤
封面设计：朱忠诚
出版发行：上海社会科学院出版社
　　　　　上海顺昌路622号　邮编200025
　　　　　电话总机021-63315947　销售热线021-53063735
　　　　　https://cbs.sass.org.cn　E-mail:sassp@sassp.cn
照　　排：南京理工出版信息技术有限公司
印　　刷：苏州市古得堡数码印刷有限公司
开　　本：787毫米×1092毫米　1/16
印　　张：13
字　　数：242千
版　　次：2024年9月第1版　2024年9月第1次印刷

ISBN 978-7-5520-4539-0/F·787　　　　　　　　　　　　定价：78.00元

版权所有　翻印必究